那些
义盖云天的
人儿

NAXIE
YIGAIYUNTIAN
DE
RENER

罗尔 著

海天出版社（中国·深圳）

图书在版编目（CIP）数据

那些义盖云天的人儿 / 罗尔著. — 深圳：海天出
版社，2017.2
ISBN 978-7-5507-1845-6

Ⅰ. ①那… Ⅱ. ①罗… Ⅲ. ①英雄－生平事迹－中国
－古代 Ⅳ. ①K82

中国版本图书馆CIP数据核字(2016)第288434号

那些义盖云天的人儿
NAXIE YIGAIYUNTIAN DE RENER

出 品 人	聂雄前
责任编辑	韩海彬
责任校对	张　玫
责任技编	蔡梅琴
内文插图	安玉民
装帧设计	知行格致

出版发行	海天出版社
地　　址	深圳市彩田南路海天综合大厦7-8层（518033）
网　　址	http://www.htph.com.cn
订购电话	0755-83460202(批发)　　83460239(邮购)
设计制作	深圳市知行格致文化传播有限公司
印　　刷	深圳市希望印务有限公司
开　　本	787mm×1092mm 1/16
印　　张	20.5
字　　数	175千字
版　　次	2017年2月第1版
印　　次	2017年2月第1次
定　　价	46.00元

目录

唐尧：太平盛世不做王

什么都不干的人，才当干部，
什么都不会干的人，才当国王

　　国王唐尧九十岁了，已经做了七十四年国王，他必须在自己没老糊涂以前，找到一个新国王。唐尧造就了后世津津乐道的太平盛世，没有刁民没有潲水油，没有妓女没有艾滋病，没有警察没有黑社会，没有贪官没有反贪局……总之，该没有的都没有。让唐尧难堪的是，连愿意当国王的人都没有。因为，那时候中国还没有失业的人，人人都有自己心满意足的工作，而当国王，必须很聪明，必须很勇敢，还必须"先天下之忧而忧，后天下之乐而乐"，所以，国王，那是全中国最没意思的职业。唐尧无论如何也想不到，许多年以后，公务员，会成为全国人民最热爱的金饭碗。

　　为了寻找新国王，老国王驾着牛车，只身巡视全国。因为没有人要篡位，唐尧可以长年在大地上奔走；因为连虎狼都对老国王敬畏三分，唐尧不需要侍卫前呼后拥。

　　这一天，唐尧来到了聊城。聊城有个高人叫巢父，巢父是个养牛专业户，无论多么顽劣不堪的牛，经他一调教，立刻就能成为任劳任怨的孺子牛。那时候，牛是每家每户的命根子，会养牛的人，就像现在会赚钱的人一样拉风。巢父若能做国王，一定很牛，唐尧打算把王位传给他。

　　唐尧一路寻问，来到了巢父的养牛场。为唐尧拉车的是一头老公牛，已多年没有雄心壮志，无论多么风骚的母牛，它也不理不睬，只是一味埋头拉车。今天，巢父驯养的一头小母牛，却让老公牛再次激情澎湃。

　　老国王正坐在牛车上左摇右摆打瞌睡，忽听老公牛"哞"的一声欢叫，撒开蹄子，向一头小母牛狂奔而去。唐尧到底是九十岁的人了，被老公牛猛一拽，顿时把持不住，往后一仰，倒在牛车上。老国王的牛车，配置远不如现在的公务车一般人性化，车底只薄薄地铺了一层麦秸秆而已。老国王的老骨头，被颠簸得叮当乱响，便速速对老公牛下圣旨："停！停！停！"老公牛此时眼中只有美丽无比的小母牛，哪里听得进老主人的话，继续欢蹦乱跳。唐尧心中叫苦不迭："坏了，坏了，我一把老骨头颠散了没关系，新国王还没找到呢。"

就在老公牛要往小母牛身上扑时，半里路外，"啪"的一声鞭响，老公牛就像被直接抽了一鞭，浑身一抖，讪讪停步，眼巴巴看着咫尺之间的小母牛，乱摇尾巴。

甩鞭子的人向这边走来，唐尧翻身起来，向对方拱拱手，说："能把鞭子甩得这么有气魄的人，一定是巢父。"

来人正是巢父，他信手在老公牛头上拍一拍，骚动的老公牛立刻老实下来，低头在巢父腿上蹭来蹭去，幸福得就像老光棍终于做新郎。

那时候，没有电视，没有新闻联播，所以，巢父不认识国家领导人唐尧。但巢父还是一眼就看出此老者非同一般，口里客气道："呵呵，在下没别的本事，略通几句牛语而已。"

唐尧道："好，好，懂外语，而且是最关键的牛语，那是国家急需的人才呀。"

巢父皱眉道："听你说话的语气，莫非你是当官的？我最烦打官腔的人。"

唐尧尴尬地一笑，说："等你做了国王，你的所作所为也会以国家利益为重的。"说着就表明身份，并恳请巢父接班做国王。

"呔，我也算是救了你一命，你怎么能如此羞辱我呢？"巢父"呸"地吐出一口痰，又说，"什么都不干的人，才当干部，什么都不会干的人，才当国王！"说完，骑上小母牛，一甩鞭子，扬长而去。

老国王一点也不生气，那时候，人民群众想说啥都可以，中听不中听，国王和干部都得乖乖地听着。唐尧能说会道，如果给他机会，他有把握让巢父高高兴兴接过国王的权杖。可是，巢父躲进森林里，住在一棵树上，再也不出来了。

做国王就失去朋友，这种傻事儿我不能干

唐尧不甘心，巢父虽然是个愤青，但人品不坏，完全可以培养成出色的国王，而且，他懂牛语，这是可遇而不可求的人才呀。老国王求贤若渴，却又找不到巢父藏在哪棵树上，在山下急得团团转。

老国王正唉声叹气，一个人骑着毛驴，踢踏而来。

来人也是来找巢父的。

"我找他两天了，没找到，你要能找到他——"唐尧摇一摇手中的酒葫芦，"我请你喝酒。"

"你已经输了。"来人"呵呵"一笑，伸手拿过唐尧的酒葫芦，喝了一口。

"莽莽大山，"唐尧手指群山画一圈，"你知道他住在哪一棵树上？"

"当然知道。"来人说着，学了一声鸟叫。立刻，飞过来一只鸟，停在他肩膀上。来人和鸟叽叽喳喳说了一阵，给鸟喂一粒谷子，鸟又飞走了。"OK。我知道巢父在哪儿了。"

唐尧"哎呀"一声，说："先生莫非是阳城鸟语者许由？"

"嘿，老先生你也知道我？"许由笑逐颜开，"我许由的名声原来还很响亮嘛。"

"普天之下，贤能之士，"唐尧用国王权杖顿一顿脚下的土地，说，"没有我不知道的。"

许由认出了国王的权杖，认出了唐尧，说："哎呀，大王您老成这样咋还不退休呢！"

唐尧一声长叹，就说起了如何找不到合适的继承人的事儿。说着说着，唐尧心中一亮，这许由是和巢父齐名的大贤大能之人，又懂外语（鸟语），还是巢父的好朋友，若能把王位传给他，等于一举囊括两个超级人才呀。

唐尧打好算盘，就拊掌大笑，说："不必东寻西找了，许由，你就是做国王的不二人选呀。"

"这个嘛——呵呵，哈哈，待我问问巢父，再回复你吧。"许由愣了一愣，笑了一笑，虚晃一枪，翻身骑上小毛驴，进山找巢父去了。

许由越想越觉得好笑，一路笑到巢父做窝的松树下。

巢父正在树上睡觉，被许由笑醒，很不耐烦，探出头来骂道："笑什么笑，再傻笑，抓你去当国王！"

许由越发笑得前俯后仰，说："笑死我了，唐尧那老头，还真硬把那国王权杖往我手里塞，我可怎么办呀，老兄？"

"可恶！就因为这恶心的事儿，你竟笑醒了我的美梦！"巢父愤怒了，摘下松果投掷许由，"你肯定又显摆你的鸟语了吧？见了当官的你为什么就不能远远地躲开呢？我诅咒你做国王恶心而死！"

一颗松果砰地打中许由的头，许由笑嘻嘻下山来，对唐尧说："对不起了大王，我就巢父这么一个朋友，我要是答应做国王，他就要和我绝交，做国王就失去朋友，这种傻事儿我不能干。"

老国王将一捋胡子，沉吟一会儿，说："做国王，担子的确重了些，压力的确大了些，那，你能不能先做个省长呀总理呀什么的，锻炼一下？"

许由听完这话，一言不发，骑上毛驴就跑。

唐尧后来才知道，许由是跑到河边洗耳朵去了。

许由在河边洗耳朵的时候，巢父正好在下游饮牛。看到许由埋头狂洗耳朵，巢父问："你把耳朵搓来搓去的，啥意思呀？"

许由说："我刚才听到了世界上最不堪入耳的话，我不想当国王，唐尧竟让我当省长总理。我这耳朵听不得当官的事，必须彻底洗一洗。"

巢父"啊呀"一声，说："坏了，坏了，这么脏的话，从你耳朵洗出来，把河水污染了，我的牛喝了要拉肚子的。"说着，赶紧把牛牵到上游去喝水。

唐尧、虞舜，创造了一个流芳千古的成语：尧天舜日

接连被巢父和许由拒绝，唐尧忧心忡忡，赶着牛车继续他的寻找接班人之旅。

这一天，唐尧来到了历山，山下有个小伙子在耕田，拉犁的是两头牛，一头黄牛，一头青牛。奇怪的是，小伙子吆喝的时候，牛鞭不打黄牛也不打青牛，而是击打拴在犁把上的一个簸箕。他一敲簸箕，两头牛就同时一哆嗦，立刻健步如飞。唐尧看了一会儿，觉得很有意思，待小伙子犁到地头，就问他："别人耕地都是用鞭子打牛，你为什么鞭打簸箕呢？"

小伙子停下来，说："牛为我们卖力耕地，我们应当感恩才是，怎么忍心用鞭子抽打呢？再说，也没有必要直接打牛呀，我打簸箕，青牛以为我打黄牛，黄牛以为我打青牛，不就一齐使劲拉犁了吗？"

唐尧一听，很高兴，小伙子聪明，且有仁爱之心；对牛尚且如此用心，何况对百姓呢；有此等品质的人，可以放心把国家托付给他。唐尧就与小伙子攀谈起来，问他叫什么名字。

小伙子说他叫虞舜。

唐尧听说过虞舜，知道他是个大孝子，他爸他妈偏爱小儿子，几次想弄死虞舜，免得他分家产；偏偏虞舜命大，每次都死里逃生，却一点也没有怨恨之心，照样孝敬父母，关照弟弟。

两人越聊越投机，唐尧对虞舜也越发喜爱，当下就想把国王权杖交给虞舜，又怕像前两回一样，被虞舜一口回绝。脑子转几转，唐尧就拐了一个弯，只说给虞舜做媒。

虞舜家贫，他三十多岁了，还娶不起老婆。唐尧给虞舜介绍的是自己的女儿，如花似玉的娥皇和女英，任虞舜选。娥皇和女英，是当时中国最漂亮的两个姑娘。这等喜事砰地落到穷小子虞舜身上，他"嘻嘻"傻笑，一时间竟有些不知所措。唐尧还以为虞舜在犹豫不决，只怕他看穿自己的真实用心，急了，说："不知道选哪个是不，干脆，两个女儿都嫁给你好了。"

虞舜是史上难得的聪明人之一，这样的好事，他自然欢天喜地答应了。

既然成了唐尧的女婿，还有什么好说的呢。后来，虞舜只得硬着头皮接过了国王的权杖。

唐尧、虞舜，创造了一个流芳千古的成语：尧天舜日。尧舜二帝，作为中国历史上伟大的模范君王，被一代又一代的中国人民想念了四千多年。

◇ ◇ ◇

唐尧，出生于高辛（今河南商丘高辛镇）或伊祁山（今河北保定顺平），上古五帝之一。唐尧为中国民主鼻祖，首倡禅让制，王位不传子孙，而让贤能。后世颂曰：尧有圣德，有如天之涵养，如神之微妙，如日之光照临天下。唐尧访贤事见《庄子》。

伯夷、叔齐：任性到底是风流

老二太想当国王了，整天挖空心思想办法

商周时代，冀东辽西一带，有一个孤竹国。孤竹国绵延近一千年，却只留下几件青铜器，还有一个三言两语就能说完的故事。青铜器藏在辽宁省博物馆，锈迹斑斑，看不出什么玄机；故事藏在《史记》里，两百来字，一览无余。

司马迁说的故事，有意无意地忽略了一些关键人物、关键情节，简单得只剩下伯夷、叔齐不食周粟而饿死的故事梗概。如同本书的其他许多故事一样，我只有大胆假设，小心想象，还原故事的复杂性，使其成为新故事。

孤竹国建国于公元前 1600 年，因为只是弹丸小国，一直靠给商朝进贡偏安一隅。至商纣王时期，天下诸侯三心二意，越来越不把纣王放在眼里，只有孤竹国仍忠心耿耿，从不乱说乱动，一直如数如质进贡牛马猪羊。那时候，民间流行许多段子，其中家喻户晓的一个段子说，纣王宠爱的妲己是狐狸精，化身成美女，是要来颠覆商朝江山的。此段子的影响甚为深远，三千多年后，妖媚女人仍被视为狐狸精。妲己到底是不是狐狸精，世上到底有没有狐狸精，其实并不重要，此段子折射的是中国人民敢于蔑视权贵的勇气，以及富于智慧的娱乐精神。可是，当时的孤竹国老国王，一听大家眉飞色舞地传说诸如此类的段子，就吓得胡子乱抖，赶紧发布"三不"禁令：不得散布不利于安定团结的奇谈怪论；不得传播国家领导人的婚恋故事；不得议论妲己娘娘的出身问题。

其时，孤竹王有三个儿子，长子伯夷、三子叔齐，是有乃父之风的谦谦君子，所作所为，一举一动，完全符合"仁义礼智信，温良恭俭让"的

基本原则。至于次子，中华民族浩如烟海的古籍中，都查不到他的名字，更没有片言只语涉及他的言行，而他恰恰是本故事中被忽视的关键人物，为了叙述方便，我们姑且称他为"老二"。对三个儿子，孤竹王本着"手心手背都是肉"的原则，一视同仁，并没有厚此薄彼的意思；只是因为三王子叔齐眉清目秀是个帅哥，看起来顺眼一些，孤竹王接待外宾时，就常常叫叔齐陪酒。

老二是个天生的政治家，他非常清楚，按祖传老规矩，他不是长子，不可能继承王位。按父王的宠爱程度，他不是帅哥，更不可能被父王格外青睐。可老二太想当国王了，就整天挖空心思想办法。

机会在秋季围猎时来临了。老二是孤竹国最好的猎手，一直担任围猎总指挥。当老二集合好孤竹国精锐部队，他看着父王在风中哆嗦的胡子，突然灵机一动，令旗一挥，部队开拔，却不是猎场方向。

孤竹王大惑不解，问老二："怎么回事？"

老二慷慨激昂，说："父王，纣王无道，爱妖女不爱人民，我们准备响应西伯侯姬昌的号召，讨伐昏君！"

孤竹王怒吼："混账东西，你敢造反！这么大的事，为什么不告诉我！"

老二凑在父王耳边说："老大和老三，不让我告诉你。"

孤竹王大叫一声："气死我也！"跌下马来。

老二做了王，他们老哥俩就再也回不去了

老二当然不敢造反，他和老国王一样，非常清楚，以孤竹国的实力，造纣王的反，那完全是以鸡蛋碰石头。老二只是想借"造反"二字，吓死老国王，伺机夺取王位。

老二果然如愿以偿，孤竹王从马上跌下来，就奄奄一息，说不出话来了，只伸出三根手指乱晃。孤竹王三根手指的本意，最可能是让儿子们遵守"三不"禁令，因为这是孤竹国稳定发展的根本国策；也有可能是骂三

个儿子都是畜生，但以老国王的修养，不大可能在临终之际如此小气。老二心里明镜似的，却装模作样把耳朵凑到父王嘴边，老国王还是说不出话来，老二却大声喊着说："父王说，让老三继承王位！"

孤竹王看自己的遗愿被如此曲解，急火攻心，喷出一口鲜血，死掉了。

"让老三继承王位！"这是老二走出的绝妙好棋。兄弟多年，老二早就吃透了老大和老三。老三叔齐深知如何做君子，却一点也不知道如何做国王，因为他根本就没想过做国王，猛一下把国王的帽子扣到他头上，他一定手忙脚乱，不知所措；老大伯夷作为太子，倒是做好了当国王的准备，可父王临终前当众表示，"让老三继承王位"，他早已羞愧得无地自容，还怎么好意思违背父王的遗愿，抢老三的王位呢？

老国王入土为安之后，故事果然按老二的算计，顺利发展。老三叔齐再三表示，坚决不做国王，可他天生嘴拙，说不过老大老二，更不知如何应对众大臣的热烈拥护，一着急，掉头就跑，一直跑出孤竹国，再也不回来了！

老二心里窃喜，老大伯夷急坏了。老三叔齐弃王冠而去，等于一步跨入了君子行列，老大要是捡起老三扔下的王冠，千秋万代都是小人啊！伯夷越想越觉得不能让叔齐一走了之，就赶紧顺着叔齐出走的方向猛追。

半个月后，在西伯侯姬昌的领地上，伯夷终于追上了叔齐，兄弟俩继续为谁应该做孤竹国国王论战。哥俩正没完没了地谦让，一个看热闹的人说："你俩还客气个啥，老二已经是孤竹国国王了！"

兄弟俩顿时住嘴，相对一笑：呵呵，既然我俩都不愿做王，当然只能由老二做了，国不可一日无君呀。

伯夷和叔齐虽然是君子，却不笨，他们嘴里不说，心里却清楚得很，老二做了王，他们老哥俩就再也回不去了。

叔齐和伯夷确实回不去了，他们一离开孤竹国，老二就笑呵呵戴上了王冠，同时宣布：伯夷、叔齐蓄意叛国，全国上下，均可得而诛之。

好在，西伯侯姬昌也是个正人君子，一向重视精神文明建设，他听说伯夷、叔齐的事迹后，对他们的君子风度很是欣赏，把兄弟俩迎进国宾馆，待为上宾。

咱商朝臣民，坚决不吃周朝的饭

伯夷、叔齐住在西伯侯的国宾馆里，不时应邀做一场"怎样做君子"的演讲，倒也惬意。不幸，没惬意多久，西伯侯姬昌就病重仙逝了。

姬昌的儿子姬发，是个敢说敢干的狠角色，父亲死后，他先不发丧，倒是树起了反商大旗，兴兵讨伐商纣王。

伯夷和叔齐一致认为，姬发此举，很不合君子之道。兄弟俩一商量，就倚老卖老，手拉手拦在姬发的马前，唾沫横飞，给姬发上君子课："父死未葬，大动干戈，你算得上孝吗？以下犯上，以臣弑君，你算得上忠吗？不孝不忠，天诛地灭呀你！"

姬发觉得很晦气，皱着眉头，对左右说："他们以为自己是谁呀？"

侍卫会意，拔刀就要劈了这两个不知天高地厚的老疯子。

好在，姬发的军师姜子牙是个厚道人，不愿伯夷、叔齐不明不白死于非命，赶紧把兄弟俩扶到路边，让开大道，才救了他们一命。

姬发这一去，顺风顺水，大败纣王于牧野，灭商立周。姬发成了史上著名的周武王。

一转眼，大商王朝成了大周王朝。伯夷和叔齐感觉匪夷所思，武王不买他们的账，更让他们很没有面子。于是，兄弟俩搬出了国宾馆，放出狠话：咱商朝臣民，坚决不吃周朝的饭！

来到大街上，看到翻身得解放喜气洋洋的人民群众，兄弟俩又不知所措了。普天之下，都成了周朝江山，不吃周朝的饭，他们又能去哪儿呢？孤竹国，他们的家乡，倒是独立于周朝之外，可是，他们回不去了呀。

兄弟俩面面相觑好一阵，决定上首阳山，隐居。

首阳山上多的是飞禽走兽，捕猎到手，都是美味，可伯夷、叔齐兄弟俩都是动口不动手的君子，不会打猎。他们只能看着那些自由来去的野羊野鹿，流着口水臆想红烧肉。好在，首阳山还有取之不尽的野菜野果，在如今的都市环保人士眼里，那都是绝对的无公害无污染绿色食品。

伯夷、叔齐尝遍了首阳山的野菜野果，最后认定，只有蕨菜最好吃。

为此，兄弟俩作了一首《蕨菜之歌》，"不食周之粮啊，蕨菜分外香"，流行一时。因为《蕨菜之歌》，伯夷和叔齐兄弟俩成了当时愤青的偶像，不时有粉丝找上山来，和兄弟俩骂天骂地骂自己。

这一天，一个女粉丝来到了首阳山，很不屑地对兄弟俩说："你俩装什么装呀，不吃周朝的饭，首阳山的蕨菜，不也是周朝的吗？"

伯夷、叔齐一听，目瞪口呆。一想再想，他们不得不承认，女粉丝说得有理。于是，赶紧对女粉丝说："对不起，我们再也不吃蕨菜了。我们郑重声明，收回《蕨菜之歌》，普天之下，都不得再唱。"

不吃蕨菜，伯夷、叔齐很快就饿死了。《蕨菜之歌》也无人再唱，就此失传。

多年之后，孔老夫子对伯夷、叔齐的气节赞叹不已，令无数不明真相的人肃然起敬。孔老夫子永远都不会想到，那说蕨菜也属于周朝的女粉丝，是做了孤竹国国王的老二派来的，因为，伯夷、叔齐不死，他永远都不能痛痛快快做王。

又过了五百多年，公元前 660 年，齐桓公北伐山戎国，顺手把孤竹国给灭了。

◇ ◇ ◇

伯夷、叔齐，商朝末年孤竹国王子，商灭周之后，兄弟俩耻食周粟，采薇而食，终至饿死首阳山，从而成为中国古代隐士的代表人物。夷齐让国事见《史记·伯夷列传》。

先轸：
将军百战死

患难兄弟

晋公子重耳，漂荡异国他乡十九年，最终复国，称雄诸侯，成为春秋五霸之一。关于重耳如何一路辛酸、一路潇洒、一路艳遇的故事，经过无数代人的演绎，已成为千古美谈，我就不再说了，我想说的是，背井离乡、追随公子重耳浪迹天涯的人。

说起追随重耳的人，不能不提到介子推。重耳身边的人，或能文，或能武，都是现在能上电视指点江山或饮食的专家，都是重耳后来成就百年霸业的根本保证。介子推会什么，史书上没有记载，但终生伴随介子推的一个关键词，广大中国股民肯定刻骨铭心：割肉。

那是重耳一行流落至卫国的时候，掌管银两的头须，不堪流浪之苦，携公款潜逃回晋国。重耳一行即刻陷入饥寒交迫的窘境。饿得奄奄一息之际，重耳再也顾不得公子的高贵，伸手向一个农民乞讨。不料，那农民把落难公子误会成了公费旅游的公务员，一脸不屑，顺手递给重耳一块土，说："要吃就吃这个吧，绝对的纯天然食品。"重耳先是心中悲凉，看到政府官员倒霉，老百姓为何如此幸灾乐祸呢？继而大喜，这是上天在兆示我，即便我众叛亲离，那一块土地，终究是属于我的啊！就这么一悲一喜，重耳饿晕了过去。

一碗热乎乎的肉汤，救了重耳的命。那是介子推用自己大腿上割下来的肉，煲制的汤。

重耳缓过气来，抚摸着介子推少了一块肉的大腿，号啕大哭，一边哭，一边许诺："子推兄，救命之恩，定当厚报。"

往往，领导的即兴发言，转背就忘，古今皆然。当公子重耳日后成为晋文公，论功行赏之时，他把自己对介子推说过的话忘了。跟着重耳亡命天涯的弟兄，各有赏赐，唯有介子推，什么都没捞着。介子推黯然而去。

清明节的前一天，晋文公偶然想起介子推，心中过意不去，带人赶去他家。介子推远远看见晋文公前呼后拥地来了，背着白发老娘躲进了绵山。大山莽莽，要找到一个刻意躲猫猫的人，不容易。有人提议，放火烧山，介子推就不得不下山来了。重耳觉得是个办法，就让人放起火来。不料，介子推伤心过度，早已下定了宁死不做官的决心，坚决不下山，竟与老娘一起被烧死在山上。

重耳悲恸不已，改绵山为介山，定清明节前一天为寒食节，节日期间，全国上下都不得举火，只吃前一天做好的熟食。寒食节也被称为中国的感恩节，历代文人在这一天写下的感恩诗篇，不计其数。但如今知道寒食节的中国人，好像不多了，好像也不怎么说感恩了。

且住，今天我要说的其实不是介子推，只是正好路过，顺便说说罢了。我想说的是先轸，一个已被许多人遗忘的盖世英雄。

功高震主

先轸也是追随重耳飘零十九年的人，以有勇有谋著称，一路上的是非之人，基本上都由先轸摆平。重耳复国之后，先轸官拜中军将（大将军），大败楚军于城濮，迫使楚王赐死令尹（百官之首）成子玉，为晋文公称霸诸侯，立下了汗马功劳。

介子推之死，让晋文公变成了婆婆妈妈心慈手软的人。连在卫国卷公款潜逃的头须，晋文公都不忍心杀掉，只怕自己落下心胸狭窄不能容人的恶名。如今，流行卷公款潜逃，追根溯源，应怨晋文公当年心太软。对该死的小人，犹怀怜悯之心，对劳苦功高的患难兄弟，晋文公自然更是宠爱有加。

都是凡人，得宠于君王，难免有点飘飘然。晋文公在世之时，尚能弹压得住，他百年之后呢？

做了九年国君之后，晋文公抛下大好江山，抛下大好兄弟，撒手人寰。

接替父王的晋襄公，是个厚道的毛头小伙子，他原封不动接下了父王留给他的领导班子，一切都按老规矩办。

厚道人从来都是受欺负的，即使你贵为君王。

第一个欺负晋襄公的是秦国秦穆公。

秦穆公早有东进中原之心，只因晋文公太强大，才不得不装作没那意思。晋文公一死，秦穆公就蠢蠢欲动了。他没有直接进攻晋国，而是派部队悄悄借道晋国，去偷袭晋国的盟友郑国，且看晋襄公如何应对。

先轸一眼看穿了秦穆公敲山震虎的用心，决心不顾晋文公结下的秦晋之好，吃掉秦国的这支有生力量。秦晋之间，早晚总有一战，不如先下手为强。晋襄公不懂这些复杂的政治问题，就说："一切由先轸叔叔说了算，你说打就打吧。"

先轸就发起了崤之战。可怜秦军，在偷袭郑国的路上，被弦高用十二头牛吓退；撤退回秦国的路上，又在崤山落入晋军埋伏圈，全军覆没，三大主将孟明视、西乞术、白乙丙，被晋军俘虏。

第二个欺负晋襄公的是怀嬴。

晋文公当年流落至秦国的时候，秦穆公料定他前途无量，就把女儿怀嬴嫁给了他。此时，怀嬴还在，成了太后。怀嬴只希望秦晋世代交好，两国开战，她当然坐立不安。一看晋军还俘获了秦军三个大将，怀嬴急得饭也吃不下，让人找来晋襄公，一把眼泪一把鼻涕，恳求晋襄公别把事情做得太绝，务必要放还三位秦国将军。

晋襄公支支吾吾，说："人是先轸叔叔捉的，要不，我问问他的意思吧。"

怀嬴"哒"一声，说："你是一国之君，为什么倒要看臣子的脸色行事？唉，你什么时候才能长大呀。"

女人比政治更复杂，晋襄公越发搞不掂。不成熟的孩子，最怕别人说他不成熟。晋襄公让怀嬴如此这般激将一番，脑子一热，很男人般地一挥手，说："那就放了吧。"

第三个欺负晋襄公的是先轸。

先轸正和众将士喝庆功酒，听说晋襄公放走了三个秦国将军，喷出喝进口中的酒，直奔王宫而去。

见了晋襄公，先轸劈面质问："为什么放了秦将？"

晋襄公就像个高考落榜的孩子，可怜巴巴地说："太后在我面前哭哭哭，哭得感天动地。她虽然是我的后妈，也是长辈。我想，晚辈怎么能让长辈伤心呢，就把人放了。"

先轸气得一顿足，咳嗽起来，咳咳咳，好半晌，咳出一口老痰，"呸"地吐在晋襄公脸上，骂道："好一个败家子，你爸打下的江山，早晚要毁在你手里！"

先轸当即派人追赶秦将，秦将已渡河而去，挥一挥手，回头喊："三年后再来拜谢！"

三年后，秦军大举进犯晋国，来来往往几个回合，终于打败晋国。秦穆公成了晋文公之后的新霸主。这是后话。

永垂不朽

晋襄公被先轸吐了一口痰，他自己倒觉得没什么，介之推叔叔、先轸叔叔等一班老臣，对晋国忠心耿耿，可以呕心沥血，可以割肉熬汤，所作所为即使有些过分，也是为了国家利益。所以，晋襄公并没有把那口痰放在心上，反而为自己放走秦将，当众做了沉痛检讨。

文武百官也觉得没什么，为了晋文公的江山，一帮老弟兄割肉都不眨巴眼，吐那不成器的小子一口痰，也是应该的。

先轸自己却一直忐忑不安。晋襄公再怎么幼稚，也是一国之君，我怎能仗着自己资格老，就肆意凌辱？如果满朝文武都仗着老资格而不把国君放在眼里，国君如何服众，如何领导晋国繁荣富强？先轸越想越觉得自己是个老混蛋，如果晋襄公疏远、轻慢甚至公然报复先轸，他心里也会好

受一点，可晋襄公就像什么都没发生一样，依然恭恭敬敬地叫着"先轸叔叔"，让先轸无地自容。

"吐痰事件"之后不久，翟国军队在晋国边境骚扰。翟国是春秋时期微不足道的小国，以游牧为主，偶尔越境来抢点粮食。按说，这种边境小摩擦，派一个二流将军，带一支二流部队，即能摆平。可中军将先轸却主动请缨，要求亲自带队，扫平来犯之敌。

先轸率部来到前线，才发现敌军来头不小，领队的居然是国王白部胡，元帅是国王之弟白暾。先轸只当是小菜一碟，挥师掩杀过去。

先轸宁愿自己碰到的是劲敌，昏天黑地杀他一回，没想到，两军刚一交手，白部胡就中箭落马，被斩了脑袋。

翟军溃退。晋军追杀。

晋军主帅帐中，突然冲出一骑，冲进翟军核心。

白暾发现，单刀匹马来端营的，居然是晋军主帅先轸！

先轸也太不把翟军当盘菜了，白暾一声吼："杀了先轸！"

溃退的翟军突然兴奋起来，把先轸团团围住。

先轸身经百战，歼敌无算，却很少亲手持刀杀敌。这一回，先轸狠狠地过了一把瘾。马蹄所到之处，手起刀落，鬼哭狼嚎。

冲出来，又杀进去，左冲右突，先轸真个是如入无人之境，所向披靡。

不一会儿工夫，先轸就斩杀了敌军三个干部，二三十个士兵。而敌人挥舞的刀枪，连先轸的汗毛都未能伤着一根；密集射过来的箭，丁丁地射在先轸的刀上，或者铠甲上，就是奈何先轸不得。

其实，先轸这一回，不是想来杀敌，完全是来送死的。没想到，敌人竟取不了他的性命。突然有人惊叫一声："这是伤不了的战神啊！"敌军顿时四散溃逃。

先轸跳下马来，把大刀插在地上，把铠甲脱下来一扔，光着膀子，仰天长啸："天啊，你为什么就不能成全先轸啊！"

白暾回身，向先轸射出了第一箭。接着，箭如雨下，密密麻麻落在先轸身上。

战神先轸死了，却不倒地。

白暾跪在先轸脚下，祝曰："先轸将军，您若愿意葬在翟国，请倒下。"

先轸不倒。

白暾再祝："先轸将军，您若愿葬在晋国，请倒下。"

先轸轰然倒地。

翟军大败，从此不敢踏进晋国半步。

先轸孤身闯进敌营之前，写有遗书：倚老卖老，凌辱君王；情有可原，罪无可赦。

◇◇◇

先轸（？－前 627），曲沃（今山西闻喜）人，春秋时期晋国中军将，于城濮之战大败楚国，于崤之战大败秦国，成为中国历史上第一位同时拥有元帅头衔和元帅战绩的军事统帅。先轸事迹可见《史记·晋世家》。

弦高：献给祖国的牛

国君死了，会有新国君，国君永远死不完

郑文公活得很窝囊，他领导郑国四十五年，却一直没能让郑国人民站起来，扬眉吐气开始新生活；他只能跟在秦国、晋国、楚国等强国的屁股后面，充当点头哈腰的小弟。眼看着自己庸庸碌碌地老去，郑文公很不甘心，决心要死得像样一点，觅一块风水宝地寄托雄心壮志，在九泉之下，保佑子子孙孙，兴旺发达。

风水大师看来看去，看中了弦高的养牛场。在寻常人的眼里，那就是一面很普通的山坡，也没见什么奇花异草，风水大师却说得天花乱坠。似乎，死了以后，能埋在这里，就算是横死惨死，也死不足惜。

公允地说，郑文公不是个蛮不讲理的国君，他对弦高的补偿方案还算公道：补偿弦高两百亩平原良田，一百万元拆迁安家费。弦高的那一片山地，不到一百亩，那几间旧房子，不过值十来万块钱。显然，对弦高来说，这是非常合算的交易，他要是不答应，脑袋一定是和牛脑袋一样，没开窍。

可是，你知道，中国的事儿很复杂。郑文公身为国君，不可能亲自和弦高谈生意，按老规矩，他只能把事情交代给一个部长级大臣。然后，事儿按规矩一级一级往下交代。最后，与弦高直接打交道的是乡长。

乡长找到弦高时，两百亩平原良田，变成了一百亩盐碱地，一百万元拆迁安家费，变成了十万元。这条件当然很不地道，放到现在，弦高一定会成为坚定不移的"钉子户"，并连哭带闹地上访上访上访，最终使事情大白于天下，连根拔出一串贪官。可弦高注定要成为感动中国几千年的农民，他没有吵，也没有闹，乡长找他谈话的第二天，他二话不说，就带着

一家老少，赶着他的牛，搬到了乡长指定的盐碱地。那时候，弦高还不知道民主，更不知道维权，他只知道，郑国的山山水水，一草一木，都归国君所有。国君死后愿意葬在牛屎烘烘的养牛场，那是他弦高的荣耀弦高的幸福呀。

弦高搬家后不久，郑文公就死掉了，如愿以偿葬到了弦高从前的养牛场。

国君死了，举国同悲。弦高更是悲恸欲绝。

弦高的悲痛，绝不是虚情假意装腔作势的表演，因为，他的牛不知道吃了盐碱地里的什么草，正在接二连三地死去。国君死了，会有新国君，国君永远死不完；而弦高的牛，死一头就少一头，牛死完了，弦高一家老少就没有指望了。所以，弦高真的很悲痛，很绝望，借着全国人民哀悼郑文公，弦高撕心裂肺，痛哭了一场。

号啕大哭之后，弦高清点了一下他的牛，还剩下十二头。弦高很清楚，这盐碱地里的养牛场办不下去了，剩下的这十二头牛，必须尽快处理掉。

听说，洛邑的牛市行情还不错，弦高就带上十八岁的儿子，赶着剩下的十二头牛，奔赴洛邑。

祖国虽然不太可爱，
但自己一直无怨无悔地爱着她

几年前，郑国与楚国私下结盟，晋国很不爽，就联合秦国，要把郑国灭掉。郑国悄悄派使者对秦王说："郑国远离秦国，与晋国接壤，你们合伙灭了郑国，秦国得不到任何好处，只是让晋国得了便宜。晋国强大了，于秦国那可是大大地不利哦。"秦王一听有理，就留下两千兵马，为郑国守卫都城北大门，自己率领大部队，撤兵了。

秦国留在郑国都城的两千兵马，名为帮助郑国加强国防力量，实为随时准备灭郑的一支伏兵。郑文公死后，郑国人心惶惶，驻郑国的秦将觉得，消灭郑国的时机到了，就悄悄派人向秦王报告："速发大军，里应外合，拿下郑国！"

当弦高和他儿子商量去洛邑卖牛的时候，秦国奔袭郑国的大军，早已上路了。

远赴洛邑去卖牛，弦高其实另有心思，找一处可放心养牛的好地方，搬离郑国。

在春秋列国中，郑国就像一个卖身的小姐，被人玩弄，被人轻薄。许多人因此搬离了郑国，弦高本来没有动搬家的念头，并在走南闯北卖牛的过程中，为维护郑国人的尊严而不断努力。轻视郑国人者，弦高坚决不和他做生意；尊重郑国人者，弦高亏本也愿意和他做朋友。弦高对郑国的感情，就像青春期的儿子对父母的感情，他自己不能容忍父母的愚昧、固执、不可思议，但他不能接受任何外人对父母的鄙视。当弦高的养牛场成为郑文公的陵墓，当弦高的牛在盐碱地里一头接一头地倒毙，弦高的心慢慢地凉了，这样一个注定灭亡的邪恶之国，不值得自己为它披麻戴孝了。

弦高父子俩将要走出郑国的时候，对面来的商贩说："秦国大军来了，又要打仗了！"秦国和郑国远隔千里，中间还横着几个小国，弦高无论如何也没有想到，秦国这一次是来和郑国打仗的。

进入和郑国相邻的滑国境内，弦高父子和秦军劈面相逢。

杀气腾腾的秦军士兵，让弦高的牛不安地"哞哞"叫。弦高突然明白，秦军经过几个国家，却没有发生任何战事，他们明显是专奔郑国而来的！

如狼似虎的秦军杀到，毫无准备的郑国必定措手不及，土崩瓦解。

郑国即将灭亡，此后，弦高我是哪国的人呢？

那一刻，弦高突然发现，祖国虽然不太可爱，但自己一直无怨无悔地爱着她。

弦高附在儿子耳边，说："赶紧回去，告诉郑国军队，秦军来了，准备打仗！"

儿子掉转马头，绝尘而去。

秦军还在绵绵不绝而来，与弦高擦肩而过，直扑郑国。

弦高正一正帽子，抻一抻衣袖，又掸去裤脚边的牛粪斑点。

秦军帅旗过来了，帅旗上一个大大的"孟"字。弦高知道，率领这支队伍的应是秦军主将孟明视，就冲着秦军队伍大声喊道："郑国使者弦高求见孟将军！"

古往今来，
没见过挖空心思要把自己的牛白白送人的骗子

秦军统帅正是孟明视。一听郑国使者求见，孟明视吃了一惊，此次奔袭郑国，乃秘密行动，除了几位主要领导，秦军将士都不知道此次行动的目标，只求神不知鬼不觉，一击得手。难道走漏风声了？

孟明视一见弦高，就觉得不对劲。使者代表国家形象，应该相貌堂堂，举止得体，此人却天生一副民工相，浑身散发着牛粪味；更主要的是，他手中拿的不是使者的节杖，而是赶牛的鞭子！孟明视皱一皱眉头，问道："你是郑国的使者？"

弦高说："也是也不是。"

"怎么说？"

"我本来是个养牛的郑国农民。"弦高扬一扬手中的赶牛鞭，又说，"国君买下了我的十二头牛，又让我送过来犒劳孟将军，我就又成了郑国使者。"

"原来如此呀。"孟明视捋一捋胡须，就把事情捋清楚了：新接班的郑穆公已察觉秦国的偷袭计划，不好翻脸，又不甘示弱，就装糊涂让人送牛来"犒军"，暗示秦军，你们来干什么我已知道，若给我面子，你们就回去；若不给面子，就只管放马过来吧。

弦高正是料定孟明视会这样推断，才冒称郑国使者，果断献上自己的牛。孟明视也不能不这样想，他见过冒充高官的骗子，但骗子招摇撞骗，是为了赚取钱财，古往今来，没见过挖空心思要把自己的牛白白送人的骗子呀。

　　既然郑国已做好准备，偷袭就成了明攻，明攻就很难说有几分胜算了。孟明视当即命令部队，停止前进。

　　秦军将士吃了弦高送上的牛，觉得千里迢迢奔波而来，不干点什么太没有意思，便顺手灭了滑国。

　　再说郑穆公，接到弦高儿子的急报，将信将疑，就派人到北门秦军的居地去探虚实。秦国若真要大举进犯郑国，这两千秦军，此刻一定正蠢蠢欲动。探子潜入秦军居地，只见秦军所有的刀子都磨亮了，所有的战马都喂饱了，时刻准备战斗。郑穆公大惊，当即下令全国进入一级战备状态，同时，向两千秦军下了逐客令："诸位在郑国做客太久了，到别处玩儿去吧。"秦军眼看阴谋败露，很不好意思，灰溜溜地撤走了，给后世留下了一个尴尬的成语：厉兵秣马。

　　后来，撤退的秦军在途经晋国时，中了晋军的埋伏，全军覆灭。弦高的十二头牛，让秦国统一中国的步伐，至少后退了十年。十年时间，能发生怎样翻天覆地的变化，谁也不知道。

　　显然，拯救郑国的，并不是郑文公选中的风水宝地——那牛屎烘烘的养牛场，而是农民弦高。为了表彰弦高对郑国做出的牺牲，郑穆公表示，可以赔偿弦高一百二十头牛，同时，录用弦高父子俩为国家公务员。至于弦高在养牛场拆迁中吃亏的事儿，因为事情比较复杂，就不再深入追究了。弦高不想要国家赔偿他的牛，也不想当公务员，他突然只想立刻搬离郑国，就于一天夜里带着全家消失了，消失在历史深处，踪影全无。

　　弦高智退秦军的故事，让人拍案叫绝两千多年。只有郑穆公不以为然，在后来漫长的平庸岁月里，他常常想，要是弦高不吓退秦军，让秦郑两国大战一场，谁输谁赢，不一定哦。

◇◇◇

　　弦高，春秋时期郑国商人，生平不详。弦高犒师事见《左传·僖公三十三年》。

鉏麑：杀手回头是好汉

官场就像猪圈一样，很脏

生逢风起云涌英雄辈出的春秋时代，我无比自豪。那时候，只要你有一腔热血，一身正气，即使你没有一个很威风的亲爹或干爹，即使你只是一个杀猪屠狗的民工，你也有机会一举成名，永垂不朽。

遇到屠岸贾大人以前，我只是一个不安分的贫寒农民，会一些拳脚，却不会种地。我娘去世的时候，我连棺材都买不起，只能抱着我娘撕心裂肺地哀号。其时，屠岸大人正好到我们村调研，目睹我的困难，他慷慨解囊，厚葬了我娘，还不时派人给我送米送肉。从古至今，很多人骂屠岸贾为奸贼，对此，我不好说什么。官场就像猪圈一样，很脏，不论是谁，整天在猪圈里打滚，身上不可能不沾猪屎。无论别人如何闲言碎语，我至死都认为，屠岸贾大人，是我的恩人。我为娘守丧期满，就投奔屠岸大人，做了他的门客，并表示了愿为屠岸大人赴汤蹈火的决心。

春秋时代，诸侯各霸一方，中国分成了许多小国，我们晋国，是数一数二的强国。当时，我们的国君是灵公夷皋，屠岸大人是灵公的左膀右臂，但晋国真正掌舵的却是摄政大夫赵盾。灵公和屠岸大人对赵盾又恨又怕，正谈笑间，远远地听到赵盾咳嗽，立刻就得像公务员一般，公事公办地板着脸。

赵盾是前朝元老，灵公他爸襄公临死之前，交代赵盾，务必辅佐太子夷皋继承王位，"如果夷皋成材，我在九泉之下感谢你；如果不成材，我诅咒你祖宗十八代！"赵盾唯唯诺诺含泪点头。襄公一死，赵盾却立刻变了脸，说夷皋不过是个小顽童，担当不起国君重任，主张把襄公之弟公子雍从秦国接回来，统领晋国。夷皋他妈是闻名晋国的女强人，眼见儿子的

江山要落入他人之手，她抱着儿子大闹朝堂，大骂赵盾是阳奉阴违狼子野心的奸诈小人。赵盾想和夷皋他妈讲道理，可夷皋他妈一把眼泪一把鼻涕，直往赵盾脸上甩，把赵盾的道理涂抹得稀里糊涂。赵盾狼狈不堪，灰溜溜拂袖而去，夷皋他妈仍不罢休，追到赵盾家，拿出一条白绫，母子俩要一齐死给赵盾看。夷皋母子俩如果真的吊死在赵家，赵盾无论如何有道理，也脱不了逼死孤儿寡母的干系，注定要遗臭万年。最后，赵盾不得不妥协，按照先王遗愿，立夷皋为国君。

和许多人一样，我很久都没有想明白，赵盾为什么要弃夷皋而立公子雍？夷皋只是个三四岁的娃娃，扶持他做国君，赵盾就是理所当然的摄政大夫，在国君成人之前，他赵盾就是晋国说话第一算数的人，即使他要废掉国君篡位夺权，也是易如反掌；而公子雍，此时已是会玩弄权柄的政客，且有秦国做后盾，不一定买赵盾的账，拥立他做晋君，赵盾能不能保住自己的相印都很难说。一目了然的简单判断题，赵盾为什么会做出让天下人大惑不解的选择？

当我豁然开朗，明白赵盾为什么如此煞费苦心的时候，我，也不得不做出艰难的决定了。

一个没意思的人，
他可以让全世界都没意思

我做屠岸大人门客的时候，夷皋已做晋灵公十多年。作为国君，灵公必须天天上朝，接受文武百官的朝见，接受他国使者的跪拜。高高地坐在晋国最宽大的椅子上，灵公需要做出似笑非笑的样子，但不能说话。摄政大夫赵盾不让他说话，因为国君灵公还远未成熟，只怕他说错话有失国君体统。

身为国君，却不能想说什么就说，想干什么就干，这让灵公很郁闷，也让他觉得，做国王，是天底下最没意思的事。屠岸大人是个明白人，他一针见血地指出，做国君没意思，都是因为赵盾是个没意思的人；一个没意思的人，他可以让全世界都没意思。当然，这些话，屠岸大人只能私下和灵公以及少数知己说说，赵盾是晋国一手遮天的人物，谁敢当面对他说三道四呢？

国家大事，赵盾全都牢牢地抓在手中，屠岸大人的经天纬地之才，完全没有用武之地。他只能全心全意地为灵公服务，争取让灵公把没意思的国君干得有意思一些。

灵公像所有十六七岁的半大孩子一样，喜欢狗。屠岸大人就不辞辛劳，国内外四处奔走，搜罗好狗，一时间，天下最拉风的狗，尽归灵公所有。随后，高瞻远瞩的屠岸大人又呕心沥血，斗智斗勇，为晋国争取到了"国际拉风狗博览会"的举办权。此次盛会，规模空前，意义深远，充分展示了晋国作为一流强国的魅力和实力。代表晋国参赛的，都是灵公的狗，它们顽强拼搏，各尽其能，囊括了"最威猛的狗""最性感的狗""最风骚的狗""最搞笑的狗""最杂种的狗"等一百零八面金牌，一举使晋国成为最强狗国。美中不足的是，摄政大夫赵盾，因身体不适，未能参加狗博会开幕式及闭幕式。据说，"身体不适"完全是借口，赵盾的所作所为，有点变态，只要灵公和屠岸大人高兴的事儿，他肯定不高兴。

比如，灵公高兴玩弹弓，赵盾就很不高兴。常常有鸟飞过王宫，灵公就躲在屋顶上用弹弓打鸟，鸟不来的时候，灵公偶尔也用弹弓打街上的行人。看到中弹的人抱着头东躲西藏的搞笑样子，灵公哈哈大笑，屠岸大人也哈哈大笑。这本来是与民同乐的事儿，弹弓射出的只是小石子儿，不可能伤人性命，打的人和挨打的人，哈哈一笑，也就罢了。可赵盾却为此叨唠好半天，把灵公烦得呀，恨不得用弹弓射落赵盾的门牙。

熊掌事件促使灵公下定了决心，要彻底解决赵盾。

那一天，灵公没胃口，屠岸大人亲自进山，搞回一对新鲜熊掌。扫兴的是，王宫里的厨师，竟然连熊掌都不会做，没烧熟就端了上来！这是很严肃的政治问题，第一，身为御厨却不会烧熊掌，这是欺君；第二，国君吃了没烧熟的熊掌，肯定拉肚子，拉肚子肯定影响国君心情，国君心情不好，肯定影响国家繁荣稳定。综上所述，熊掌没烧熟，实在是祸国殃民，罪该万死。所以，灵公英明果断，杀了那该死的厨师。

一国之君，杀一个不称职的厨师，本来没什么大不了的。可是，宫女用箩筐装着厨师的尸体往外抬时，让赵盾撞见了。赵盾大惊小怪，长吁短叹："天呀，怎么可以这样，我一定要和灵公好好谈一谈。"

灵公一听赵盾又要找他谈话，心烦意乱，一脚踢死了自己最心爱的哈巴狗。屠岸大人忧国忧民，更敬爱自己的国君，经过激烈的思想斗争，屠岸大人说："踢死一条狗，没用。要想国泰民安，只有把赵盾干掉！"

灵公激动地抓住屠岸大人的手，说："爱卿，我等你这一句话，等了十多年了！"

如果您觉得我不如史上任何一个好汉，就不必知道我的名字了

干掉赵盾的光荣使命，落到了我的肩上。

那天晚上，屠岸大人和我促膝长谈，揭露了赵盾的十大罪状：欺上瞒下、投敌叛国、贪污腐败、鱼肉人民等。我人笨，记不全十条，反正，赵盾的任何一条罪状，都让他死有余辜。

我是个疾恶如仇的人，撇开报答屠岸大人的知遇之恩不说，我也愿意为除掉国家的敌人、民族的败类，挺身而出。

按照屠岸大人的计划，我应该埋伏在赵盾早朝的必经之路上，乘其不备，一剑击杀。可我毕竟是第一次杀人，激动得彻夜难眠，就干脆早早起来，直奔赵盾家而去。我想，与其躺在床上睡不着，不如早作了断。

我翻墙进入赵府大院时，是凌晨四点。我本以为可刺杀赵盾于睡梦中，没想到，他已经起来了。赵夫人睡眼惺忪，一边侍候赵盾穿衣服，一边嘀咕："天天这么早起来干啥呀，离早朝还有两个时辰呢。"赵盾说："国家之事，非同小可，我必须早点起来，早做准备。"赵夫人把赵盾的朝服小心抻直，又嘀咕："在你眼里，就没有小事，连衣服都必须抻得一丝不苟。"赵盾呵呵笑："这个自然，衣着整洁，那是对国君的敬重。"

赵夫人侍候赵盾穿好衣服，又回房去睡了。赵盾正在客厅里正襟危坐，等候天亮。他腰板挺得笔直，似乎怕把衣服坐皱了。

此时，只要我冲进屋去，一剑就能拿下赵盾。可是，我的剑，拔不出来了。我只是屠岸大人的一个门客，平时没有机会接触赵盾，关于赵盾的所有印象，全都来自屠岸大人的评说。难道屠岸大人说错了，看起来，摄政大夫赵盾完全是一个忠君爱国的正人君子呀？

我躲在院子里的大槐树后，正疑惑得不知所措，却听见赵盾自言自语起来。先是听不清说的啥，但赵盾越说越激动，越说越高声，站起来在客厅里走过来走过去。这时，我听清楚了，赵盾是在演习如何向灵公进谏。

"大王，您必须忘记自己是一个孩子，人民才能把您当成一个国君！大王，您杀死的是一个厨师，摧毁的却是人民对您的敬爱之心。大王啊，您必须向晋国人民谢罪！"

我虽然笨，却还是突然省悟，赵盾原来是忠臣！

刺杀忠臣，我是千古罪人；不杀赵盾，我失信于恩人屠岸贾，愧对国君。

左右不是人，除非——，做英雄的机会，突然与我劈面相逢。

"赵大人！"我大喊，"有人要杀您，您要小心了！"

喊完，我一头撞死在槐树上。

赵盾后来又经历了一些劫难，但都有惊无险，老死在床上。他死后不久，屠岸贾得势，把赵家满门抄斩，造就了中国最悲壮的故事——《赵氏孤儿》。

对了，我叫鉏麑，字比较难认，您如果觉得我还算是一个纯爷们，请翻一翻字典；如果您觉得我不如史上任何一个好汉，您就不必认识这两个字了。

◇◇◇

鉏麑，春秋时期晋国大力士，生平不详。鉏麑触槐事见《吕氏春秋·过理》。

陶朱公：大赦天下，土豪的玩命游戏

陶家的人，杀个把人算个啥

范蠡陪着越王勾践卧薪尝胆，又使出美人计，把吴王迷得不知天高地厚，终于灭了吴国。大功告成，范蠡知道勾践不是那种能共富贵的人，把官印挂在梁上，不辞而别。

几经辗转，范蠡到了齐国的南陶村，率领一家人垦荒种地，亦农亦商。苦心经营十数载，范蠡成了富甲一方的富豪，人称陶朱公。

陶朱公会治国，离开越国以后，他还做过齐国宰相，只因不愿意做贪官捞黑心钱，又不愿意做清官清贫终生，他才辞官创业的；陶朱公会理财，他留下的《陶朱公生意经》，是后世生意人的致富法宝，不少人还奉陶朱公为神明，天天给他烧香磕头；陶朱公还是情场高手，据说，当年西施就是因为爱上了他，才心甘情愿做吴王玩物，成全越国的美人计的。似乎无所不能的陶朱公，却未能管教好儿子。陶朱公有三个儿子，长子陶福是他创家立业的得力助手，还算厚道，次子陶禄和幼子陶寿虽聪明伶俐，却难免有富二代的轻浮霸气，时不时地给他惹点小麻烦。

陶朱公慢慢老了，受不得舟车劳顿之累，生意上的事儿，他只能放手交给儿子去打理。那一天，次子陶禄要去楚国贩丝绸，这是他第一次独当一面做大生意。陶朱公拄着拐杖，送陶禄到村口，握着他的手，说了一大堆废话，又让他背诵了一遍《陶朱公生意经》，才松开握着的儿子，放他去远行。

陶禄的马车看不见了，陶朱公仍久久地伫立村口，看着莫明其妙的远方。儿子从小跟着自己在生意场上打滚，拿金元宝当玩具，陶朱公一点也不怀疑他做生意的能力，他担心的是儿子做人的能力。做人，比做生意难多了。

陶禄走后，陶朱公常常在自己的农庄里转悠，指点工人如何浇灌如何施肥。只有他自己知道，他指点得不一定对。此时，他关心的不是庄稼长得如何，而是儿子能不能平安归来。

一个月后，在屋后的山坡上，陶朱公远远地看见了自己家的马车，先是心里一喜，儿子回来了！接着又是一惊，马车跑得太轻快了，显然是空车！陶朱公心中掠过一丝不祥的预感。

马车疾驰而来，在陶朱公面前戛然而止。

马车里没有陶禄。

马车夫跳下车来，叫道："老爷老爷，不好了！"

真的不好了，陶朱公反而冷静下来，说："别急，先回家。喝口水歇歇，慢慢道来。"

马车夫等不及回家喝水，脱口而出："老爷，二公子在楚国杀人，被抓起来了！"

陶寿看见哥哥的马车回来，奔跑过来，正好听见马车夫的话，斥喝道："狗奴才，陶家的人，杀个把人算个啥！你大喊大叫的，要是吓着了我爹，我大耳光抽你！"

陶朱公高举手杖，要打陶寿，骂道："孽障，你是不是想把你爹气死！"

高举手杖，作势要打，是陶朱公教训儿子常用的招数，儿子闪避开去，他也就不追究了。今天，陶寿偏不躲避，低下头，说："爹，要是打我能让您好受一点，您就狠狠打吧。"

陶朱公手一抖，手杖落在陶寿的肩膀上。

所谓公道，其实是说来玩的

说陶禄杀人有点冤。他见一个老太太倒在桥上，赶紧上前扶起来，却被老太太一把揪住，说陶禄撞倒了她，撞出了一身毛病，说不定哪天死掉，陶禄必须赔她一两金子做棺材。陶禄掏出一个十两的金元宝，指一指四周看热闹的人，对老太太说："老人家，您问问这周围的人，要是有一人说，是我撞倒了您，这十两金子就是您的了。"

初涉江湖的人，都相信公道自在人心。陶禄不知道，所谓公道，其实是说来玩的，从古至今，从来就没有过什么公道。他话音刚落，人群中就有许多人喊叫："就是你撞的！"喊叫的人，有的是老太太的同伙，有的则是瞎起哄，只是想看看这摆阔的富家公子如何收场。

老太太得意扬扬，伸手要拿金元宝，说："小伙子，我死后一定保佑你发大财。"陶禄愤怒了，说："楚国人怎么如此不厚道！我不在乎钱，但我绝不给不厚道的人一文钱！"陶禄说完，把金元宝抛进桥下的河里。

波涛汹涌，金元宝水花都没溅起一个。

老太太和伙伴们都惊呆了。

愣了半晌，老太太突然发狠，说："你撞倒我不赔钱也就算了，但是，你再有钱也不能侮辱楚国人。老身今天要为楚国人讨个公道！"老太太说着，朝陶禄一头撞过来。

陶禄一闪身。老太太收势不住，一头撞在石头护栏上，死了。

陶禄说楚国人不厚道的话，激怒了楚国人。众人一致咬定，陶禄推搡老太太致死。于是，陶禄被关进了死牢。

听车夫讲完陶禄的"杀人"经过，陶寿说："爹，您放心，二哥肯定没事。"陶福则忧心忡忡，说："钱要花在点子上。我们只有找到目击证人，证明老太太不是被老二推搡撞击而死，老二才能洗去不白之冤，平安脱身。"

陶寿说："呔，大哥你落伍了。等你找到目击证人，二哥早没命了！没什么冤不冤的，如今的世道，不讲道理，有钱就有理。能用钱解决的问题，咱不必搞那么复杂。我们先用钱把楚国人砸晕，捞出二哥来再说。"

陶福被小弟当面顶撞，很是不爽，说："三弟，不讲道理，要吃亏的……"

陶朱公顿一顿手杖，打断陶福的话，说："别争了。陶寿你赶紧准备两万两金子，到楚国去找你庄生叔叔。"

陶福想去楚国贩丝绸，父亲让二弟去了；陶福想去楚国救二弟，父亲又让三弟去了。陶福很受伤，他跟着父亲打拼多年，为陶家家业流血流汗还流泪，可父亲似乎并不怎么看重他，只让他干些管理农庄工人的琐碎事儿。陶福向母亲哭诉道："妈，我真的很不中用吗？既然爹不把我这个长子当回事儿，我不如死掉算了。"

陶妈妈也觉得老头儿不怎么信任大儿子，就对陶朱公说："老三去楚国，不一定能救回老二，要是再把老大郁闷死了，我们陶家就太悲惨了。"

陶朱公沉吟良久，一声叹息："那就让老大去吧。"

心里不可没有钱，眼里不可全是钱

陶朱公给庄生写了一封信，交代陶福，到了楚国，把信和金子交给庄生，什么也别说，更别说陶禄冤不冤的，赶紧掉头回来。

陶福到了楚国，把信和两万两金子交给庄生。庄生草草扫一眼陶朱公的信，对陶福说："你赶紧回家去吧。如果你弟弟放出来了，你也别问是怎么放出来的。"

前后不到十分钟。陶福送出去两万两金子，连水都没有喝一口。

就这样回去？陶福不放心，不甘心，他是来救弟弟的，没带回弟弟，如何向父母交代？

陶福没有回家。除了送给庄生的两万两黄金，陶福又另带了一些金银珠宝，从庄生家出来，他又拜访了几个楚国重臣，他要保证二弟万无一失。

同时，陶福又开始悄悄寻找目击证人，调查二弟"杀人"真相。

庄生是陶朱公的好朋友，对陶禄杀人事件自然十分上心，陶朱公即使不写信不送金子，他也会竭力相救的。庄生所以收下金子，只是为了让陶朱公放心，等陶禄平安出来，金子他自会奉还的。

庄生琢磨几天，想出个法子来，对楚王说："臣夜观天象，似有不祥之兆，只怕于楚不利呀。"楚王迷信天象那一套，顿时惶惶不安："如何是好？"

庄生说："德政能感天动地，安抚民心。快捷的德政措施是大赦天下。"

庄生是楚王最信任的正直之臣，楚王无论如何也想不到，庄生会用这

种方法来救朋友的儿子，就说："那就大赦吧。"当即吩咐秘书写大赦诏书。

那写大赦诏书的秘书，正是陶福打点过的，他连夜向陶福报喜：别发愁了，你弟弟有救了，楚王要大赦天下了。

陶福大喜之余，心疼那送给庄生的两万两金子，又来到庄生府上。

庄生见了陶福，皱一皱眉头，说："你怎么还没回去？"

陶福说："庄叔叔，我是为救弟弟来楚国的，弟弟没救出来，自然不能回去。昨晚我听说，楚王要大赦天下，弟弟没事了，我就可以回家了。特来向庄叔叔辞行。"

庄生"哦"一声，说："你的金子我没动，你拉回去吧。"

陶福也不客气，把金子搬回马车上，喜滋滋而去。

庄生气坏了。那两万两金子，他本就没打算要，但自己退回去，和被人索要回去，太不一样了。庄生感觉被人当面唾了一口，他进宫对楚王说："陶土豪那二公子，撞死老太太，还中伤楚国人，影响极其恶劣。外面谣传说，陶家人为了救陶二公子，收买了许多楚国重臣。更离谱的谣言说，我收了陶土豪两万两金子，才鼓动大王大赦天下的。大王明鉴，我可没拿陶家一分钱。"

楚王说："那就先杀了陶二公子，再大赦天下。"

于是，陶福从楚国拉回家的是陶禄的尸体。

陶朱公一声苦笑。老大去楚国，陶朱公就知道老二必死无疑了。因为，老大是跟着父亲吃过苦的，知道每一文钱都来之不易，舍不得。而老三出生时，陶家已是大户人家，他从小就大手大脚，一掷千金不眨眼，也只有这样，才能救出老二。陶朱公最终同意陶福去楚国，也算是用陶禄的命，为《陶朱公生意经》补上一笔：心里不可没有钱，眼里不可全是钱。

◇◇◇

范蠡（前536－前448），春秋时期楚国宛地三户（今河南淅川县）人，因不满楚国乱象而投奔越国，辅佐越王勾践，献美女西施于吴王，终使勾践复国，功成之后偕西施急流勇退，成一代巨商，自号陶朱公。范蠡事迹见《史记·越王勾践世家》、赵晔《吴越春秋》。

崔杼：被美女美死的男人

东郭姜天生娇媚，
一身丧服也掩不住无边风情

　　棠公英年早逝，遗下娇妻幼子，好不凄惶。棠公只是个县处级干部，论级别，棠公之死不足以惊动国家领导人。只因棠公的舅子东郭偃在相府做马车夫，东郭偃又很想姐夫死后风光一点，就请动相国崔杼，来为姐夫的葬礼装门面。

　　身为齐国宰相，崔杼经常参加此类带表演性质的活动，为不认识的死者上一炷香，对死者家属说几句"节哀顺变"之类的废话，然后，扬长而去。然而，这一天，当崔杼上完香，正待对棠公遗孀东郭姜说几句废话，却突然失魂落魄，张口结舌，不知道说什么好了。东郭姜天生娇媚，一身丧服也掩不住无边风情，那眼泪汪汪的大眼睛，更如同深不见底的湖泊，崔杼踉踉跄跄，一不小心就栽了进去。崔杼倒吸一口凉气，棠公是让美女老婆美死的吧。

　　崔杼不久前刚死了老婆，齐国的美女，排着队要做相国夫人，但崔杼一个也没放在眼里。没想到，一个拖着孩子的寡妇，却让他怦然心动。

　　崔杼回到家，依然没能从那双眼睛中挣扎出来，他坐卧不安。晚上，崔杼算了一卦，娶了这女人，如何？推算的结果，大凶！崔杼是齐国最著名的卜卦大师，国家大事，齐庄公拿不定主意的时候，也要请他卜一卦。但崔杼也是齐国最不信邪的人，他一脚踩碎算卦的龟壳，说："切，一个女人，长得好看一点而已，我一定要娶了她，看她到底能大凶到哪里去？"

　　崔杼当即召来东郭偃，问道："我要做你姐夫，行不？"

　　"不行！"东郭偃脱口而出，"我姐天生克夫之相，配不上大人您呐。"

崔杼一笑，说："我命大，不怕克。再说，你姐不是克过夫了嘛。"

于是，崔杼娶了东郭姜。

家有美女老婆，崔杼美得欢天喜地，很快就和东郭姜生了一个儿子。

有一天，崔杼无意间发现，自己喜欢的一顶帽子，戴在宫里的一个侍卫头上，一问，竟然是庄公赏的。崔杼奇怪，庄公为什么把我的帽子赏给别人？对方只是莫明其妙地嘿嘿笑。崔杼疑窦顿生，回家问妻子："我放在家里的帽子，为什么戴到了别人头上？"

东郭姜支吾其词。

崔杼越发生疑，召来仆人，一番拷问，竟问出了齐庄公与东郭姜的奸情。

作为国家重臣，崔杼需要常常出访邻邦，或者带兵打仗。也不知道从什么时候开始，齐庄公盯上了崔杼的美女老婆，崔杼不在家的日子，齐庄公就驾临崔府，缠住东郭姜胡天胡地。

齐庄公来到崔府，喝崔杼的酒，睡崔杼的老婆，还把崔杼心爱的帽子随便赏给侍卫。崔杼太没有面子了。齐庄公是在崔杼大力扶持之下，才做上了国君，却如此不把姓崔的放在眼里。崔杼恨得咬牙切齿，怪不得庄公老让自己出差呢，他一秒钟都没有犹豫，就下定了决心，干掉齐庄公这个老淫棍！

快了不一定能活，慢了不一定就死，
无论死活，咱们都不能失态

崔杼很快就把干掉齐庄公的事儿谋划好了。

这一天，崔杼称病没上朝，齐庄公前来崔府探望。庄公一面对躺在床上的崔杼问寒问暖，一面拉东郭姜的衣袖，要和她去没人处寻欢。东郭姜把庄公引到一僻静房间，还没开始怎么样呢，外面就喧哗起来："不要走了老淫贼！"东郭姜赶紧溜了。庄公探头一看，崔杼的家丁，已把房子团团围住。

庄公的侍卫早已被崔杼收买，都在大门外喝茶，假装听不到这边的喧哗。

庄公慌了，要和崔杼有话好好说。众人全不理会，七嘴八舌地叫骂：

"老淫贼该死！"庄公哀求："就算我该死，也让我死到自己家里好不？"众人依然不答应，加紧撞门。庄公绝望了，要翻墙逃跑，被一箭射下来，死于乱刀之下。

至此为止，崔杼虽然有些冲动，依然算得上一条敢爱敢恨、敢作敢当的好汉。接下来发生的事，却让崔杼成了陪衬英雄好汉的丑角。

崔杼杀了齐庄公，立庄公的小弟做国君，史称齐景公。可崔杼到底心虚，只怕满朝文武不服，就筑起一个高台，台下挖一个大坑，让文武百官挨个上台，扎破手指，喝血酒，发毒誓效忠："不忠于崔杼，心怀庄公者，不得好死。"

众大臣战战兢兢，上得台来，有人杀人如麻，扎手指竟扎不出血来；有人口若悬河，短短十几个字的誓词，竟说得结结巴巴；还有人喝血酒喝洒了或者喝不干净。所有这些不规范的动作，都被视为对崔杼三心二意，一剑穿心，踢到台下的大坑中。

一连杀了七个人。

轮到晏婴了。晏婴是史上著名的矮子，也是顶天立地的大丈夫。晏婴上得台来，咬破中指，滴血入酒杯。

晏婴高举酒杯，对天发誓："崔杼无道，弑君可恶。忠于崔杼，不心怀庄公者，不得好死！"发完誓，晏婴把血酒一饮而尽，"啪"地摔碎酒杯。

崔杼接过侍卫手中血淋淋的穿心剑，顶住晏婴的心窝，说："晏婴兄，我知道你是个人才，真不忍心杀你。只要你按我说的誓词，再说一遍，齐国就是我和你的了！"

晏子摇头晃脑，念起了《诗经》里的诗句："葛藤要往高处爬，不得不依附树梢；君子求荣华富贵，从不走歪门邪道。"

崔杼气得"嗷嗷"大叫，举剑就要往晏婴心窝里捅。崔杼的一个追随者拉住了他，附在他耳边悄悄说："庄公荒淫无道，全国人民都知道，杀了也就杀了；晏婴爱国爱民，全国人民也知道，要是杀了他，只怕不得人心。"

崔杼一听，拍拍晏婴的肩膀，说："好！晏婴兄真不愧是国之栋梁，崔某我佩服的就是你这样的硬汉。"

晏婴"哼"一声，说："别太肉麻了，连你自己都不相信吧。"拂袖而去。

晏婴上了马车，车夫只想快马加鞭，离开这是非之地，晏婴止住他，说："快了不一定能活，慢了不一定就死，无论死活，咱们都不能失态，知道不？"

美女真的惹不得，
否则，你不被美死也要累死

好在，像晏婴这样软硬不吃只认死理的人，史上不多见，崔杼很快就摆平了文武百官。齐景公只是崔杼扶持的傀儡，对崔杼无不言听计从。齐国，已牢牢地掌握在了崔杼手中。

这天上午，崔杼路过国史馆，突然心中好奇，想看看史官是如何记载齐庄公之死的，就走了进去。

太史伯找出记载庄公之死的竹简，崔杼一看，赫然一行大字：夏五月乙亥，崔杼弑其君。

崔杼大怒，把竹简一折两断，说："重新写过！"

太史伯一言不发，找一条新竹简，一笔一画，重新书写，还是那十个方方正正的字：夏五月乙亥，崔杼弑其君。

崔杼拿过那竹简，在太史伯脸上"啪啪"扇了两下，轻声问道："和我崔杼过不去的人，是怎么死的，你知道不？"

太史伯埋头写竹简，一边说："不论你想把我怎么样，请让我先把你今天说的话记下来，好不？"

崔杼扬起右手，向贴身侍卫做一个劈杀的动作。侍卫就把太史伯拉到门外，一刀劈了。

杀了太史伯，崔杼又召来太史伯的弟弟太史仲，说："你哥老糊涂了，庄公明明是病死的，他却说是我杀死的。为了对历史负责，我只好让他成了

历史。现在，由你来接替他，你看起来比他聪明得多，应该知道怎么做吧？"

太史仲说："我知道。"

太史仲洗手焚香，拿出竹简毛笔，正襟危坐，写下十个大字：夏五月乙亥，崔杼弑其君。

十个字就像十颗嚼不烂的铜豌豆，让崔杼恨得咬牙切齿。崔杼手一挥，太史仲又被侍卫拉出去砍了。

崔杼郁闷不已，整个齐国，如今都攥在自己手心里，随便揉捏，两个不知趣的区区史官，竟然不把他放在眼里，太扫兴了。崔杼犟脾气上来了，自己可以创造历史，就不信改变不了历史。

太史叔来了。崔杼说："为了如何记载庄公之死，我已经杀了你两个哥哥。你要是还不开窍，也是个死。你看着办吧。"

太史叔默默地拿起了笔，写下的还是那十个字，也被一刀杀了。

前三个史官的小弟，太史季来了。小弟还不满十八岁，字写得不如哥哥们稳重，却依然是那十个字：夏五月乙亥，崔杼弑其君。

崔杼一声长叹，说："庄公荒淫，危及社稷，我担当弑君恶名，也是情非得已，但愿后人能够理解我；更愿后世史官都能像你们四兄弟一样，用生命保证历史的清白，别让历史成为一笔糊涂账。"

太史季全身而出，正遇南史氏抱着笔墨竹简，匆匆赶来。南史氏以为太史季必死无疑，前仆后继来了。

两年后，崔杼被政治对手算计，子女惨遭屠杀，崔杼和东郭姜自缢身亡。崔杼把绳索套上脖子的那一刻，才突然省悟，美女真的惹不得，否则，你不被美死也要累死。

◇ ◇ ◇

崔杼（？－前546），春秋时期齐国大夫，执政近三十年，骄横霸道，上欺君王，下傲大臣。公元前546年，政敌趁崔杼家族内讧，发动政变，崔杼落败，自缢身亡，齐景公勠曝其尸以泄恨。崔杼事见《史记·齐太公世家》和《左传·襄公二十五年》。

北郭骚：敢洒热血写春秋

冲冠一怒为草鞋

春秋时代，中国有一百多个诸侯国，其中，齐国比较牛，齐桓公把周边诸侯收拾得服服帖帖，最先奠定了霸主地位。很不美的是，齐桓公不得好死，他的五个儿子，为了争霸主之位，大动干戈，把老父亲的尸体摆放了六十七天，直把一代霸主摆得臭不可闻，才马虎下葬。齐国从此衰落，齐国人民的幸福指数也因此大打折扣。

就在这时候，北郭骚大学毕业了。现在，无论男人还是女人，你要是说某人"骚"，对方肯定不会很高兴，但在春秋时代，"骚"字还颇有几分文雅气象，用作名字，还显得有文化。北郭骚就是一个有文化的爱国青年，他满腹才华、满腔热血，要报效国家，而国家就像一个漂亮美眉，从来不把北郭骚这种恐龙哥哥放在眼里，只嫌他太自作多情太自不量力太七七八八的麻烦。于是，北郭骚报国无门，却成了让国家领导人头疼的待业青年。

北郭骚他爸死得早，他娘低三下四、捡垃圾、卖血，才勉强供他读完大学。北郭骚只以为等他大学一毕业，就能成为国家栋梁，光宗耀祖，让他娘苦尽甘来，从此过上有尊严的幸福生活。他无论如何也没想到，自己竟然找不到工作！他不得已只好打草鞋卖，好在，有点文化的小资白领觉得，穿着这种纯手工的草鞋，特有行走江湖的感觉，才让北郭骚偶尔得些零钱供养老娘。

卖草鞋的收入，毕竟很不稳定，还时常遭到城管驱赶。这一天，北郭骚还没卖出一双草鞋，城管就来了，二话不说，点起一把火，把一堆草鞋当街烧掉了。

北郭骚有点郁闷，有点悲愤，还有点绝望，因为，今天他就没钱买米回家给老娘做饭了！北郭骚越想越觉得窝囊，不出这口恶气，就……就怎么样呢，就从此不卖草鞋了！再三思量，北郭骚给当朝宰相晏婴写了一封文采飞扬的信：先对晏婴来一番肉麻的吹捧，接着控诉城管不文明执法，顺便表明自己是一个怎样忧国忧民的爱国青年，最后提及他们家如何没米下锅的事儿。

晏婴就是被人尊称为"晏子"的牛人，干过许多让人拍案叫绝的漂亮活儿，比如，齐景公手下不可一世的三个大力士，个个有万夫不当之勇，让晏子用两个桃子就干掉了。晏子无疑是齐国知识分子心目中的超级偶像，北郭骚给他写信，其实更多的是向偶像表示敬仰，顺便卖弄一下自己的文采，他根本就不敢指望晏子背靠的国家会赔他的草鞋。

贵人相助好运来

北郭骚给晏子写信的第三天上午，晏子来了。其时，北郭骚为省下一顿早餐，还没起床，他只怕宰相大人误会自己懒惰，有辱斯文，索性躺在床上装病。

晏子来到床边，握着北郭骚的手，问他是不是给城管打趴下的。北郭骚满面羞惭，连忙说："只是小有不适，与城管无关，他们虽然推了我几下，也不至于推得我卧床不起的，倒是烧了我几双草鞋。"

晏子当即让随从拿了一千块钱，说："对于野蛮执法的城管队员，有关部门一定会追查到底，我先赔你一千块草鞋钱吧。"

北郭骚不接钱，双手乱摇，说："几双不值钱的草鞋，烧就烧了，赔什么赔呢，倒显得我无理取闹一般。"晏子再三表态，钱一定得赔。北郭骚才收下一百块钱，说："五十双草鞋，一双两块钱，一百块钱足够了。"

晏子环顾一下围上来的乡亲们，一手拉着北郭骚，一手拉着北郭骚他娘，哽咽道："多么纯朴善良的人民啊……"话没说完，老泪纵横。

随后，晏子又进到厨房，揭开锅盖、米桶盖，全都空荡荡的。晏子又落下泪来，待眼泪流得差不多了，又让随从到车上搬下一袋米来，北郭骚正待谦让，晏子说："这是政府慰问贫困母亲的，你不必推辞。"北郭骚才讪讪收下。

晏子临走前，鼓励北郭骚自主创业，做个好创客，为国家分忧解难。北郭骚支吾道："我除了会读书，不会干啥呀。"晏子扫一眼屋角堆着的草鞋，取过一双来穿上，说："我觉得，打草鞋就是一个很好的项目，有民族特色，有文化含量，只要创出品牌来，必能打出一片属于自己的天空！"

晏子是个闻名古今的矮子，那一天，他穿着北郭骚送的草鞋，阔步走在齐国都城的大街上，齐国人民都觉得他很高大。

前些年，美国总统布什穿着一双奇怪的克罗斯休闲鞋，出现在全世界面前，致使克罗斯一举成名。两千五百多年前，齐国宰相晏婴在大街上穿草鞋，则促使北郭骚成了齐国草鞋大王。

晏子穿草鞋，作为他此次亲民行动的高潮，早就设计好了，旨在让全齐国人民知道，晏婴是人民的好公仆。让晏子始料不及的是，此举成了北郭骚草鞋最给力的广告。此后不到半年，北郭骚的草鞋生意突飞猛进，畅销齐国内外，顺理成章地成为齐国草鞋大王，成了大学生自主创业的典型。

就在北郭骚的事业风生水起之际，晏子出事了。出了什么事，史书上没记载，应该就是官场上那种司空见惯的肮脏事。反正，大老板齐景公看晏子不顺眼了，晏子心灰意冷，就打起包袱，准备离开齐国，远走高飞。

马车路过北郭骚的公司时，晏子想应该与北郭骚告别，就停车走了进去。北郭骚一听晏相来访，激动不已，洗了一个澡，换了一身新衣，才来到会客厅。

一听晏子要走，北郭骚大吃一惊："为什么呢？"

晏子长叹一声，说："官场上的事，说不清楚的。比如，有人说我是北郭骚草鞋的形象代言人，每年分红利，这事儿就任谁也说不清楚呀。"

晏子脱口而出的话，只是常见的官腔，若有若无弥漫着"兄弟我为你两肋插刀呢"的意思。北郭骚急白了脸，说："怎么可以这样呢，这不是胡说八道嘛，晏相，我一定给你说清楚！"

晏子呵呵一笑，说："我也算是齐国名嘴，尚且说不清楚，何况你呢。"说着就拱手告辞。

北郭骚心中有千言万语，说出来却只是五个字："晏相多保重。"

感慨万千一声叹

看着晏子落寞而去的背影，北郭骚直觉得失魂落魄。于公，晏子为官清廉，不贪污，不贪色，而且，胸怀雄才大略，齐国要重新走向繁荣富强，离不开晏子；于私，晏子为他主持了公道，赔了他的草鞋钱，又救济了他的母亲，还引导他发展壮大了草鞋事业。晏子于北郭骚，那是有知遇之恩再生之德呀。可怜笨嘴拙舌的北郭骚，竟然只说出毫无意义的"晏相多保重"五个字，北郭骚后悔得直想抽自己的嘴巴。

只有留下晏子，北郭骚才能不负他的大恩大德！留下晏子，北郭骚愿意抛弃一切！

抛弃一切，让北郭骚热血沸腾，他找来最要好的同学，说："晏婴是我佩服的好官，他还给过我妈米呀。供养过我父母的人，我就应该为他赴汤蹈火。请随我到王宫走一趟，我必须让大王把晏婴留下来。"说完，又如此这般吩咐一番。同学也被北郭骚的疯狂想法弄得兴奋起来，抱着一个竹筐，紧随北郭骚，直奔王宫。

去王宫的路上，北郭骚准备了一大篇慷慨激昂的演说辞。他相信，就算齐景公的心是石板一块，那石板也会訇然而开。

没想到，北郭骚他们根本就进不了王宫，更见不到齐景公发表演说。侍卫剑拔弩张，冷冷地把他们挡在王宫大门外。

想到载着晏子的马车正朝边境辚辚而去，只要一出国境，必将一去不返，北郭骚急得一声长啸，哐啷啷拔出佩剑，指着王宫大门，把他的演说辞浓缩成三言两语，大喊："大王呀，你听我说，晏婴是天下难得的贤能之士，有他在，任谁也不能把齐国怎么样，没有他，齐国必将遭受侵犯！

与其眼看国土被践踏，人民被凌辱，我不如今天死掉，用我的人头，一洗晏婴的清白。请追回晏婴吧，大王！"又对捧着竹筐站在一旁的同学说，"拜托了兄弟，请割下我的头，献与大王。"说完，横剑自刎。

这一出，是他们出发前就说好的，可眼见北郭骚在面前轰然倒地，同学还是震惊不已。他依言斩下北郭骚的头，盛在竹筐中，心中突然升起万丈豪情。他昂然挺立，对四周目瞪口呆的侍卫说："北郭骚为国而死，我为北郭骚而死，请把我们的头一并交与大王！"说罢，也横剑自刎。

齐景公闻报，大惊，赶紧乘八马快车，飞奔出王宫，在边境线上追上了晏子。齐景公亲自来追，晏子觉得很有面子，自然又回去了。

路上，晏子得知北郭骚和同学为挽留自己而死，掩泪叹息，说："唉，这些不可思议的知识分子呀。"

◇ ◇ ◇

北郭骚，春秋时期齐国壮士，生平不详。事见《吕氏春秋·士节》。

季札：
孔子久仰的君子

人家让你干啥就干啥，
那也太没劲了

我是季札，吴国四王子，封地延陵，人称延陵季子。

父王驾崩那一年，我十六岁。如今，十六岁的男孩，不可以谈情说爱，不可以到网吧玩游戏；国家也不把十六岁的孩子放在眼里，连选举权都不给。我的父王，他却要我当为所欲为的国王！史书上说，延陵季子如何才华横溢，如何贤能英明，那都是扯淡。十六岁的孩子，尚在不可思议的青春叛逆期，自以为是，能有多了不得呢，我只是不愿意人家指手画脚而已。人家让你干啥就干啥，那也太没劲了。所以，父王一说要让我做国王，我掉头就跑，跑回延陵钓鱼去了。

父王只好把王位传给我大哥，同时，留下遗嘱：大哥之后，不得把王位传给儿子，而是传给二哥，二哥再传给三哥，三哥再传给我。总之，一定要让我做上吴王。

我心中暗暗高兴，等大哥、二哥、三哥轮庄做完王，就算我命长，肯定也老得连王冠都戴不住了。

人各有志，父王的志向是灭掉强邻楚国，问鼎中原，称雄诸侯。大哥继承了父王遗志，一上任就杀气腾腾，誓将称霸大业进行到底。

当大哥统率三军，杀向楚国的时候，我带着一个书童，不远千里，奔赴鲁国，开始了我的音乐朝圣之旅。呵呵，我爸我哥爱打仗，我则是个骨灰级音乐发烧友。鲁国的古典音乐资源丰富，是每一个音乐爱好者心中的圣地。

季子让国的新闻，已传遍神州大地。所以，我所到之处，都免不了被

人围观，人们都想看看，我到底是一个什么样的傻子，傻得连国王都不做。

途经徐国的时候，我碰到了一个故人。几年前，他偷东西要被人乱棍打死的时候，我拿出十两银子，请打他的人喝酒，救下了他。我一直不知道他叫什么名字，这种人，我当然一转身就忘记了。可他还记得我，在徐国的大街上对我倒头就拜，千恩万谢，牵着我的马，把我请到了他家中，说一定要好好报答我。

我知道，救命之恩，恩重如山，不报答，他一辈子都要被山压着，就由他报答我。他拿出了最好的东西招待我，鸡鸭鱼肉，满满一大桌子。对一个王子来说，天下所有的美味，味道都是一般般，但我吃得高高兴兴，我只想让他觉得，他已经报答了我。晚上，我住在他家，睡到半夜，书童悄悄推醒我，什么也不说，拉着我骑上马就跑。跑到大街上，碰到徐太子巡城，把我们拦住了。书童激动得语无伦次，说我如何救下一个贼，那贼如何想报答我的救命之恩，夫妻俩如何商量来商量去，不知道如何报答是好，最后，竟然说，不如杀掉我！

我惊呆了。徐太子也惊呆了。

徐国出了这样不要脸的贼东西，徐太子觉得很不好意思，就派人把那对贼夫妻杀掉了。

只要不是我做王，
谁做我都不在乎

因为那个贼，我结识了徐太子。徐太子也是个音乐发烧友，与我相见甚欢，越聊越投机。聊了好几天，徐太子意犹未尽，一冲动，丢下千头万绪的国家大事，与我结伴去了鲁国。

鲁王为欢迎我们的到来，组织了盛况空前的演唱会，演唱了《风》《雅》《颂》中的许多经典作品。这些曾经风靡中国的歌曲，如今只在《诗经》中留下三百来首拗口的歌词，歌谱早就失传了，没人会唱。两千多年后，在西南边陲小城，有人找了一些须发花白的老人，组成乐团，一边打瞌睡，一边哼哼唧唧，说是唱《诗经》，卖票赚钱。那完全是对中国古乐的亵渎，务请大家一笑置之，千万别当真。

我在鲁国听到的那一场音乐盛宴，才是中国古乐最精湛的演绎，我作为首席嘉宾，对演唱会做了总结发言。《史记·吴太伯世家》中，惜墨如金的司马迁，详细记录了我对每一首曲子的精彩评论，使我成了史上第一个乐评家。当古乐消失之后，只有我的乐评还能使后人对古乐肃然起敬。

从鲁国返回的路上，我和徐太子依然兴致勃勃，彼此约定，以发扬光大中国音乐为己任，务使那些美妙的音乐，传诸千秋万代。可惜，我们都食言了。我后来成了外交家，一辈子都在为战争与和平东奔西走；徐太子后来成了国君，为徐国呕心沥血，死而后已。我一直心怀愧疚，《诗经》乐谱的失传，我是有责任的。每当听到狗屁不通的音乐，我就咬牙切齿，恨不能从公元前穿越过来，给他们上一堂音乐扫盲课。

我大哥和楚国争战十三年，输多赢少，最终在战斗中饮箭身亡。

我二哥打了四年仗，没打出太大名堂，却死在一个越国俘虏手中。

我三哥为吴国长了脸，他和楚国打了七场硬仗，一负六胜。

大哥、二哥、三哥浴血沙场的时候，需要有人来往列国，抑扬顿挫，让他们打得无所顾忌，打得理直气壮。我，著名音乐理论家延陵季子，不得不改行做了外交家。

我无论如何也没有想到的是，三个哥哥轮流做完吴王，我不过五十岁。按现在国家领导人的年龄标准，我还很年轻，理应为国效力。此时，我已是朋友满天下，我要是做了吴王，按父王制定的强国方针，我势必与我的朋友开战。所以，我宁愿做一个外交家，逢人嘻嘻哈哈。当三哥弥留之际，我只怕他把王位传给我，就跑到齐国，找晏子下棋去了。

因为找不到我，三哥的儿子僚继承王位。只要不是我做王，谁做我都不在乎。没想到，大哥的儿子光很在乎，他觉得既然四叔不做，按规矩，应该由他做。十三年后，光请了一个叫专诸的杀手，把剑藏在鱼肚子里，杀死了僚。

光杀僚的时候，我不在吴国。等我回来，光要把王位让给我，我拂袖而去，到僚的坟上大哭了一场。

无论什么好东西，
只要老友喜欢，我顺手就可以送给他

光成了吴王阖闾，成了吴国最为强势的国君。他横扫楚国，把楚王赶得到处乱窜，要不是秦国出面干预，楚国就被他彻底灭掉了。

我依然是吴国的外交官，当阖闾大战楚国的时候，我必须去安抚北方诸国。

我又一次途经徐国。当年的徐太子已是国君，老友来访，徐君喜出望外，握着我的手，老泪纵横。我慨叹不已："老兄，我俩年岁相仿，我还能四处奔走，你咋就老态龙钟了呢？"

徐君说："你老小子要是做了王，肯定老得比我还快。呔，还是咱俩去鲁国听歌的日子快活呀。"

当晚，徐君也为我举行了一个歌舞晚会，凭良心说，歌也很好，舞也很好。可是，栉风沐雨几十年，我对歌舞已没有太大感觉了，我听着，看着，就忍不住打瞌睡。

"劲歌艳舞中打瞌睡，你才真正老了呢。"徐君把我拍醒，说，"来，借你的吴剑使使，看老夫为你舞剑。"

我呵呵一笑，递过佩剑。这老兄弟，还像当年一样好玩，我说他一句老态龙钟，他就耿耿于怀，竟要舞剑证明自己不老呢。

到底老了，徐君舞剑舞到一半，就咳嗽着退下来。咳嗽完毕，徐君把玩着我的剑，说："名不虚传呀，吴剑就是好，怪不得吴国所向无敌呢。"

呵呵，徐君好眼力。我的佩剑，是吴国的面子，当然是吴国最好的剑，价值千金呢。若是在吴国，无论什么好东西，只要老友喜欢，我顺手就可以送给他。可是，我还要访问好几个国家，没有代表国使身份的佩剑，于礼不合呀。

我谦逊几句，收回佩剑，心里说："不好意思了兄弟，等我出使回来，再把佩剑相送吧。"

没想到，一个月后，等我周游列国回来，徐君已经逝世。

我不胜唏嘘，到老友墓上祭拜一番，摘下佩剑，对接替老友的新徐君说："令尊在世的时候，甚爱此剑，只因为我当时还需要此剑访问列国，就没有相送，但我心里已经把剑许诺给他，请你收下吧。"

新徐君是个厚道人，连连摇手，说："父王生前没有交代，我断不敢收如此贵重的礼物。"

一把剑而已，推让什么呢。我把剑挂在老徐君墓前的树上，告辞了。

季子挂剑，让我赢得了有情有义的美名，但阖闾心里不爽，那佩剑，乃吴国之宝，怎么可以顺手送给一个死人呢。不久，阖闾随便找一个理由，把徐国灭了，又将我那宝剑夺了回来。

又不久，阖闾在与越国的战争中，重伤身亡。夫差，阖闾的儿子，我的侄孙，做了吴王。夫差灭了越国，又把战火烧向中原。

公元前 485 年，我历经七位吴王之后，无疾而终，享年九十二岁。被后世尊为圣人的孔子，我生前和他没什么交往，他对我很客气，特意来到吴国吊唁我，还为我题写了墓碑，"呜呼有吴延陵君子之墓"。

我死后十五年，吴国为卧薪尝胆的越王勾践所灭。

◇ ◇ ◇

季札（前 576－前 484），春秋时吴王寿梦第四子，封于延陵（今常州一带），人称延陵季子。季札再三让国，被孔子奉为君子典范。季札还是有远见卓识的政治家和外交家，交游天下，为传播中华文明做出了卓越贡献。季札事迹见《史记·吴太伯世家》《左传·襄公二十九年》。

渔父的梦想就是，
一网下去，拉上来全是大鱼

渔父所作所为，时隔两千五百多年，依然为人津津乐道。但他只是个打鱼的老头，没能青史留名，尽管已流芳千古，我们也只能叫他渔父。

渔父诚诚恳恳，打了一辈子鱼，却一直没能过上有尊严的幸福生活。但渔父很知足，他不像古往今来的那些聪明人（包括自以为聪明的人），爱好指点江山；渔父的梦想就是，一网下去，拉上来全是大鱼。所以，渔父给儿子取名叫大鱼，并一心要把自己打鱼的绝活传给大鱼。让渔父郁闷不已的是，儿子大鱼很聪明，却无心学习打鱼，只想大手大脚干大事。偏偏，时运不济，大鱼啥大事都没干成，成了什么都不会干的不三不四之人。

大鱼的聪明之处在于，永远不惹老爸生气，只有把老爸哄高兴了，他才能哄得到老爸打鱼换来的钱。所以，大鱼偶尔也跟渔父下河打鱼。

这一天，大鱼又没钱了，就乖巧地扛着船桨，屁颠屁颠跟着老爸去打鱼。

渔父是郑国人，住在楚、吴之间的昭关附近，下河打鱼，得经过昭关。那时候，寻常百姓来往各国，无需签证，更不必偷渡，就像到外婆家一样方便。可是今天，昭关戒备森严，楚兵虎视眈眈地紧盯着每一个出关的人。关口贴着一张画像，围着一群满脸兴奋的人，渔父走过去看了看，是楚平王签发的通缉令：伍员，字子胥，楚国最危险的敌人，抓获或击杀此人者，赏粮五万石，直接提拔为正部级干部。

"哎呀！"大鱼一声惊呼，"这哥们也不怎么帅嘛，咋这么值钱呢！"

渔父瞪着儿子古怪的发型，说："世界上最不值钱的是帅哥，知道不？"

大鱼嘻嘻一笑，说："老爸你好帅哦。"

渔父笑骂一句："你个小王八蛋。"

那时候，没有网络，没有微博，也没有娱记狗仔队，但楚王室的那些糗事，民间依然知道得一清二楚，传得沸沸扬扬（传播者绝不会被抓去坐牢）。先是楚平王抢了太子建的秦国新娘子，又怕太子建造反，就想把太子建和他的老师伍奢一家都杀了；伍奢的小儿子伍子胥和太子建闻风而逃，楚王就杀了伍奢和他的大儿子伍尚。逃亡路上，太子建糊里糊涂死在郑国，伍子胥就成了楚王的心头大患，不惜血本，只想干掉他。

渔父杀鱼无数，却心怀慈悲。想着伍子胥他爸和他哥都死于非命，自己还遭追杀，四处逃窜，渔父就觉得，伍家这娃真可怜。

整整一个上午，渔父都在为伍子胥唉声叹气，一条大鱼都没打着。

正无情无绪，岸边芦苇丛中有人招手，隐隐听得到压低嗓门的呼叫："大叔救我！"

大鱼眼尖，一眼就看出对方是谁了，小声欢叫："爸，是伍子胥，我们要发达了！"

"扯淡！"渔父横儿子一眼，把船向岸边靠过去，说，"伍子胥正当壮年，怎么可能满头白发？"

你要是真能把楚国灭了，
我一定要把它立起来

芦苇丛中的求救者正是伍子胥。昭关把守严密，伍子胥绞尽脑汁，未得过关脱身之策，一夜就愁白了头。白头伍子胥在朋友的掩护下，心惊胆战混过昭关，还没来得及吁一口气，楚兵就搜索过来了。

渔船还没靠岸停稳，伍子胥就一跃跳上了船，紧紧趴在船舱里——也像是跪在渔父脚下，说："大叔救我，大恩大德，没齿不忘。"

渔父二话不说，竹篙一点，渔船就直奔对岸而去。

大鱼三心二意地划着桨，朝渔父意味深长地挤眉弄眼。渔父只当没看见，奋力撑篙。

大鱼飞速地盘算着，伍子胥腰系佩剑，如果他是个玩剑的高手，动起手来，父子俩未必是他的对手；最好是偷袭，一桨把他打晕，可是，如果一击不中，也麻烦；最稳妥的办法是，江心翻船，先把伍子胥淹个半死，五万石粮和正部级干部就手到擒来了。

大鱼的心思，渔父心里明镜似的，只装不知道。船到江心，大鱼示意渔父，翻船！渔父全不理会，竹篙左撑右点，有意无意之间，就化解了大鱼要翻船的企图。还是有意无意之间，竹篙头在大鱼的脑门一点，就像老师的粉笔头掷中调皮学生的额头。

儿子知道父亲不愿意，只好怏怏作罢。

船抵对岸，伍子胥千恩万谢，又解下腰间佩剑，说："救命之恩，无以为报。这七星宝剑，值得百把两银子，就送给大叔当船票吧。"

大鱼心中窃喜，此剑看来非同一般，挎在腰间行走江湖，倒也蛮酷的。

"你就是被挂像悬赏的伍子胥吧？楚王说，拿下你，赏粮五万石，还能做大官呢。"渔父向江中狠狠地吐了一口痰，又说，"我是看你娃可怜，才出手相救，你却一口一个报答，好像我是那贪便宜的人一般。你就是个普通公务员，月薪最多二三两银子，价值百多两银子的宝剑，肯定是贪污受贿而来，你竟然拿来恶心我，我呸！"

伍子胥满面羞惭，收回宝剑，说："伍员只是个不在编的临时工。此剑乃我家祖传之物，干干净净。日后若有出头之日，当谨记大叔教诲，绝不做贪官污吏。"说到这儿，伍子胥拜伏在渔父脚下，"伍员我如今除了家仇国恨，一无所有，待我踏平楚国之日，再来谢过大叔吧。"

渔父"哒"一声，说："这话我听着咋不顺耳呢，杀你爸你哥的是楚王，你们之间的私人恩怨，与楚国人民无关，你为什么要踏平楚国呢？楚国是你的祖国啦！"

一个打鱼的老头，说话竟像专家一般有水平，让伍子胥愣了一愣。夺命狂奔的日子，已让伍子胥心冷如铁，每一根头发都充满了仇恨，只要能除掉荒淫暴君楚平王，他什么都干得出来，可楚平王是一国之君，不踏平楚国，怎么可能除掉他呢？真实想法当然不能说出口，伍子胥就只是弱弱地说："楚国是已经腐朽的邪恶国家，已到天诛地灭的时候了。"

渔父哈哈一笑，说："伍子胥你别说大话，你要是真能把楚国灭了，我一定要把它立起来。"

伍子胥也是哈哈一笑，抱拳作别，直奔吴国而去。

看着伍子胥的背影，大鱼很不甘心，说："爸，这肯定是你今生放走的最大的鱼。"

渔父老家在楚国，祖坟还在那边呢，他一声叹息，说："也许，我把楚国给害了。"

报恩和报仇差不多，
都能叫人寝食不安

渔父不安的预感，应验了。十多年后，伍子胥成了吴国的三军参谋长，真的成了楚国最危险的敌人。此时，楚平王已死，已埋入地下慢慢腐烂，但伍子胥心头的仇恨之火却一直在熊熊燃烧，他亲率吴军，杀奔楚国而来。

许多人气急败坏说下的大话，都不了了之。但伍子胥说出的大话，兑现了，楚国真的被他灭了。吴军在伍子胥的指挥下，长驱直入，杀入楚国都城，楚平王的儿子楚昭王弃城逃亡。

一剑砍在楚王空空的坐椅上，伍子胥放声大哭。这一天，他足足等了十六年。他算是为父为兄报仇了吗？父兄的尸骨都不知道去哪了，仇人楚平王早已含笑九泉，我只是把自己的祖国糟蹋得一片狼藉而已，我这不是楚奸吗！伍子胥突然想起多年前渔父的话，不胜悲凉，一声长啸。

长啸之后，伍子胥还是消不去心中郁闷，就到楚平王的坟头撒了一泡尿，吩咐兵士把坟扒了，扒出已腐朽不堪的尸骨，亲自动手，狠狠抽了三百鞭子。

此时，渔父已经很老了，老得不能打鱼了。眼看伍子胥挥师杀过昭关，渔父顿足不已，好像楚国的灾难完全是他一手造成的。渔父想起自己当年要拯救楚国的大话，热血沸腾，可他已不可能上战场冲锋陷阵了，又如何拯救大祸临头的楚国呢？

看着喊爹叫娘逃出昭关的楚国难民，老渔父心如刀绞，背着干粮远赴秦国。

秦国是当时数一数二的大国，只有它能救楚国。可是，一个老渔父，能说动秦王为救楚国出兵吗？

渔父千里迢迢来到秦国，准备了一肚子道理，要和秦王讲。可是，一个莫明其妙的渔父，秦王根本就不想见，渔父连王宫的门都进不去。

渔父没办法，只能坐在王宫门前哭，一连哭了七天七夜，直哭得天昏地暗，哭得口吐鲜血。

秦王被哭得心烦意乱，就郑重算计起出兵楚国的事儿来。算计来算计去，秦王猛然省悟，吴国要真把楚国给吞了，那就是天下第一超级大国，不行，必须出兵，阻止吴国称霸天下！

还没等渔父回到家里，秦军就把吴军赶出了楚国。渔父在回家的路上，高兴得嘿嘿直笑，伍子胥，老夫我也算说到做到了。

伍子胥率军退出楚国，顺道包围了郑国都城，郑国当年杀了太子建，这仇，也得报。

郑国是个小国，没有实力与吴军抗衡。郑王急得团团转，晓谕全城：有能退敌者，寡人拜他为大将军。

大鱼挺身而出，说我有退敌之策！

郑王对这个二杆子渔民将信将疑，问大鱼要多少人马。

大鱼说："无需一兵一卒，我一把船桨就可以搞掂伍子胥！"

大鱼扛着船桨，来到伍子胥大营前，敲着船桨大叫："芦中人，芦中人，老友来访啦！"

伍子胥一见大鱼，拊掌大笑。报恩和报仇，其实差不多，同样能叫人寝食不安，心愿不了，死不瞑目。伍子胥发迹以后，就一直想找渔父报恩，如今大鱼找上门来了，正好！

伍子胥高高兴兴引军而去，大鱼如愿以偿做了郑国大将军。

渔父回家听得此事，跌足长叹，一病不起，临终前，渔父说："儿啊，你的死期不远了！"

伍子胥领军回吴国不久，就失宠于吴王，被处死。

大鱼一夜富贵，春风得意，大吃大喝大鸣大放那个爽呀。满朝文武都看大鱼不顺眼，加之伍子胥没了，郑王就治大鱼一个贪污腐败罪，把他给杀了。大鱼还没爽够呢，就成了中国第一个爽死的公务员。

◇◇◇

伍子胥（前559－前484），楚国椒邑人，蒙冤潜逃吴国，辅佐吴王阖闾成就霸业。夫差继承王位后，听信谗言，赐死伍子胥。伍留下遗言，让家人把他的两眼挖出来悬在城楼，看着吴国灭亡。夫差怒而把伍子胥遗体抛入钱塘江，这一天是五月五日，吴越一带因此认为，端午节是为纪念伍子胥而立的。伍子胥的故事正史野史记载很多，渔父故事取材于《吴越春秋》，嫁接了申包胥哭秦廷之事。

豫让：士为知己者死

英雄无末路

豫让是谁，如今，大约没有多少人知道，但豫让说过的一句话，却没有多少人不知道——士为知己者死，女为悦己者容。

豫让是春秋末年晋国的一条好汉，可惜，前半生没有跟对主人，致使英雄无用武之地。其时，晋国有六大家族，范家、中行家、荀家、韩家、赵家、魏家，各据一方。豫让先是跟范老大混，一心想为主人建功立业，无奈范老大并不觉得豫让有啥了不起，只把他当寻常兵卒使唤。不久，范家被荀家灭掉了，豫让侥幸逃脱，又投奔到中行家。

豫让以为，中行老大或许会对他刮目相看。没想到，在中行老大眼里，豫让只是范家的败家之奴，把他收留下来，给碗饭吃，已是大恩大德，根本就没把他当根葱。好在，豫让没有郁闷多久，中行家也被荀家给灭掉了。这一次，豫让没能逃掉，让荀家给俘虏了。

两度与荀家为敌，如今落入荀家之手，豫让心想必死无疑。不料，荀老大一见豫让，竟然拊掌大笑，说了些"久仰久仰，天助我也"之类的肉麻话，把豫让捧为盖世豪杰。豫让闯荡江湖多年，像后世的李白一样自负"天生我材必有用"，却一直郁郁不得志；今天第一次被人当成英雄好汉，当场感动得涕泪交加，拍着胸脯表态"愿效犬马之劳"。

此时，荀家掌门人是荀瑶，因大权在握，时人尊称为"智伯"。荀瑶雄心勃勃，他的目标是，逐个灭掉其他五个家族，独吞晋国，雄霸天下。要成就霸业，必先招贤纳士，笼络人心，至少也要做出尊重人才的姿态。他对豫让"以国士待之"，作秀的成分应该更多。

真心也罢，作秀也罢，荀老大的目的达到了。此后五六年，豫让一直鞍前马后，追随荀老大出生入死，成了荀老大的铁杆悍将。

公元前 455 年，荀老大联合韩老大魏老大，围攻赵老大赵毋恤。

赵毋恤的老祖宗就是那著名的"赵氏孤儿"，经过一百多年繁衍，此时已是晋国望族。赵毋恤是小老婆生的，按规矩，不能接他爹赵简子的班，只因为赵毋恤比他的兄弟都醒目，就破例做了赵家掌门人，被人尊称为赵襄子。荀瑶一直看不起赵襄子，有一次，在攻打郑国的战斗中，主帅荀瑶让赵襄子冲锋，赵襄子说"主帅你先冲"；荀瑶就对赵襄子很不满，公然嘲讽说："你人长得难看，还贪生怕死，我实在想不明白，你爹赵简子为什么竟选你做了接班人！"打完仗庆功，荀瑶要灌赵襄子酒，赵襄子不喝，荀瑶就把酒杯摔在赵襄子头上。这些老账，赵襄子都牢记着，荀瑶也知道他牢记着，所以，总想找机会灭掉赵襄子。

争战两年，赵襄子节节败退，退守晋阳。荀瑶下令掘开汾河，引水灌城。眼看赵襄子即将遭遇灭顶之灾，荀瑶呵呵大笑，说："原来，水还可以灭城灭国的呀！"也是天不灭老赵家，荀瑶这话似乎没什么不妥，但韩老大和魏老大偏就听出了话外之音，他们两家的都城边，都有一条河，荀瑶灭掉老赵，就轮到他们了呀！当夜，韩、魏反水，联合赵襄子，里应外合，一举灭掉了不可一世的荀瑶。

后来，赵、韩、魏把晋国一分为三，三家一齐晋级"战国七雄"之列。

明君识好汉

荀瑶兵败之际，豫让苦战，奈何无回天之力，只好扮作士兵，躲进深山，逃得一命。

待豫让在山洞中养好伤，下得山来，方知道荀家已被赵襄子满门抄斩，而荀瑶的头盖骨，更被刷上漆做成了酒碗，赵襄子持此酒碗，痛饮五天五夜，不醉。

豫让得知荀瑶如此悲惨的下场，号啕大哭，咬牙切齿道："赵毋恤，你太过分了，我要不杀掉你为智伯报仇，誓不为人！"

赵襄子贵为君王，当然不是想杀掉就能杀掉的。如何才能接近赵襄子并杀掉他，从此成了豫让的毕生事业。

经过精心筹划，豫让把自己化装成奴隶，卖身到赵府扫厕所。

厕所不是个正经地方，可无论大人物小人物，每天都得光顾几回。豫让这一步走对了，赵襄子很快就来上厕所了。

豫让激动不已，掏出刀子，吼道："赵毋恤，你杀了智伯合家老少，也就罢了，你还把智伯的头盖骨做成酒碗，实在可恶可恨，拿命来！"古人就这么迂腐，要杀人你只管"咔嚓"一刀就是，却非要申明罪状，让对方死个明明白白。结果，豫让还没动手呢，赵襄子的卫士就一拥而上，把豫让拿下了。

赵襄子对荀瑶是狠了点，但他留在历史上的形象，基本上是积极健康的，其中，赵襄子和刺客豫让的故事，为他加了不少分。拿下豫让，赵襄子痛痛快快蹲了一回厕所，蹲完厕所，他已有了怎样处理豫让的主意。

赵襄子说："荀家已灭光了，跟随者也都作鸟兽散，你为什么还这样为他卖命呢？"

豫让就在这时说出了那句流芳千古的话："士为知己者死，女为悦己者容。智伯于我有知遇之恩，我理当报答他。"

赵襄子说："你的旧主人，范老大，中行老大，都是智伯杀的，你怎么没为他们报仇，反而为他们的敌人卖命呢？"

豫让说："范老大，中行老大，只是以普通人待我，我自然也以普通人待他们，没必要为他们报仇；智伯以国士待我，我当然也得以国士的规格报答他，赴汤蹈火，义不容辞！"

侍卫对赵襄子说："老大，这种人还有什么好说的，杀了吧。"

赵襄子拍着豫让的肩膀，赞叹不已："豫让你是真正的义士，我从来不杀义士的。如今，你已尽力而为，完全对得起荀瑶了。我也不难为你，你去吧。"

豫让说："你还是杀了我好，不然，我肯定还会来杀你。"

赵襄子愣了一愣，说："没关系，我小心点就是了。"

豫让说："那就不好意思了。后会有期。"说完，掉头就走。

赵襄子这一招非常漂亮，一代君王打江山，结下的仇家成千上万，都是不共戴天的那种，他不在乎多一个少一个。本来，按寻常思路，豫让蒙此不杀之恩，应该感激涕零，从此洗心革面，跟着赵老大重新做人；无奈，豫让偏不是那寻常之人，他注定要在两千多年之后感动我，让我为他感慨万端。

态度很重要

两千多年前，杀人手段远不如现在多样化，基本上只能面对面砍杀。而如今，赵襄子和他身边的人都认识豫让，都知道豫让要杀赵襄子，豫让有可能得手吗？不可能。

可豫让已横下一条心，坚决要完成这不可能的任务。

赵襄子认识豫让，没关系，他可以整容。

两千多年前，中国的整容手段还很原始，豫让买来油漆，往脸上涂。非洲的一些土著，现在还往脸上涂油彩，很艺术，很酷，但豫让要的不是这种效果。豫让用的油漆，是有毒的，不小心沾上一点点，就奇痒无比，皮肉溃烂。豫让把油漆涂在脸上，为的就是要毁容，让谁也认不出他来。

豫让毁容后，为了看看效果，他顶着一脸烂皮烂肉，来到妻子面前行乞。豫让面目全非，妻子自然认不出来了，只觉得这乞丐的声音像自己失踪的老公，不由得勾起了自己对丈夫的思念，就落下泪来，给了乞丐一升米。

妻子的眼泪没能使豫让回心转意，倒是提醒了豫让，声音是个漏洞。豫让当即吞了几块木炭，嗓子立刻就嘶哑了。

一切准备就绪，豫让找到一个好友，商讨刺杀赵襄子的方案。

朋友说："呔，豫让你咋这么笨呢，要杀赵襄子，你也不要把自己糟蹋成这副鬼样子嘛。办法其实很简单。地球人都知道，赵襄子很欣赏你，你假装投靠他，在他手上找个工作，然后，找机会干掉他，一刀就行了嘛。"

豫让很生气，说："我为智伯报仇，为的是尽君臣道义，能不能杀掉赵襄子，并不重要，重要的是态度问题。你竟劝我为了旧主杀新主，这岂不是让君臣之道乱套了吗？何况，我怎么可以明里委身人家做臣子，暗中却阴谋杀害他？我最看不起那种对主人有二心的人了。你，不再是我的朋友了！"说罢，气昂昂拂袖而去。

豫让最终采取了简单明了的方法，坐在赵襄子出入必经的一座桥上行乞，等赵襄子经过时，相机行刺。

赵襄子的马车来了，豫让缓缓站起来。没人认出那肮脏的乞丐是刺客豫让，只是，豫让杀气腾腾的目光，让马受惊了。于是，豫让还没出手，又被侍卫摁倒在地。

赵襄子呵呵一笑，说："怎么办呢豫让？我再把你放掉，咱们再玩一回？你定吧。"

豫让说："你要是再放了我，我还真不好意思再来杀你了。可不杀你，我又死不瞑目。这样吧，你脱下衣服来，让我砍几刀，就算是我为智伯报过仇了，可行？"

围观群众都觉得豫让的要求太荒唐，侍卫举刀就要砍杀豫让。

赵襄子却笑呵呵脱下了衣服，递给豫让。

豫让接过衣服，跳起来砍了几刀，仰天大笑三声，说："智伯，我为你报过仇了！"

说完，豫让自刎而死。

◇ ◇ ◇

豫让（？－前425？），春秋时期晋国武士。因为故主智伯报仇而流芳千古。河北邢台县翟村西南角现存豫让桥，历代诗人多有吟作。唐朝诗人胡曾诗曰：豫让酬恩岁已深，高名不朽到如今。年年桥上行人过，谁有当时国士心？豫让复仇事见《史记·刺客列传》。

申鸣：
忠孝路的尽头

要是你连搏的勇气都没有，
那你肯定不是我的种

申鸣想考楚国公务员，还差一些盘缠，申父就上山挖草药卖。一不小心，申父滑落山崖，摔断了一条腿。申鸣抱着父亲的断腿放声大哭，撕心裂肺地喊："爸，我就是窝囊一生，也不考混账公务员了！"

父亲一巴掌扇在儿子脸上，骂道："没出息的东西，你要是不去考，老子我死给你看！"

申鸣很是纠结，考试只需一个时辰，可来回京城一趟，需要一个多月。申鸣的母亲已去世多年，自己这一去，断腿的父亲谁来照顾呢，托付给谁申鸣都不放心；可要是不去考，把父亲气出了三长两短，自己也是千古罪人。

左思右想，申鸣决定，带着父亲一起去京城。他收拾好家里的独轮车，一边驮着老父亲，一边驮着柴米油盐，奔赴京城。

申鸣和父亲一路说说笑笑，只当出来游山玩水。在手推车吱呀吱呀的欢叫声中，不知不觉半个月，父子俩走过一千多里的云和月，来到了京城。

京城里到处都是摇头晃脑的读书人，都是要来出人头地的。申鸣突然觉得很没意思，报考公务员的人太多，平均七千人争一个名额，读书人的体面和斯文，基本上都将在这场厮杀中体无完肤。就算自己意外地考上了，又有什么意思呢，父亲的腿，以后想踢儿子的屁股都没法踢了。

走进考场，申鸣手中的笔，就像父亲的断腿一般沉重。

考试文章标题是《楚国明天更美好》，这是申鸣练习过多次的文章，轻车熟路默写出来即可。可是，此刻笔落在竹简上，一向中规中矩的申鸣，突然变得张牙舞爪，一肚子的郁闷和不合时宜，倾泻而出。

半个时辰，申鸣痛痛快快发完了牢骚，把笔一扔，朝目瞪口呆的监考官冷笑一声，扬长而去。

回到旅馆，申鸣把父亲背上手推车，踏上了回家的路。

父亲问："不等放榜了？"

申鸣说："爸，我能推着您跋山涉水一千多里，还有啥不能干的呢，何必一定要把自己卖给楚王呢？再说，我要是做了公务员，就得为国家效力，为人民服务，谁来侍候您呢？"

父亲呵呵一笑，说："小子，没考好你也不要花言巧语跟我打马虎眼。我也不是一定要你考上，只是觉得，男人嘛，有机会你就当竭尽全力去搏一搏，要是你连搏的勇气都没有，那你肯定不是我的种。"

"怕就怕，"申鸣挥一把头上的汗，"怕就怕，我万一考上了，万一成了贪官，被杀了头，就不能为您养老送终了。"

"你要是成了贪官，"父亲用拐杖戳一戳儿子的肚皮，"肯定也不是我的种！"

父子俩就这样东拉西扯，一路云淡风轻，倒也平添了几分乐趣几分逍遥。

父亲行动不便，我要出去做官，谁来侍候他呢

申家父子还在回家路上斗嘴皮子玩儿，申鸣推着父亲千里赴考的事儿，已不胫而走，感动了全楚国。口碑的力量，把申鸣塑造成了楚国最美孝子。

楚惠王正想树一个孝子的典型，赶紧让人找来申鸣的卷子。申鸣没有后台，文章又通篇都是敏感字符，早被评卷人扔进了垃圾堆。阅卷组全体工作人员钻进小山一般的竹简堆中，唉声叹气翻检整整两天，才找出申鸣的卷子，呈给楚惠王。

　　国王们常常令人捉摸不透，比如，他一面喜欢听人歌功颂德，一面却又鄙视那些靠歌功颂德吃饭的人。合该申鸣时来运转，他一时冲动写下的忧愤之作，竟把楚惠王读得上下通气拍案叫绝。楚惠王当即决定，一步到位，直接拜申鸣为宰相，主持军政大局。

　　终于要到家了，申鸣远远地望见自家的茅屋，松了一口气。再近一点，申鸣心中突然忐忑起来，门前围着一群人，像是官兵！申鸣思忖：虽然我的文章对楚国的明天不太乐观，但一字一句都充满了对楚国的热爱，难道楚王要问罪？

　　申鸣汗如雨下，吧嗒吧嗒掉在石板路上，一半是推车累的，一半是吓出来的。犹豫片刻，申鸣停下手推车，支吾道：“父亲，儿子可能惹祸了，可能不能在你跟前尽孝了。官兵在家里等着抓我呢。”

　　父亲搭手一望，一脸喜色，说：“儿子，你考上了，那些人是来送喜报的。若是来抓你的，只怕你察觉跑掉，一定是悄悄隐藏在屋后茅草丛里的。”

　　是福是祸，都躲不过。父子俩坦然回家。

　　领队的百夫长上前来一面扶起申父，一面对申鸣说：“恭喜申大人，大王要请你做宰相呢。”

　　申鸣愣了一愣，说：“这个，只怕不行，父亲行动不便，我要出去做官，谁来侍候他呢。”

　　申鸣此话，应该有点言不由衷，不过是随口说说的客气话。历代文人因此大做文章，把申鸣树为视高官厚禄如粪土的典型，则完全是刻意炒作了。

　　中国人，哪怕是农民，都天生会打官腔。申父“呸”一声，说：“大丈夫当胸怀天下，竭力造福于人民，就是最大的孝顺。申鸣你要是因为侍候我而拒绝国家呼召，那是陷老父于不义呀。去吧，儿子，国家需要你，我会照顾好自己的。”

　　“好吧。”父亲表了态，申鸣就不再客气了，“既然父亲如此深明大义，那我就去吧。”

国家灭亡，总要有人为她牺牲为她殉葬的

申鸣做宰相的第三年，白公叛乱，一举攻下京城，楚惠王仓皇出逃。

白公自立为王。楚国旧臣，要么依附白公，要么逃亡他国，来不及跑又不宣誓效忠白公的，都被杀了。

申鸣召集残兵剩勇，要为楚惠王夺回江山。父亲苦劝申鸣："儿呀，人，要识时务。惠王大势已去，你带着这些乌合之众，就想挽回败局，那是送死啊。老父亲还在，你却要去送死，那是不孝，你知道不？"

申鸣说："父亲，我是奉您的命出来做官的。既然成了国家的人，国家有难，我自当赴汤蹈火，万死不辞。恕儿子不能尽孝了。"

申父正色道："别拿国家来吓我，你这是为惠王尽愚忠！白公做王，楚国依然是楚国，你为什么就不能归顺白公呢？你与白公为敌，要是失败了，申家会被灭九族，你知道不？"

申鸣落下泪来，说："对不起，父亲。我是楚国的宰相，白公是楚国的敌人，我必须尽我所能，消灭他。至于连累家人，从我献身国家的那一天起，就已经是在所难免的了。国家灭亡，总要有人为它牺牲为它殉葬的。"

申父还待再劝，申鸣已翻身上马，绝尘而去。

申父到底是农民，对形势判断严重失误。白公得了王位，却没能得到人心。申鸣树起救国义旗，一时间，应者云集。虽是乌合之众，却一个个热血沸腾，经申鸣一番调理，就成了像模像样的部队。楚惠王如惊弓之鸟，早已不知逃往何处，一开始，白公根本没把申鸣放在眼里，一个靠孝顺父亲发迹的家伙，能有啥真本事呢。双方一交手，白公大惊失色，自己多年经营的虎狼之师，居然让孝子申鸣打得落花流水！

白公的部队连连败北，申鸣挥师包围都城。

白公不知所措之际，部将石乞献计说："申鸣是个孝子，我们如果把他父亲抓来，他就能任由我们摆布了。"

白公一听有理，当即派人悄悄出城，摸到申鸣家，绑架了申父。

次日一早，申父五花大绑，站立城头，花白头发迎风乱舞。

白公大喊："申鸣，你看看，这是谁！"

申鸣一看，顿时透心冰凉。两军对垒，明刀明枪，自己只想着如何克敌制胜，咋就没想到对方会使阴招，绑架自己的父亲呢！

白公接着喊："申鸣，你若知趣退军，楚国江山，我分你一半；你若执迷不悟，就等着为你父亲收尸吧！"

申鸣拔剑指着白公，骂道："畜生，劫持白发老人，以求苟活，猪狗不如！有种我俩单挑，一决胜负！"

白公戳一戳申父后背，示意他喊话。

那一刻，落后农民突然省悟了，申父冲着儿子大喊："儿子，你千万别犯糊涂。你要是为救我而退军，世人的唾沫都能淹死我和你啊！"

申鸣"咚"地跪下，遥对父亲磕了三个响头，额头磕出了血，血流满面。

随后，申鸣拿起鼓槌，咬紧牙关，亲手击响了进军鼓。

众将士目睹申鸣弃父亲于不顾的悲壮，越发奋勇。

守军崩溃，白公绝望之际，劈杀申父，自己也死于乱箭之下。

楚惠王还朝，赏申鸣黄金百斤。

申鸣说："为国重臣，我未能及时平定叛乱，致使国君受辱，此谓不忠；为人之子，我未能保卫父亲，致使父亲死于非命，此谓不孝。不忠不孝之人，我有何面目苟活于世呢！"说完，拔剑自刎。

◇◇◇

申鸣（？－前479），春秋末期楚国澧人，湖南临澧合口镇现存申鸣城遗址。由申鸣的故事产生一个成语：因与之语。申鸣事见《直隶澧州志·人物志》：申鸣，以孝闻。为楚惠王相。白公胜作乱，命辞父而往，以兵围胜。胜劫其父惧鸣。鸣曰："始，吾父之子也；今，吾君之忠臣也。"遂一战而杀白公，其父亦死。王大赏之，鸣曰："食禄避难非忠，定国杀父非孝。"遂自刎。刘向《说苑·立节》亦有记载。

聂荌：
姐姐一哭天下惊

官府根本就不和老百姓讲道理，
你讲得口吐鲜血都没有用

我是聂荌，今两千多岁了。我貌不惊人，也没有做什么惊天动地的事儿。我名垂青史，是因为我的弟弟，杀手聂政。

我弟本来是个优秀青年，以他的才能，以他的武功，他完全可以成为叱咤风云的将军。他堕落为杀手，是因为我们所处的世道太无耻，你躲得了强权的霸道，也逃不过小人的算计。

我们本来在韩国轵城（今河南济源）安居乐业，官府却要拆迁我们的祖屋。我父亲很会讲道理，邻里间发生纠纷，都是父亲给他们讲道理化解的。我父亲以为，和官府讲道理，应能保住我们的百年祖屋。可父亲没想到，官府根本就不和老百姓讲道理，你讲得口吐鲜血都没有用。父亲讲着讲着，真的吐血了，他的一肚子道理突然化作一腔热血，喷涌而出。

眼见父亲喷血倒下，我觉得天崩地裂，只想杀人放火。当然，在我们聂家，杀人放火这种粗活，是无需女人动手的。我只是一闪念，我弟就冲了上去，三拳两脚就干掉了最嚣张的两名拆迁队官员。

拆迁队其他人一哄而散。我弟本待要追上去，把那些不讲道理的人统统打死，但我妈把他拉住了。我妈说："我杀只鸡都不敢，你一气打死两个人，还不住手，你想吓死我呀。"我弟一向听妈妈的话，就乖乖住了手。

再在轵城待下去，不是别人杀掉我们，就是我们再接着杀人。所以，我们搬到了齐国（今山东）的一个小城。

身为逃犯，远走异国他乡，我们只能隐姓埋名，低眉顺眼做些不惹人注目的事儿。我弟在菜市场杀狗卖肉，我和妈则窝在出租屋里做鞋卖。

我不断地跟我弟说"要低调，要低调"，可是，中国人太爱卖弄，富人卖弄钱财，官人卖弄威风，我弟则卖弄武功。比如，别人驱赶铺位前的苍蝇，用蝇甩子，我弟则用屠刀，苍蝇飞过摊位，他屠刀一挥，就把苍蝇劈成两半。渐渐地，菜市场的小贩都知道了我弟是个有功夫的人，一帮爱耍弄拳脚的人，慢慢地团结在我弟身边，高谈阔论，耀武扬威。

我弟的张扬，把自己推上了绝路。

那一天，我妈生日，与我弟常来常往的几个人齐聚我家，为我妈祝寿。我妈很高兴，我弟结交的都是平民子弟，带来的生日礼物，不过几斤肉几斤面，但对人真诚。

正准备开席，又来了一个人，还带着两个随从，一看就是那非富即贵之人。来人向我弟抱拳，说："在下严遂，久仰大侠英名，得知令堂寿辰，特奉上黄金两千两，以表敬仰之情。"

两个随从打开他们抬来的箱子，果然是两千两金光闪闪的金子。我们那时候，一两黄金能买一百条狗，两千两黄金就是二十万条狗，我弟一天杀三条狗，二十万条狗足够他杀二百年！

我弟蒙了，傻呵呵地跟严遂客气，说："呵呵呵，阁下就是韩国大臣韩遂韩大人呀，你我素昧平生，韩大人如此客气，不敢当呀不敢当。"

我正在厨房门口算两千两金子是多少双鞋，我妈匆匆过来，说："把你弟叫到厨房来！"

我的命是用来侍奉妈妈和姐姐的，多少钱我也不卖

我拉着我弟来到厨房，只见我妈板着脸，对我弟说："让你平日里别张扬别张扬，你偏不听，现在好了，祸事来了吧！"

我弟满不在乎，说："咱们小门小户，再没见过钱，也不至于给两千两金子吓成这样吧？"

我妈抬手就给我弟一耳光，说："无缘无故送重礼，绝对没安好心，严遂为什么要给你这么多金子，那是要买你的命呀儿子！"

我弟杀人不眨眼，对我妈却百依百顺，他当即认错，说："妈您放心，我的命是用来侍奉妈妈和姐姐的，多少钱我也不卖。"

我弟从厨房出去，对严遂说："严大人，我杀狗虽然赚不了多少钱，却足以养家糊口了。严大人您的厚礼，我真的不敢当，你们还是抬回去吧。"

严遂再三客气，我弟只是不松口。最后，严遂只好觍着脸说："兄弟，实不相瞒，在下有事相求……"

我弟拦住严遂的话，说："对不起，家慈在世之日，我必须全力尽孝，无论求什么，恕我不能答应。"

我看见我妈明显松了一口气。

我弟最终拒绝了严遂的金子，但严遂送给我弟的虚荣心，却在我弟骨子里扎了根：一个正部级大官，与我一个杀狗的称兄道弟，还要送给我两千两黄金我没要，多拉风的事儿呀。

严遂后来没再送我弟金子，却不时到我弟的狗肉摊来。我弟闲的时候，他陪我弟说说闲话，下下五子棋；我弟忙的时候，他就笨手笨脚地帮忙，常常弄得一脸狗血；我弟不卖狗肉的时候，他就和我弟品茶、喝酒、谈女人。

菜市场所有的人都知道，我弟交了一个大官朋友，酒随便喝，钱随便花，要多牛有多牛。众人因此对我弟刮目相看，我弟的狗肉生意也陡然好了一倍。原来每天杀三条狗，从早卖到晚也不一定能卖完，现在每天杀六条狗，小半天就卖完了。我弟相信，就是每天杀十条狗也能卖完，可我弟不想杀了，剩下的半天，他宁愿和严遂泡在一起享受生活。

我妈看见我弟和严遂走在一起就唉声叹气，说："总有一天，我的傻儿子要死在姓严的手中。"整天忧心忡忡，让我妈饱受摧残的身体迅速崩溃，不到三年，我妈就走到了生命的尽头。临终前，我妈紧拉着我的手，老泪纵横，说："看好你弟弟，别让姓严的害死他。"

可是，此时我已经嫁为人妇，有自己的小家需要经营，我怎么可能看得住我弟呢？

我妈"七七"之日，我回家来烧纸，看到我妈的坟头上还香烟缭绕，可是，我的弟弟，已经找不到了。

多日以后，我听说韩国都城有个杀手暴尸街头。我心中一寒，那杀手，一定是我可怜的弟弟！

我不能让我弟的英名被历史尘埃掩埋

三百多年后，一个叫司马迁的人，把我的傻弟弟写成了盖世英雄。

我妈一死，我弟就不再杀狗了，因为，他不需要再供养谁。我妈的"七七"之期一满，我弟不等我妈坟头上的香火熄灭，就去找严遂了。

来到严遂家，我弟开门见山，说："大哥，我知道你是求我杀人的，说吧，你要杀谁？"

严遂吞吞吐吐，说："嘿嘿，我曾经，有这个想法，不过，兄弟你要觉得为难，就千万别勉强。呵呵。"

我弟说："我没其他本事，杀几个人，不在话下。说吧，为大哥您杀人，我绝不为难！"

严遂不共戴天的仇人，是韩国宰相侠累。因为有一天，严遂上班迟到，被侠累罚了一两金子，他觉得很丢脸，就不惜一掷两千金，干掉侠累！要杀掉一国宰相，不是寻常人能办得到的，严遂寻寻觅觅，最终盯住了我弟。

当然，严遂对我弟不会实话实说，他说的是侠累如何贪污，如何腐败，拆房子修路搞开发，就是他敛财的主要手段。当年，我父亲被气得吐血暴亡，追根究底，侠累就是罪魁祸首！所以，杀掉侠累，完全是为民除害……

不等严遂说完，我弟就说："够了。侠累恶贼，他死定了！"

严遂装作很感动的样子，哽咽着说："我就知道兄弟你是个真正的英雄，好，我支持你，我给你再找几个帮手。"

我弟一摆手，说："不必，我一人足够了。"

我弟说完，连壮行酒都没有喝一杯，挥一挥手，就直奔韩国都城而去。

来到侠累府上，把门的武士横剑拦住我弟，问："你找谁？"我弟一言不发，挡开利剑，闯进大门。武士跟在我弟后面喊："站住！站住！"我弟不理不睬不站住，一直往里闯。身后跟了一长串惊慌失措的侍卫，却没有一个人能跟上我弟的脚步。

我弟直入客厅，侠累正跟一帮官员议事。看见我弟，他还来不及问一声"你是谁？"就被我弟一剑穿心。

接着，我弟又击杀武士十几人，最后，他划破面皮，剜出双眼，伏剑身亡。仗义行侠，为的是名垂千古，后世的武松杀了几个普通人，还在墙上留名"杀人者，打虎武松也！"我弟为什么要自毁形貌，做无名英雄？他为的是保护他的朋友严遂，他的姐姐我呀。

韩王将我弟暴尸街头，悬赏：有提供破案线索者，奖黄金两万两！

没有人认识我弟，认识我弟的严遂，躲在屋里窃笑。

我辞别夫君，日夜兼程，赶到韩国都城。我弟的尸首已彻底腐烂，但我认识那双鞋，我亲手做的鞋。我狂呼一声"弟啊"，哭倒在弟弟身上。

我哭晕过去，又哭醒过来。旁边围了不少人，有好心人提醒我："夫人，这真是你弟吗？他刺杀宰相，那是要满门抄斩的罪呀！"

聂家满门就剩下我一个了，斩不斩无所谓；要紧的是，我不能让我弟的英名被历史尘埃掩埋，也不能让虚伪的严遂窃笑到底。我说："是的。这是我弟，轵城聂政，他是严遂最好的朋友！"

说完，我仰面大喊三声"天啊"，气绝身亡。

◇ ◇ ◇

聂嫈（？－前397），战国时期韩国轵（今河南济源东南）人，侠客聂政之姐。聂政名垂青史，事见《史记·刺客列传》，感动后人两千余年，聂嫈却只留下寥寥几行字，甚觉不平，遂为之演绎新故事。

卫嗣君：心慈手软非君子

谁也靠不住

在春秋战国诸侯国的争霸战中，卫国一直是微不足道的配角，"春秋五霸"，"战国七雄"，都没有卫国的份儿。称雄称霸，当然是每一个诸侯国君的梦想，不同的是，有的人喜欢像马丁·路德·金一样大喊大叫："我有一个梦想！"有的人则不声不响，只是暗暗地使劲，比如，本故事的主人公卫嗣君。

公元前334年，卫嗣君接替其父成为卫国之主时，还是成襄侯。在周朝的分封等级中，"侯"比"君"高一个档次，也威风得多；只是，卫国的疆域不断被人蚕食，传到成襄侯手中，版图已缩小一大半，不好意思称"侯"了。按寻常励志故事的套路，成襄侯应该像越王勾践一般卧薪尝胆，奋发图强，恢复旧河山，让灰头土脸的列祖列宗扬眉吐气、含笑九泉。成襄侯的思路却与众不同，他竟然上书周天子，请求将自己由"侯"降为"君"。

其时，东周王朝已是名存实亡，周天子再也不能号令天下，说话早就不算数了。收到成襄侯要求降级的报告，周天子只是苦笑一声，把报告扔在一边，玩鸟去了。

迟迟收不到周天子的回复，成襄侯就自贬为卫嗣君。

自贬为"君"，对于卫嗣君来说，是个艰难的决定，也是他的英明之举。国力衰微，卫嗣君没有实力向周边强国展示肌肉，只能主动示弱，以求偏安一隅，稳定发展，逐步让卫国走向繁荣富强，让人民过上小康生活。

卫嗣君非常清楚，卫国衰落，主要是因为贪官太多。贪官让人灰心丧气、万念俱灰、无情无义、生不如死，总之，贪官是万恶之源，不把贪官像垃圾一样清理干净，人民必将绝望，国家必将灭亡。

卫嗣君发起了轰轰烈烈的反腐败运动。

反腐败是从政府官员公开个人财产开始的。卫嗣君无论如何也没有想到，"官财办"（官员个人财产清查办公室的简称）忙碌一年，得出了让他哭笑不得的结论，政府官员竟然是卫国最贫穷的群体。他们上无片瓦，下无立锥之地，天天饿着肚子为人民服务，再不加工资，卫国官员都必将穷死在工作岗位上。

卫嗣君坚决不相信，别人不说，"官财办"主任姜若汤的底细他一清二楚，住着豪华别墅，养着好几个干女儿，过着花天酒地的生活；而在官员个人财产登记册上，姜若汤只有一套分期付款的经济适用房，负债累累！卫嗣君戳着登记册上姜若汤的名字，质问姜若汤："你那别墅难道是纸糊的？"

姜若汤从容回答："大王，那别墅乃是我岳父大人的，他不忍心看着女儿、外孙跟着我受穷，借给我暂住的。"

卫嗣君冷笑一声："跟着你的几个女人，又是怎么回事？"

姜若汤说："那是我资助的几个孤儿，她们心疼我日夜为国操劳，义务来为我做秘书工作的。望大王明鉴。"

卫嗣君把官员个人财产登记册摔在地上，踩上一脚，说："看来，谁也靠不住。我要亲自出马，把贪官一个一个揪出来掐死！"

别跟我过不去

卫嗣君准备微服私访。

卫国的高官都认识卫嗣君，微服私访对他们毫无意义。卫嗣君决定从基层干部入手，他知道，贪官就像王八蛋，都是一窝一窝的，抓住一个，就能拎出一串来。但考察哪个部门的基层干部，卫嗣君心里也没谱，且走着瞧吧。卫嗣君带着一名贴身侍卫，赶着一辆轻便马车，从王宫侧门悄悄溜了出去。

平日里，君王出行，少不得警车开道，全套仪仗，煞是威风，一路畅通无阻。卫嗣君因此以为，卫国的交通一直都是这么通畅的。今天一出王宫，就遭遇塞车，马车进退不得。卫嗣君心中焦躁，把交通部长骂了又骂，只想立刻就撤了他。

塞了半个时辰，车水马龙终于松动了。侍卫一挥马鞭，"驾"一声正要放马奔驰，路边蹿出一个交警，拉住了缰绳，说："请出示行驶证、驾驶证。"

侍卫蒙了，他不是专业马车夫，根本就没有驾驶证。平时走亲访友，侍卫时常赶着马车呼啸来去，因为穿的是王家侍卫制服，赶的是王马专用马车，超速也好，闯红灯也好，横行霸道也好，交警见了，赶紧立正行礼，从来不敢阻拦，更不敢跟他要什么行驶证、驾驶证。若在平日，谁敢拦卫嗣君的车，侍卫应立即拔刀，但今天是微服出行，侍卫不敢轻易发作，赔着笑脸说："兄弟，我和你们中队长张三立是朋友。"

交警说："少给我扯淡，我就是中队长张三立。行驶证、驾驶证。"

侍卫有点尴尬，不知如何是好，回头对马车里的卫嗣君说："王总，对不起，我忘记带证件了。您能不能让张中队长通融一下？"

卫嗣君不知道赶马车还需要行驶证、驾驶证，心里有点愧疚，就下了马车，满面笑容，握住张三立的手，说："张中队长，你辛苦了。我代表……我代表我们全家感谢你。"

张三立诧异地看一眼卫嗣君，说："少跟我怪腔怪调打官腔。无证驾驶就扣车拘人罚款，你祖宗十八代感谢我都没用。"

罚款无所谓，扣车拘人就不能私访了。卫嗣君问："能不能不扣车拘人，只罚款？"

"按国家法律呢，当然不行。"张三立沉吟一下，"如果王总是那通情达理之人，倒也不是不可以通融。"

卫嗣君不解："国家法律怎么说？通情达理又怎么说？"

"国家法律说，无证驾驶，先扣车，再拘留驾驶员七天，再罚二两银子。"张三立上下打量一下卫嗣君，"对王总这种通情达理的人呢，罚五两银子就可以了。"

卫嗣君只想赶紧脱身去暗访，就舒一口气，说："五两银子就五两银子。我们认罚。"

"没有收据哦。"张三立说，"你懂的。"

卫嗣君不懂，他愣了一愣，心里一惊，脱口而出："罚款不给收据，不是贪污嘛！"

"不要说得那么难听，这叫灵活执法，方便群众，知道不？"张三立冷冷一笑，"你要不愿意也没关系，我马上叫人来拖车拘人。"

卫嗣君掏出五两银子来，说："你，就不怕我举报你？"

张三立把银子接过去，在手里把玩着，说："去年，有两个人想举报我，结果，一个出车祸死掉了，一个进了精神病院。谁跟我过不去，就是跟政府过不去；谁敢跟政府过不去，就会死得很难看，知道不？"

侍卫见张三立越说越不像话，想拔刀，卫嗣君按住他的手，说："我们走！"

贪官的噩梦

卫嗣君当即让侍卫掉头回王宫。

侍卫说："大王，这种不要脸的狗东西，您为什么不让我一刀劈了他？"

卫嗣君说："先留着他，我还有用。"

回到王宫，卫嗣君立即召见"官财办"主任姜若汤，说："查一查东门交警中队中队长张三立的个人财产。"

姜若汤手忙脚乱地翻登记册。卫嗣君说："你那本糊涂账只能哄鬼，赶紧给我丢了。这张三立你给我亲自去查，他的上司，上司的上司，直到交通部长，统统给我重新查一遍。"

姜若汤唯唯诺诺，退了下去。

第二天早朝，姜若汤报告说："大王，张三立跑了，跑到魏国去了。"

卫嗣君顿足叹息："呔，昨天我咋没把他抓起来呢！"

卫国不三不四的人犯了事，都往魏国跑。魏国乃"战国七雄"之一，卫国没有足够的实力和它翻脸，犯人潜逃魏国，卫嗣君往往只能忍气吞声，不了了之。

这一回，卫嗣君实在不甘心，他低声下气给魏王写了一封信，把魏王的马屁拍了又拍，最后说：敝国有个败类叫张三立，昨日潜逃至贵国；此人道德败坏，很可能给贵国带来灾难性的恶劣影响，恳请将此人遣返敝国。我愿意从私人积蓄中拿出一百两金子，作为遣返费用。

魏王看了卫嗣君的信，呵呵一笑，说："卫嗣君被张三立讹了五两银子而已，竟然不惜血本把张三立抓回去，太狠了。我不能同意，传出去显得我不仗义，天下英雄谁还敢投奔我。咱堂堂魏国怎能为了一百两金子，冷了天下英雄的心？"

一听魏王不愿意，卫嗣君急得张牙舞爪，对信使说："你再去对魏王说，他若把张三立送回来，我给他一座城！"

卫国众大臣大惊失色，姜若汤说："大王，张三立只是个副科级干部，不值得用一座城去交换吧？"

卫嗣君咆哮道："贪官污吏，就像狗屎一样，一分不值。可是，如果有法不依，让无耻之徒逍遥法外，得不到应有的惩处，我失去的将不是一座城，而是整个国家！只要能维护法律的尊严，一座城又算得了什么？"

魏王听了信使传来的话，肃然起敬："卫嗣君真是个好汉，我要再不把张三立这祸害送回去，他下一步只怕要和我开战了。"

有道之君，没有不痛恨贪官的，魏王正是那有道之君。他说："贪官乃是畜生，全人类的公敌，不配享受魏国的庇护。"就把张三立交还给了卫国，没要卫国的城，也没要卫国一文钱。

遗憾的是，卫嗣君正在组织特别专案组，准备调查张三立的关系网时，张三立却暴死在监狱中。监狱长说，张三立貌似死于"躲猫猫"。全国人民都想不明白，孩子们都爱玩的"躲猫猫"游戏，怎么就玩死了人呢？

张三立事件，掀起了卫国反腐败运动的高潮。张三立，成了卫国贪官污吏心中永远的噩梦。

张三立之后，卫国的天空渐渐晴朗，成了著名的"君子之国"。秦始皇后来扫荡群雄统一中国时，因为卫国多君子，都没好意思顺手灭了它，卫国因此成了存续时间最长的诸侯国。

◇ ◇ ◇

卫嗣君（？－前293），亦作卫孝襄侯，战国时期卫国第四十一任国君。卫嗣君故事见《战国策·宋卫》：卫嗣君时，胥靡逃之魏，卫赎之百金，不与。乃请以左氏。群臣谏曰："以百金之地赎一胥靡，无乃不可乎？"君曰："治无小，乱无大。教化喻于民，三百之城足以为治；民无廉耻，虽有十左氏，将何以用之？"

七十岁的老人，被子孙辈称为"哥"，
那是非同一般的尊称

　　侯嬴一生潦倒，一事无成，连棺材钱都没攒下，七十岁还不能退休享清闲，还得看大门。侯嬴看守的是魏国都城大梁的东大门，日出开门，日落关门。古代的城门，门扇上千斤，门闩上百斤，所以，看门人都是很不简单的人，年逾古稀的看门人简直就是神人。

　　有一天，信陵君魏无忌清早出门，来到东门，城门还没开。城门旁围着一群人，不像是急着要出城，倒像是看热闹的。信陵君好奇，问跟随的门客："这些人围在这里干吗？"门客指一指城楼上的侯嬴："都是来看侯嬴开城门的。"信陵君越发好奇："开城门有什么好看的？"门客说："我也不知道。"

　　侯嬴面向东方立在城楼上，突然吼唱起来："太阳出来喽喂喜洋洋啰……"太阳就被侯嬴吼了出来，第一缕阳光照在侯嬴雪白的头发上、胡须上，金光闪闪。

　　侯嬴大喊一声："天佑魏国，国泰民安！"喜洋洋下了城楼，取下那上百斤重的门闩，扛在肩上，头一低，门闩就在肩膀上旋转了一周，又"噔噔噔"走到放门闩的城墙角落，"嗵"的一声放下。围观众人齐声喝彩："侯哥，好样的！"

　　随后，侯嬴就一边唱歌，一边"吱嘎吱嘎"推那上千斤重的门扇，每推开一扇，众人就发一声喊："侯哥，好样的！"

　　侯嬴开了城门，乐呵呵朝众人抱拳，说："魏国人民都是好样的！"

　　七十岁的老人，被子孙辈称为"哥"，那是非同一般的尊称。信陵君

激动不已，大步上前，紧紧抓住侯嬴的手，说："侯哥，感谢您给魏国人民带来欢乐。"

信陵君在城门出出进进，侯嬴早就认识了，却假装不认识，说："呔，看你的样子，也不像那当官的人，说话怎么打官腔？"

跟在信陵君身边的门客"呔"一声："休得无礼，这是信陵君，魏王亲兄弟，魏国上将军。"

侯嬴道："呵呵，都怪老朽老眼昏花，信陵君果然名不虚传，一点不摆官架子。"

信陵君敬重侯嬴身处卑贱而能泰然自若，随手掏出一个金元宝来，双手捧上，说："初识侯哥，一点小意思，不成敬意。"

"不要不要。"侯嬴双手乱摆，"老朽清白一生，从来没有不明不白要人的钱。国家按时给我发工资，不差我一分钱，信陵君您要是再给我钱，我岂不是和那等白吃白喝白拿的贪官污吏一样了嘛。"

信陵君对侯嬴越发敬重，他收起金元宝，说："此次匆匆路过，结识侯哥，深感荣幸。待我选个好日子，专程来拜访侯哥吧。"

侯嬴说："信陵君千万别客气，咱普通老百姓，不懂规矩，只怕一不小心冲撞了您。"

真要碰到那厚道的官，咱老百姓赴汤蹈火，也无所谓的

信陵君是战国时期著名君子，四面八方有点本事和自以为有点本事的人纷纷投至他门下，以求飞黄腾达。信陵君来者不拒，一时间门客如云，每天都有两三千人吃饭。

这天中午，快开饭的时候，信陵君突然想起守门人侯嬴，就对众门客说："大家稍等，我得去请一个尊贵的客人。"就带着一辆马车，直奔东门。

侯嬴一听信陵君要请他吃饭，也不客气，说："我天天为国家看门，信陵君请我这老兵吃个饭，倒也应该。"就拍一拍灰扑扑的衣裳，大大咧

咧坐到信陵君留给他的马车主位上。

信陵君亲自赶马车，他知道门客都在等着他回去开饭，就想快马加鞭赶回去，侯赢却说："慢点，慢点，我一把老骨头经不起颠簸。"

信陵君只好慢下来。侯赢一路上对熟人点头、挥手，说："信陵君请我吃饭呢。"

路过臭烘烘的肉菜市场，侯赢突然说："请等一下，我看看一个朋友去。"

信陵君勒住马，心里想着家里正等着他的食客，嘴里却笑微微地说："没问题，您去吧，我在这儿等您。"

侯赢去看的那朋友叫朱亥，是个卖肉的屠夫。侯赢找朱亥，其实没什么事儿，主要是想告诉他，信陵君中午请我吃饭呢，这会儿他正拉着马缰绳，在外面等着我呢。说完这个，侯赢还不走，又和朱亥东拉西扯，说起猪肉涨价的事儿来。

信陵君的车夫和随从等得很不耐烦，心里把侯赢骂了一百遍。信陵君却不急不躁，脸上一直挂着微笑，一边亲切地与认识他的过往百姓打招呼。

渐渐地，来往菜市场的百姓都知道了，国家领导人信陵君等在菜市场门口，是为了请守门人侯赢吃饭，而侯赢却在和卖肉的朱亥扯淡。有人乘机巴结信陵君，有人向信陵君投诉某村长公费旅游，还有人大骂侯赢是个不要脸的老东西。

眼看闹哄哄的人群围住了信陵君，侯赢跑出来了，说："不好意思，不好意思，唠得高兴，忘了信陵君在等我了。"

信陵君依然笑得诚诚恳恳，说："没关系，侯哥您高兴就好。"

围观群众惊叹不已："信陵君，真正的君子啊。"

在信陵君府上等得烦躁的门客，一见信陵君请回来的贵客只是个看门老头，最有涵养的门客都掩不住脸上的不屑。信陵君却一脸恭敬，把侯赢请到上宾席，亲手为侯赢斟酒祝寿，并向众人宣布："侯哥永远是我心中最尊贵的上宾！"

三五杯喝下去，信陵君兴致渐高，附在侯赢耳边悄声说："多谢侯哥今天送给我的大礼！"

侯嬴哈哈一笑，说："信陵君果然善解人意。"

信陵君说："侯哥你绝不是那卖弄虚荣之辈，更不可能在大庭广众之下公然失礼，你如此这般装小人，无非是想突出我信陵君是个礼贤下士之人。要是我连这一点都看不出来，岂不是枉费了侯哥心机？"

侯嬴说："信陵君您何必把话说穿呢，当官的都爱作秀，您知道了也装作不知道，显得您多么仁爱宽厚呀。"

信陵君说："为人要厚道，为官更要厚道。作秀的人，老百姓一眼就能看穿，他自己哄着自己高兴而已。"

侯嬴一声叹息，说："真要碰到那厚道的官，咱老百姓赴汤蹈火，也无所谓的。"

急需用人的关键时刻，侯嬴居然像个老王八一般，缩起了头

公元前 257 年，秦军大举入侵赵国，围困赵国都城邯郸。赵国向魏国求援，魏王派晋鄙率十万大军驰援赵国。

秦王慌了，带信给魏王说，赵国乃秦国囊中之物，灭赵是早晚的事，谁要是敢救赵国，我灭掉赵国之后，回头一定灭掉他。

魏王被秦王吓住了，赶紧命令已行进到魏赵边境的晋鄙，停止前进，等待下一步命令。

这一下，信陵君急了。魏赵两国一向交好，赵国丞相平原君赵胜还是信陵君的姐夫，信陵君当然不能坐视赵国被秦国灭掉。不算私人感情，从战略上说，魏国和赵国唇齿相依，赵国被灭了，下一个必然轮到魏国，魏赵二国必须携手并肩，方能抵御强秦。信陵君鼓动魏国群臣联名上书魏王，力陈救魏的必要。但魏王依然犹豫不决，让晋鄙继续观望。

救赵如救火，刻不容缓。信陵君决定孤注一掷，集合自己的三千门客，开赴赵国，与秦军决一死战。

临出发前，信陵君想起了守门人侯嬴，就去向他辞行。七十岁的侯

赢，当然不宜上前线冲锋陷阵，但或许，他有什么破敌高招呢？

信陵君一向待侯赢不薄，没想到，急需用人的关键时刻，侯赢居然像个老王八一般，缩起了头。他只是淡淡地对信陵君说："侯赢老迈，恕我不能为信陵君卖命了，祝信陵君此去旗开得胜，马到成功。"

信陵君很是寒心，不待侯赢把话说完，就掉头而去。越想越觉得没意思，自己待侯赢诚心诚意，他怎么能如此冷漠？难道我一不小心什么时候得罪了他？想着想着，信陵君又掉转马车，自己救赵国，凶多吉少，能不能回魏国都很难说，一定要和侯赢把话说清楚。

侯赢还等在门口没进屋，他迎着信陵君，说："我就知道信陵君一定要回来问罪。"

心事被侯赢一眼看穿，信陵君尴尬一笑："哪里，哪里，我只是觉得，侯哥您一定有什么高招教我。"

"秦军如狼似虎，您的三千门客如同一块不肥不瘦的五花肉，给他们塞牙缝都不够呀。"侯赢接着说出了他的高招：说服魏王爱妃如姬，偷出能调兵遣将的虎符，然后，拿着虎符夺取晋鄙的兵权，带着晋鄙的十万兵马去救赵国，方有胜算。

如姬偷虎符是中国历史上另一个精彩故事，按下不表。信陵君拿到如姬偷出的虎符后，兴冲冲又来向侯赢辞行，侯赢说："老朽已不能为信陵君效力了，就让我的朋友朱亥与您同去吧。晋鄙见了虎符，不一定就乖乖交出兵权，他可能会要求向魏王核实，此时，您一点不能犹豫，立即灭掉他。朱亥力大，可一击得手。"

朱亥就是与侯赢上次在菜市场扯淡的那个屠夫，信陵君知道他是个奇人，早有心结识，可惜朱亥不怎么买他的账。此次能得到朱亥的协助，信陵君自然欢喜不尽。

信陵君率领众门客，来到晋鄙的大营，出示虎符，让晋鄙交出兵权。晋鄙果然如侯赢所料，心存疑虑，说："奇怪，我得问问魏王，到底是怎么回事？"无需信陵君使眼色，朱亥亮出藏在袖子里的铁椎，二话不说，一击敲碎了晋鄙的天灵盖。

信陵君夺得兵权，领军杀向邯郸，秦军望风披靡。

信陵君在赵国大获全胜之时，侯嬴在魏国自刎。

侯嬴是魏国老兵，却策划偷魏国虎符、杀魏国主将，他唯有一死，以谢魏国。

◇◇◇

侯嬴（？－前257），战国时魏国人。家贫。大梁（今河南开封）监门小吏。侯嬴事见《史记·魏公子列传》。

薄姬：
母仪天下的每一步

只恨男儿不丈夫

秦朝末年，忍气吞声的农民兄弟中，出了两个狠角色，陈胜和吴广。他们削木为枪，大吼一声："王侯将相，宁有种乎！"树起了造反的大旗。顿时，天下有种之人，纷纷响应，魏咎魏豹兄弟俩也一哄而上。

后来，魏咎因作战勇猛，被陈胜封为魏王。再后来，陈胜吴广兵败身亡，魏咎引火自焚。魏豹跟随刘邦继续革命，被封为西魏王。

秦亡之后，刘邦和项羽争当皇帝，又干了起来。西魏王魏豹不声不响，坐拥魏城，与娇妻美妾哼小曲喝小酒。魏豹有个小妾叫薄姬，看魏豹耽于享乐，忧心忡忡：生逢乱世，好男儿自当奋勇争高低，岂能躲在家里和妻妾说家长里短？

薄姬有个闺蜜叫许负。江湖传说，许负是手握一块有八卦图的玉出生的，还在襁褓里，已能断人前程，见了该死的人她就哇哇大哭，见了幸运的人她就嘻嘻欢笑，搞得人心惶惶，没人敢逗她玩，只怕她一不如意就哭起来。许负长大后，成了著名的八卦妹。连秦始皇都知道许负算命很准，要召她进宫算一卦。算卦这东西，纯属游戏，许负只给好玩的人算，秦始皇乃全中国最不好玩的人，许负懒得给他算，拒不奉诏，收拾好罗盘什么的，云游四海去了。这一天，许负来到魏地，刚摆出卦摊，想赚几个脂粉钱，就被薄姬看见，邀进魏王府。

薄姬一直在想办法，如何让魏豹多一些男人气概，如何让魏豹多爱自己一点。见了闺蜜许负的八卦招子，薄姬计上心来。

魏豹打猎回来，路过薄姬的卧室，听见薄姬正和一个陌生女人悄悄说话，心中好奇，就凑到门前要听个究竟。

只见屋里的陌生女人说："恭喜姐姐，你天生大富大贵之相，命该做天子之母，母仪天下啊！"

魏豹差点要笑出声来，我老婆要生天子，我不就是天子他爹吗？魏豹推门而入，扫一眼许负，只把她当作寻常江湖骗子，阴着脸说："没事少扯淡。骗吃骗喝没关系，胡言乱语是要惹麻烦的。"

薄姬说："大王，这就是人称'神算子'的许负，始皇帝想听她胡言乱语，还没那福气呢。"

魏豹一听是大名鼎鼎的许负，顿时手足无措，若是许负，那就不是胡言乱语啦！魏豹喜出望外，叫人捧出一百两黄金来，交给许负，说："天机不可泄露，你懂的。"

生天子之说，是薄姬和许负谋划来刺激魏豹的，许负自然不好意思要金子，她把金子转交给薄姬说："就当是我送给小天子的见面礼吧。"

魏豹开始重新做人了。首先，他不再和其他妻妾亲近，只往薄姬房里跑，既然薄姬注定要成为天子他妈，他必须努力及时播下"龙种"；另外，魏豹开始关注天下形势，他必须为儿子铺垫好通向皇帝宝座的道路。深入想一想，儿子要做皇帝，老子我，不也是皇帝么？魏豹揽镜自照，越照越觉得自己乃皇帝之相。

其时，刘邦和项羽正为谁做皇帝斗得难解难分，魏豹决定为他们加一把火。审时度势，魏豹觉得，无论是人格魅力，还是军事实力，项羽都占上风。本属刘邦阵营的魏豹，反水加入项羽的团队。魏豹的如意算盘是，先帮项羽灭了刘邦，再伺机灭了项羽，把一统江山收归囊中。

梦碎之后心不死

众所周知，魏豹的如意算盘打错了。

魏豹生命的最后几年，过得很是窝囊。先是刘邦受不了他和项羽的联盟，一举荡平魏地，魏豹投降，屈辱地回归刘邦阵营。两年后，刘邦遭项羽围困之时，刘邦部将怕"反国之臣"魏豹再次反水，斩杀魏豹。

为了许负描绘的大好前程，魏豹不遗余力，忍辱负重，可是，直到被斩首，他连"龙种"都没能播下，只给后人留下一段笑柄。身首分离之际，魏豹仰天大叫："千万不要相信八卦妹！"

魏豹死后，薄姬和一干女眷被掳进汉王宫织室劳动改造。

在汉王宫纺纱织布的日子里，薄姬常常想起自己和许负玩算卦游戏，引得魏豹为皇帝梦而激动的事儿，把悔恨一丝一缕地纺在棉纱里，织在布匹里。男人，不一定要顶天立地，女人，不一定要无限风光。原来，"执子之手，与子偕老"才是男女幸福的最高境界。如果可以从头再来，她宁愿魏豹只是一个猎捕野兔的简单男人，每天打一只两只兔子就可以了，打不到也无所谓。

历尽沧桑，薄姬心如止水，沉浸于纺纱织布之中，不久，她又自学成了汉王宫最优秀的裁缝。夫贵妻荣的梦破碎之后，能把一匹布裁剪成华美衣服，也是一种享受。

公元前202年，刘邦大败项羽于垓下，项羽愧见江东父老，自刎于乌江，楚汉争霸以刘邦完胜而告终。汉王刘邦要登基做皇帝了。做皇帝先得有几身新衣服，做龙袍的光荣使命落到了头牌裁缝薄姬头上。

做龙袍先要量尺寸，薄姬准时来到刘邦的寝宫，以新闻联播腔公事公办地道一声："奴婢给大王请安。"

刘邦阅尽各种美女，或风骚毕露，或战战兢兢，或喜气洋洋，或诚惶诚恐，不一而足，就是没见过像薄姬这种不慌不忙不冷不热的。刘邦不由得正眼打量薄姬，她不是艳光四射的美人，眼睛却因为没有欲念而分外洁净，像夏日里的一汪碧水，让人顿生清凉。

那天中午，刘邦睡了一个无忧无虑的午觉，心情大好，看姿色平平的薄姬也很顺眼，就忍不住挑逗说："寡人碰到的女人，只有两种，爱寡人的和怕寡人的。你属于哪一种？"

薄姬依然以新闻联播腔说："大王身边美女如云，轮不到我来爱；大王爱民如子，我用不着害怕。我是第三种女人，敬重大王的女人，敬重大王是天下第一帅哥！"薄姬刻意低调，在织室一年多，都没有一气说过这么长的话，见了刘邦，虽然表面上不卑不亢，女人的本能，却让她不知不觉说出这一番肉麻话来。她太清楚了，作为女人，她的光辉岁月已经和魏豹一起埋葬，她必须抓住眼前这稍纵即逝的机会。

刘邦威加海内，天天被人溜须拍马，无非是盖世英雄之类的屁话，薄姬以新闻联播腔说出的"天下第一帅哥"，却格外动听。天下第一帅哥兴奋起来，"呵呵"一笑，一把搂过薄姬，说："想不想看看天下第一帅哥的真功夫？"

内侍一见，赶紧退下，掩上门。

笑到最后也别狂

刘邦一时兴起，青天白日宠幸了薄姬。

薄姬从织室进入后宫，却并没有从此开始幸福生活。那天中午片刻的恩爱之后，薄姬就再也没有见过刘邦，汉王宫百花争艳，已过花季的薄姬已不敢奢望阳光雨露。她名列嫔妃，却像个宫女一般低眉顺眼，逢人三分笑。

刘邦登基称帝，日理万机。有一天，太监报告："恭喜陛下，薄姬娘娘为陛下诞下一位皇子。"

"哪个薄姬？"刘邦已想不起薄姬是谁了。

太监解释半天，刘邦才想起薄姬就是那个称他是天下第一帅哥的裁缝。天下初定，危机四伏，刘邦忙得焦头烂额，甚至没有心思去看一眼自己的第四个儿子长得像谁，只给他取了个名字——刘恒，就带兵打仗去了。

生了个皇子，薄姬身价上了一个档次，可以住大一些的房子了。皇后吕雉张罗着要给薄姬搬家，薄姬推辞说："多谢姐姐，我就不搬了吧，这房子够俺娘俩住了。再说，我也舍不得院子里种的这些菜。"

吕后看一看院子里的萝卜白菜，说："妹妹你倒好兴致。"

薄姬说："我没什么出息，只爱种菜，看院子里那些花呀朵呀不中用，就拔了来种菜。姐姐要不要拔几个萝卜去尝尝？甜着呢。"

吕后谢绝了薄姬的萝卜，放下心来，爱种菜的薄姬是个粗枝大叶之人，不必放在心上。

于是，薄姬继续住在老院子里种菜，每有时令菜蔬出来，就给众嫔妃分送。种菜之余，薄姬又重拾旧技，纺纱织布缝衣服，了无情趣地忙碌着。

刘恒八岁那年，汉高祖刘邦驾崩。

吕后得势，先杀刘邦宠爱的妖精，再杀刘邦看重的皇子，凡是妨碍她兴风作浪的人，统统杀掉。但吕后没杀代王刘恒，因为刘邦不喜欢木讷敦厚的四皇子；她也没杀薄姬，因为她只是个种菜的农妇做衣的裁缝，刘邦懒得多看她一眼，放过她还显得自己仁慈。吕后打发刘恒前往封地，并恩准薄姬出宫跟随儿子去做王太后。

当大汉皇宫掀起一波又一波惨烈的血雨腥风之时，薄姬在遥远的代王府教育儿子刘恒怎样安身立命，怎样做一个好皇帝。

十五年后，吕后寿终正寝。刘邦的老臣们早就在等着这一天了，他们齐心发力，推翻了吕氏政权。此时，刘邦的八个儿子，给吕后杀得只剩下两个，一个是四皇子代王刘恒，一个是八皇子淮南王刘长。刘长自幼丧母，是从小被吕后带大的，深得吕后真传，众老臣自然心有忌讳，于是，代王刘恒被迎奉回京，唾手而得皇帝宝座，成为汉文帝——汉朝最好的皇帝。

皇太后薄姬依然低调，成了汉朝最慈祥的母亲。看着儿子把国家治理得欣欣向荣，薄姬偶尔会想起很多年以前，她和闺蜜许负设计的自己必生天子的预言，会心一笑。

许负还在，她没去找薄姬，普天之下都在传说，许负当年如何准确预测薄姬日后必生天子的传奇，她怕自己见了薄姬不好意思。许负宁愿自己被误会为史上最牛的八卦妹，那感觉，挺爽的。

◇ ◇ ◇

薄姬（？－前155），吴人，汉朝最仁厚的皇太后。汉文帝时，洛阳一带蝗虫成灾，薄姬亲临蝗灾最严重的地区，与军民一起驱赶蝗虫。孟津县麻屯镇薄姬岭村现存有薄姬庙，为纪念薄姬驱蝗虫而立。薄姬事见《史记·外戚世家》。

董宣：天下第一硬脖子

杀人不眨眼

　　愤青年年有，乱世特别多。董宣是东汉初年的一个愤青。西汉末年，从王莽短命的大新王朝到光武帝刘秀收复刘家江山，涌现出许多乱七八糟之事、为非作歹之人，董宣因此发誓："我若做了皇帝，贪官污吏、恶霸刁民，我见一个杀一个。"

　　乱世的愤青，很受人民群众欢迎，因此，史上的开国皇帝，多为愤青。愤青当了皇帝，都想长治久安，所以，就挖空心思杀掉其他愤青。扯远了，打住。

　　董宣没能做上皇帝，只当上了县级干部。

　　从前的县级干部，在他的辖区范围内，也算是说一不二的小规模皇帝，因此，董宣所到之处，皆杀气腾腾，该死的人个个心惊胆战。

　　董宣在山东北海做县令的时候，有一个叫公孙丹的黑社会老大，黑白通吃，无恶不作。那一年，公孙丹看中一块地皮，要造别墅。风水先生说："地是好地，旺财旺丁，荣华富贵，子孙受用无穷，只是，如此极品好地，开工仪式上，须得血祭土地神，方能诸事如意。"

　　公孙丹问："先生的意思是，得死个人，此宝地才能激活？"

　　风水先生捋着胡须点点头。

　　"这个很好办。"公孙丹吩咐他的儿子，"你到路边去，看那不顺眼的过路人，捉一个来杀了。"

　　公孙丹的儿子，喜欢不时杀个人玩玩。他当下跑到路边，抓住一个瘦小路人，拖到别墅地基上，一刀两断，鲜血四溅。

　　公孙丹把溅到靴子上的血在草地上蹭一蹭，问风水先生："行了不？

不行就再杀一个。"

风水先生吓得手脚哆嗦，罗盘"哐当"掉在地上，从此洗手，不再看风水。

董宣早就想拿公孙父子开刀，闻听此事，怒发冲冠，下令抓捕公孙父子。

公孙丹根本不把小小县令放在眼里。他冷眼看着董宣，一声冷笑："哼，抓我容易，放我就没那么容易了。"

前面说过，董宣是个愤青，愤青的重要特点是，凡事懒得前后思量，做了再说。董宣眼里本就容不得这种横行霸道的黑恶分子，此时被公孙丹一激，也顾不得审判程序了，一拍桌子跳起来，吼道："你们这种人渣，还想再出去祸害人？给我砍了！"

董宣的助手水丘岑，也是个疾恶如仇之人，听得董宣如此说，兴奋不已，拔出刀来，一刀一个，把公孙父子结果在公堂上。

公孙丹在北海是一呼百应的人物，就这么三言两语让董宣给杀了，其家人和追随者自然很不服气，纠集上百人，来到县衙前喊打喊杀，要讨说法。

董宣不慌不忙，调来防暴警察，把闹事者团团围住，点那闹得最起劲的，抓了三十多个。

被抓的人都是见过世面的人，都知道法不责众的规矩，关在牢里，依然不老实，一个劲起哄。董宣暗里一查，得知被抓的人都是公孙丹黑社会团伙的骨干分子，"嘿嘿"一笑，问水丘岑："这些人，无理取闹，都是王莽的余党吧？"水丘岑会意，连连点头："董大人英明，他们全都是跟随过王莽的人。"

王莽是大汉最大的敌人，跟随过他的人，当然都该死。

董宣二话不说，以手作刀，一劈："乱臣贼党，统统给我砍掉！"

三十多个人中，自然也有几个罪不至死的，没多久，董宣因"滥杀无辜"被青州知府逮捕。身陷囹圄，董宣读经吟诗，全不在意，同时，他极力为水丘岑开脱，一肩挑起杀人责任。

董宣最终被判处死刑，临刑前，狱卒拎来好酒好菜，为他送行。董宣一声"呔",说:"董宣我平生从不白吃白喝,拿走,别让我死到临头坏了规矩。"

执法不留情

纯属巧合,就在刽子手要手起刀落之际,光武帝刘秀的特使大喊着"刀下留人",冲进刑场,宣布特赦董宣。董宣跪着不起来,也不谢恩,说:"要是不同时赦免水丘岑,还不如把我杀了。"

东汉初兴,刘秀需要董宣的心狠手辣,为他扫除不三不四之人;也需要表现自己如何宽大为怀,便一并赦免了水丘岑。

董宣调到怀县,还是做县令。因打黑除恶有功,后来还升任江夏太守。江夏就像"冒险家的乐园"上海滩一样,黑恶势力横行,人民群众怨声载道,董宣一到,黑道人物皆闻风而逃。打黑英雄董宣因此被人称为"董青天",只是,董宣太目中无人,不把犯罪分子放在眼里,也就罢了,目无权贵,就难免惹人嫌憎,所以,他的仕途一直起起落落。

董宣六十九岁的时候,还是没能学会为官之道,依然是个让人头疼的老愤青,依然是个县令。只是,这一回是在天子脚下做县令——洛阳县令。

洛阳是东汉王朝的首都,达官贵人云集,洛阳县令微不足道,打个嗝都可能惹人不高兴。但董宣天生不信邪,只要你犯在他手里,谁的面子都不给。上任不到一个月,董宣就和湖阳公主较上了劲。

湖阳公主是刘秀的姐姐,丈夫早亡,刘秀看姐姐可怜,有心为她找个男人,就对她说:"满朝文武,你想要谁做我的姐夫,只管跟我说。"湖阳公主躲在帘后,看了好几天,看上了帅哥宋弘。可那宋弘偏偏是有老婆的,皇上的姐姐怎么能给人做小老婆呢?刘秀召来宋弘,山里水里说了一通,最后说:"如今你位高权重,你家那黄脸婆,上不得台面呀,想不想换一个?"宋弘连连摇头,说了一句千古名言:"贫贱之知无相忘,糟糠之妻不下堂。"刘秀满面羞惭,回到后堂,对姐姐说:"对不起呀姐,皇帝也有搞不掂的事儿。"湖阳公主一时嫁不出去，就和帅哥侍卫刘勇好上了。事情就是刘勇惹起来的。

湖阳公主毕竟徐娘半老，刘勇就难免三心二意，拈花惹草。有一天，刘勇为一个青楼女子与人争执起来，因为骂不过人家，恼羞成怒，就拔刀将对方杀了。董宣签了逮捕令，可刘勇躲在公主府不出来，衙役进不去，奈何不得。

董宣知道自己必须办了刘勇，否则，他别想在洛阳混。

董宣就带人等在公主府外面，一连等了好几天，终于等到湖阳公主的马车出来了。刘勇坐在公主身后，有公主罩着，他左顾右盼，全无惧色。

马车经过董宣身边时，他突然蹿出去，拦住了马车，说："洛阳令董宣依法捉拿杀人凶手刘勇，请公主配合。"

湖阳公主大怒，骂道："放肆，一个小小县令，竟敢在我面前撒野，信不信我明天就摘掉你的乌纱帽！"

董宣拔出佩剑，说："今天乌纱帽还在我头上，且撒一把野先！"说着，就掏出早就写好的宣判书，宣读刘勇的罪状，读一条用剑在地上画一道。

读完宣判书，董宣命令手下衙役，拿下刘勇，就地正法。湖阳公主一声吼："你敢！"

众衙役一时面面相觑，不知所措。

董宣说："有什么不敢的。"亲自上前，把刘勇拽下车来，一剑刺进心窝。

誓死不磕头

湖阳公主哭进宫去找刘秀，控诉董宣如何欺负她，欺负她就是欺负皇上，欺负皇上当然罪该万死！

刘秀上次没能为姐姐找到合心意的丈夫，心中已有七分歉意，如今见姐姐又被董宣整得哭哭啼啼，不由得怒火中烧，把董宣召进宫来，问道：

"是你拔剑对湖阳公主指手画脚？"

"是的，陛下。"

"是你不由分说，斩杀了湖阳公主的侍卫刘勇？"

"是的，陛下。"

不需要再说什么了，刘秀一挥手，说："拖出去，乱棍打死。"

"且慢。"董宣说，"湖阳公主包庇杀人家奴，蔑视朝廷命官，难道不该批评吗？刘勇仗势杀人，难道不该处死吗？大汉法律的哪一条说，维护正义的忠臣可以被乱棍打死？陛下若真的认为我该死，我还不如自己撞死，免得陛下你落个滥杀忠臣之名，亵渎了大汉法律。"说完，一头撞向柱子，侍卫一把拉住，董宣还是撞了个血流满面。

刘秀也算是史上明君，董宣的几句话，说得他心中一惊，当下呵呵一笑，说："只知道董宣你杀人如麻，原来还能说会道呀。这样吧，你给湖阳公主磕个头，认个错，就算了。"

董宣昂着头，说："我做错什么了，为什么要磕头认错？"

两个宦官强按着董宣的头，要往地上磕。董宣两手撑地，梗着脖子，坚决不磕头。

湖阳公主太没有面子了，对刘秀冷言冷语："老弟，当年你还是平民百姓的时候，面对豪强恶霸，尚能敢说敢干，说一不二，如今贵为天子，怎么反倒说话不算数了。"

"天子和平民不一样啊！"刘秀哈哈大笑，指着董宣又说，"董宣乃天下第一硬脖子，国宝啊，来人，奖董宣三百两银子！"

董宣捧着三百两银子回到县衙，全部分给了手下弟兄们。

让皇上他姐威风扫地，还赚了皇上三百两银子，"天下第一硬脖子"名扬四海。

皇上他姐都斗不过董宣，谁还敢胡作非为自寻晦气呢。洛阳从此太平，连狗都不敢乱叫，县衙前的鸣冤鼓几乎都没被捶响过。

董宣做了五年洛阳令，鞠躬尽瘁，死于任上。

刘秀去吊唁董宣，见董宣家漏雨漏风，盖在董宣遗体上的被子，补丁叠补丁，早已破烂不堪。刘秀眼泪纵横，说："我对不起大汉忠臣啦！"

刘秀以一品大臣的规格厚葬董宣，把董宣的儿子直接提拔为三品官员。

◇◇◇

董宣，生卒年不详，东汉光武帝刘秀时期官员。陈留圉（今河南杞县）人。历任北海相、江夏太守、洛阳令等职。董宣不畏强暴，敢作敢当。豪族贵戚莫不畏之，称其为"卧虎"。董宣的事迹被改编为多种戏曲，传诵至今，事迹见于《后汉书》。

张纲：
豺狼当道，
安问狐狸

没有人爱看官人的脸色，也没有人爱听官人打官腔

141 年，东汉王朝大将军梁商病逝。按汉朝礼制，其子女必须"丁忧"，即三年内不得做官，不得婚嫁，不得大吃大喝。只因为梁商的女儿是汉顺帝的皇后，她和皇上一嘀咕，礼制对梁家就不算数了，梁商之子梁冀，接替其父成了大将军。梁冀走马上任时，梁商还没有下葬，摆在堂上臭不可闻。

梁冀长得难看，说话还结结巴巴，对此，中国人民并不在意，长得不帅没关系，不会说话也没关系，没有人爱看官人的脸色，也没有人爱听官人打官腔。礼不礼的，其实也没有什么大不了的，从古至今，中国人民已经习惯了官人不讲道理。官人碌碌无为、装疯卖傻、皮笑肉不笑，甚至吃喝嫖赌，中国人民都可以假装不知道。但梁冀实在太可恶，可恶成了中国史上"十大奸臣"之一，中国人民只好让他遗臭万年。

中国人民都知道，许多事情不能做，许多话不能说，尤其不能和奸臣过不去。有一天，小皇帝汉质帝失口称梁冀为"跋扈将军"，第二天即被毒杀。寻常人胆敢对梁冀说三道四的，则死得更难看。但中国从来不缺不怕死的人，他们宁愿和奸臣血拼而死，也不愿意窝囊地郁闷而终。于是，一部中国历史，就难免血雨腥风，杀气腾腾。

第一个公然向梁冀叫板的人是张纲。

142 年，东汉王朝已呈颓败之势，贪官污吏横行，怨声载道。汉顺帝决心反腐败，就召集八名专使，组成中央巡查组，授予尚方宝剑，巡视全国，明察暗访，发现违法乱纪官吏，严惩不贷！大将军梁冀参加了送行仪式，并发表了慷慨激昂结结巴巴的演说，高调表态："坚决拥护皇上反反反反腐败的英明决决决决策！"

张纲就是八名专使之一，一出宫门，他就"哗啦"一声吐了。随从问张纲怎么了。张纲说："恶心。"

张纲不能不恶心，因为，八个钦差大臣，除了他张纲，都是给大将军梁冀送了厚礼，才争取到钦差名额的。谁都知道，钦差大臣出京反腐败，那是一个超级肥差。

正是春天，中央巡查大员满面春风，各奔各的阳光大道。

洛阳城外，春意正浓。暖洋洋的太阳，融化了一冬的郁闷。

张纲心中的郁闷，却无论如何也不能化解。他突然吩咐马车夫："停车。"

张纲跳下马车，亲自动手，卸下马车车轮（即"系马埋轮"，典出《孙子》，本指固守不退，比喻为决心坚定不移）。接着，向在地里耕作的农夫借一把锄头，挖一个大坑，把车轮埋了。

随从一脸疑惑："张大人，这是啥意思？"

张纲说："豺狼当道，安问狐狸？"豺狼挡路，你找狐狸的麻烦，有啥意思呢？

随从明知故问："谁是豺狼？"

"梁冀。"张纲拔出尚方宝剑，指天发誓，"我要是对梁冀不闻不问，就不配为官！"

我们都没见过张婴。见过张婴的人，都没命回来

张纲返回洛阳，求见汉顺帝。

汉顺帝一惊："张爱卿，你怎么又回来了？"

"皇上，反腐败，必须从源头开始。"张纲呈上奏折，"除掉梁冀，天下太平！"

张纲的奏折上，列举了梁冀及其党羽十五条罪状，任何一条都足以让梁冀掉脑袋。

汉顺帝一目十行读完奏折，走下龙椅，拍着张纲的肩膀，长叹一声，

说："张爱卿，你所奏之事，朕心中有数。只是，国家大计，就像一盘棋，必须胸怀全局，一步一步来，方能稳操胜券呀。"

皇上掏心掏肺的话，让张纲激动不已，心中顿时生出愿为皇上赴汤蹈火的豪情。

梁冀当天就知道了张纲弹劾他的事儿，咬牙切齿，恨不能把张纲活活掐死。梁冀本想从张纲埋车轮做文章，问他一个破坏公物罪，想想损坏一辆马车，罪不至死，何况，那马车轮挖出来还能用，只能恨恨作罢。

正在这时，有人来报丧，广陵太守剿匪失利，以身殉职。梁冀一拍脑袋，有了。

广陵郡那个叫张婴的悍匪，啸聚数万人，与官府为敌。梁冀频频给广陵郡增兵，都未能剿灭顽匪，反折了好几个刺史、太守。张纲虽会耍嘴皮子，玩笔杆子，却不会舞刀弄枪，更不会带兵打仗，若是让他做广陵太守，领衔剿匪，岂不是以卵击石？就算张纲侥幸逃得性命，问他一个剿匪不力罪，他还是一个死。

梁冀咕咕咕冷笑几声，授意吏部尚书："让张张张张纲做广陵太太太太守。"

汉顺帝赏识张纲的仗义执言，又烦他像个不成熟的愤青一般乱放炮，心想把他放到基层锻炼一下也好，就签了委任状。

张纲有个显赫的先祖叫张良，也是一介书生，却指点江山，经天纬地，成了大汉王朝的开国功臣。张纲只恨自己生不逢时，没有像老祖宗一样的用武之地。如今，皇上竟以广陵郡相托，张纲自然喜不自禁，一点也没想到这是梁冀为他挖的陷阱。

梁冀料定，张纲必来哀求自己给广陵增兵，他早已准备了冠冕堂皇的理由，绝不给他一兵一卒。不想，张纲迟迟不来。梁冀派人一打听，得知张纲一人一骑，已去广陵赴任了。

广陵郡，辖如今的扬州、徐州一带，形胜之地，富庶之乡。因盗匪多年作乱，广陵已人心惶惶，民不聊生。张纲所到之处，狗见了生人都叫得有气无力。

合郡军民，只盼新太守带来精兵强将，一举荡平悍匪，还广陵以安宁。不想，新太守仅一人一骑而已，且是个斯斯文文的白面书生，毫无威武之相，不禁大失所望。

张纲行李都没解开，就点了两个看起来还伶俐的公务员，说："带我去见张婴。"

被点中的公务员大惊失色，战战兢兢，说："张大人，我们，都没见过张婴。见过张婴的人，都没命回来。"

张纲呵呵一笑，说："别怕，张婴是我兄弟，绝不会把你们怎么样。"

你不知道我的规矩吗？贪官污吏，我见一个杀一个

匪首张婴当然不是张纲的兄弟。但张纲心中真把他当成自己的兄弟，走投无路的兄弟。

张纲一行三人，来到张婴的大寨前，让哨兵传话："广陵太守张纲，拜见本家兄弟张婴。"

张婴只怕有诈，在岗楼上远眺近观，确认张纲未带大队兵马，也不像身怀绝技之人，才把张纲放进大寨。

张婴拒绝招安，张纲之前，也有想来招安张婴的官员，说的无非是"苦海无边，回头是岸""放下屠刀，立地成佛"之类的屁话，张婴懒得听完，就拔出了砍刀。因为，张婴觉得，当官的，全都该死。

这一次，张纲还没开口，张婴就拔出了砍刀，说："你不知道我的规矩吗？贪官污吏，我见一个杀一个。"

"哎呀呀。"张纲一抱拳，"这么说，我们还是同行呢。我也是专和贪官污吏过不去的人，只恨没兄弟你这么痛快，不能见一个杀一个。"身为御史（纪检干部），张纲的确是和贪官污吏过不去的人。

都是痛恨贪官污吏的人，加之张纲埋轮叫板梁冀的事儿，早已不胫而走，传到了张婴耳朵里，张婴未见张纲，就已经刮目相看。一见一交锋，

更有一见如故的感觉。

张婴哈哈一笑，收起刀，吩咐上酒。

喝了半天酒，说了半天话，越说越投机，直至大哭大笑骂天骂地。

只是，张纲酒量远不如张婴，喝着喝着就醉了，随便倒在一张土匪的床上，睡了过去，打鼾的声音，和土匪一样响亮。

第二天早上，张纲从土匪的床上醒过来，张婴早已侍候在身边，说："大哥，承蒙您这么信任我，张婴我感激不尽。身为土匪，我无以为报，只能跟您下山。"

张婴当即召集众部将，宣布散伙。

让汉顺帝头疼好几年的匪帮，就这样让张纲轻松搞掂。顺帝大喜，要调张纲回京，委以重任。梁冀不乐意，广陵百姓也不乐意。梁冀不乐意，是怕张纲势头盖过自己；广陵百姓不乐意，是怕张纲一去，又来一个要逼得百姓造反的新太守。

第二年，张纲得了个莫明其妙的病，死在广陵，时年三十六岁。张婴召集五百名弟兄，披麻戴孝，千里迢迢，历时一月余，扶送张纲灵柩回四川老家。

次年，汉顺帝也得了个莫明其妙的病，死在洛阳，时年三十岁。他发起的反腐败运动，不了了之。

新任广陵太守果然不是个好东西，比土匪还可怕。张婴召集旧部，再次上山造反。此后，造反之风不断蔓延，东汉江山渐渐动摇。

159 年，汉桓帝受够了跋扈将军梁冀，借助几个宦官之力，将梁家满门抄斩。从梁冀家抄出来的金银财物，据《资治通鉴》记载："收冀财货，县官拆卖，合三十余万万，以充国府之用，减天下税租之半。"全国年赋税租减半，可知其贪污之巨。

◇ ◇ ◇

张纲（108-143），东汉犍为郡武阳（今四川省眉山市彭山县）人，留侯张良之七世孙。张纲出身官宦人家而无纨绔之气。历任御史、广陵太守。

张纲事见《后汉书·张纲传》。

荀巨伯：没血性的男人是可耻的

历史的经验告诉我们，
娘娘腔是祸国殃民之象

我家住在阴山脚下，我们的小城就像一个逆来顺受的小媳妇，不时遭受匈奴兵的骚扰。我从小的理想是，长大后，像飞将军李广一样，气吞山河，让匈奴兵远远地看着阴山胆战心惊，咱家的羊粪蛋子都不让他们捞着一粒。可是，我父亲却只想我到洛阳上太学，学习如何装腔作势当国家干部。

我们汉朝的太学，是培养国家干部的摇篮。汉武大帝初设太学的时候，只招收了五十名学生，个个是大汉精英。经逐年扩招，到我所处的东汉末年，在校太学生已达三万多人，太学生身价暴跌。我父亲只送给县长一头跛腿羊，我，一个不怎么地道的人，就成了太学生。

我上太学的时候，大汉江山已开始摇摇晃晃。你知道，人在末世，很没有意思。骄傲得不可一世的太学生，尤其觉得没意思，因为太学生太多，国家早已不包分配，只有官二代和富二代，毕业后才有可能做国家干部。所以，愤世嫉俗的怨毒之气，以忧国忧民的名义，弥漫在太学府的每一个角落，找到一个发泄口，就能泛滥成灾。

末世迹象，就是老出稀奇古怪之事。东汉末年最怪异的事儿是，宦官得势。因为宦官有恩于汉桓帝刘志。刘志登基的时候，才十五岁，一举一动都得看大将军梁冀的脸色。梁冀是史上十大奸臣之一，皇帝刘志自然不甘心任其拿捏，忍气吞声十多年后，刘志在一群宦官的配合下，一举消灭了梁氏集团。五大宦官同日封侯，一夜之间，娘娘腔大行其道，全国人民都以会一口娘娘腔为时尚。历史的经验告诉我们，娘娘腔是祸国殃民之象，这是闲话，按下不表。

宦官飞扬跋扈，最不爽的是高官和贵族集团，于是，高官和贵族携手对抗宦官的斗争拉开了序幕。

我们太学生，立场坚定地站在高官和贵族集团一边。几万个热血沸腾的太学生，冲出太学府，围着皇宫摇旗呐喊。

我非常清楚，这一场斗争，无论谁最后胜出，于我们太学生，都没有任何益处。我们这一帮自以为是的太学生，其实就是无足轻重的屁，支持谁或反对谁，没有任何意义，只可能给自己带来三长两短的麻烦。可是，这样大规模的节目，我如果不参与，又必然使自己成为不合时宜的人而惨遭潮流淘汰，于是，我混在人山人海中，随波逐流来到了皇宫外。但我一直坚持着自己的基本原则：不在措辞激烈的谏言上签名（实在躲不过，也一定要签得谁也不认识），不上蹿下跳煽风点火，不高呼难听的口号。

我的好朋友荀巨伯，和我恰恰相反，他喜欢大喊大叫出风头。我们班的签名活动，就是荀巨伯发起的，好朋友要求我签名，我不能不签，就按我的原则签了一个谁也不认识的名。去皇宫的路上，荀巨伯跑前跑后，声嘶力竭地领喊口号，把喉咙都喊哑了。看着荀巨伯兴奋得通红的脸，我又惊又喜，惊的是，只怕我的朋友成为悲哀的出头鸟；喜的是，这么优秀的棒小伙，他是我的朋友。

父亲露骨的落后，
让我在同学面前很没有面子

数以万计的热血青年，围着皇宫，不可能不闹出一点乱子来。

好几天过去，皇上迟迟不表态。宦官们的娘娘腔，依然在皇宫里此起彼伏，传递着懒洋洋的腐败气息。太学生们的一腔热血，渐渐酝酿成愤怒之火。

这天下午，荀巨伯骑在一棵树上，对着皇宫大声宣读《告阉党书》，突然，宫墙内飞出一颗鸡蛋，正中他的额头。荀巨伯"哎呀"一声，顿时一脸蛋花，掉下树来。好在，我一把接住了他，他才没有摔伤。荀巨伯被彻底激怒了，朝宫墙内狠狠回击了一块石头。宫墙内传出一声惨叫。

荀巨伯投掷的石头，打破了一个宦官的头，并引发了投向皇宫的石头雨。但皇宫外面称手的石头很有限，手慢的人，一时找不到石头，很不甘心，就脱下鞋子朝皇宫里扔。

皇上本来没把太学生的胡闹当回事，由他们郁闷，由他们愤怒，只是不理。可是，他们竟然敢向皇宫投掷石头和臭鞋子，性质就不一样了，那是犯上作乱，必须严厉打击。

挥舞刀枪的御林军，突然杀出皇宫。末世的军队不敢和匈奴兵针锋相对，却很乐意在太学生面前耀武扬威。

太学生们眼见不妙，撒腿就跑，全身披挂笨重铠甲的御林军，也没有认真追赶。我有在老家放羊的底子，更是跑得像狗一样快，远远地把御林军甩在身后，一马当先，跑回了太学府。

只是，那些把鞋子扔进皇宫的人，赤脚在砂石地上跑，一蹦一跳，注定跑不快。御林军本来只是想把学生们驱散了事，看赤脚者的样子实在太滑稽，而且，赤脚就是他们向皇上扔臭鞋子的铁证，就把赤脚者统统抓了起来。

荀巨伯也跑回了太学府，他脸上的鸡蛋花还在，被汗水冲得一塌糊涂，看上去有几分让人哭笑不得的喜剧色彩。荀巨伯顶着那一脸鸡蛋花，跑进跑出，清点人数，总共少了一百多人。

我惊魂未定，我父亲来了。父亲听说京城闹学潮的消息时，正在山上放羊，一听太学生要和皇上对着干，他连羊群都来不及赶回家，骑上马就往洛阳狂奔，三天三夜，活活地跑死了我们家的五花马。父亲一见我的面，就结结巴巴地说："儿呀，咱不读书了，咱不做官了，咱们回家！"

父亲露骨的落后，让我在同学面前很没有面子，我突然慷慨激昂起来，说："值此国家动乱之秋，我怎么可以当逃兵回家，我必须将革命进行到底！"把不会说话的父亲急得老泪纵横。

就在这时，荀巨伯进来了，痛哭涕零："我没有被抓，顾自逃命，此乃奇耻大辱，我如果不去自首，必将死不瞑目。"我正在激动中，就像很有血性的男人一样表示，我愿意陪荀巨伯一起去自首。我当然只是这么说说，我知道父亲和荀巨伯绝不会眼看我跳入火坑。

果然，父亲急得浑身发抖，一耳光把我扇倒在地。

果然，荀巨伯坚决不同意我和他一起去自首。而且，他给了我做逃兵的最好理由："洛阳太乱，你赶紧送伯父回家！"

荀巨伯，我的好朋友，在同学们的夹道欢呼下，走出太学府，走向皇宫。

践踏仗义之城，天理不容

我和父亲回家以后，洛阳的形势迅速恶化，宦官们在汉桓帝的支持下，全面反扑，高官和贵族集团土崩瓦解，文武百官中有正义感的精英分子，几乎被一网打尽，遭诛杀、监禁、流放者，数以千计。这是中国历史上娘娘腔最辉煌的胜利，史称"党锢之祸"。此祸水流毒二十多年，最终导致东汉政府彻底崩溃。

荀巨伯的义举，震惊朝野，皇上居然没有为难荀巨伯和那一百多个赤脚狂热分子，只把他们关了一阵子，就全部释放了。

我们那一批太学生，谁也没能成为国家干部，我只能窝在家里放羊。我的家乡依然不时遭受匈奴兵的骚扰，每当此时，我只能远远地逃到安全的地方，仰天祈祷，祈祷我那已死于匈奴兵之手的父母，保佑我牛马成群，一生平安。

那天上午，我正在家中侍候母羊下崽，突然，院门被人一脚踢开。母羊被吓得惊跳起来，迟迟出不来的小羊羔，一下子被挤了出来。

匈奴兵又来了！我蹲在地上，不敢起来不敢回头，一声哀叹，吾命休矣！

脚步咚咚，直奔羊圈而来。

我强作镇静，擦拭着刚出母胎血淋淋的小羊羔，黯然神伤，小羊呀小羊，我再也看不到你长大了。

一个硬硬的东西顶住我的后背，我心中一寒，就算要死，也不能让人从背后捅死。我转过身来，顶住我后背的只是一把雨伞。

天呀，破门而入的居然是荀巨伯！三年不见，这小子还是这么邪乎。

我紧紧抱住荀巨伯，喜极而泣。为了报惊吓之仇，我把两手的羊血，顺势揩在他的衣服上、脸上。

巨伯是南方人，万水千山来看我，我自然不亦乐乎。那天中午，我杀鸡宰羊，搬出两坛酒，和巨伯一碗接一碗地喝，直喝得天昏地暗。

很惭愧，我做人不如巨伯潇洒，连酒量也不如他。两坛酒还没喝完，我就滑进桌子底下出不来了。而巨伯还在高声念诵他那些铁骨铮铮的新诗，念一首，喝一碗。

就在这时，街道上响起了慌乱的脚步声，有人高呼："匈奴兵来了！"

我烂醉如泥，心里却清清楚楚，这一回，真的完了。我羞愧不已，说："巨伯兄，对不起，晚饭我不能招待你了。你赶紧往南边跑！"

巨伯说："要跑咱兄弟俩一起跑。我是那丢下朋友独自跑路的人吗？"他试着背我一起走，但他也醉得七七八八，背不动我了。

我急得放声大哭："巨伯兄，你赶紧走，我知道我不够爷们，但我无论如何也不愿意连累朋友呀！"

荀巨伯干脆坐了下来，不管我的唠叨，继续念诗，继续喝酒。

马蹄哒哒，在我家门口戛然而止。一群匈奴兵闯进院子，一个将军左右看看荀巨伯，说："咦，你为什么没逃命？汉人也有不怕死的？"

荀巨伯又喝下一碗酒，说："将军，我怕死，但我更怕救不了朋友的命。我用我的命，换下我朋友的命，可否？"

匈奴将军愣了一愣，把荀巨伯的肩膀拍了又拍，说："看看，兄弟们，好好看看，这就叫仗义！践踏仗义之城，天理不容，我们撤，以后再不踏入一步！"

自那以后，匈奴兵真的再也没有骚扰我们城。

别问我是谁，我这种没血性的男人，和娘娘腔一样可耻，不配青史留名；但请您一定要记住荀巨伯，那个让好汉们热血沸腾的名字。

◇◇◇

荀巨伯，正史未见记载，事见刘义庆《世说新语·德行》：荀巨伯远看友人疾，值胡贼攻郡。友人语巨伯曰："吾将死矣，子可去。"巨伯曰："远来相视，子令吾去，败义以求生，岂荀巨伯所行邪？"贼既至，谓巨伯曰："大军至，一郡尽空，汝何男子，而敢独止？"巨伯曰："友人有疾，不忍委之，宁以我身代友人命。"贼相谓曰："我辈无义之人，而入有义之国！"遂班师而还。一郡并获全。

许允妻：丑妻是个传家宝

我就像普天下所有的美女一样，
飘飘然不知天有多高脸有多厚

我没有名字。在《三国志》里，我被称为阮共的女儿，阮侃的妹妹，许允的妻子。阮共、阮侃、许允，都是魏国的高官，在魏晋时代，他们的名字说出来叮当作响。多年以后的今天，如果还有人记得他们的名字，那仅仅是因为，他们是我的父亲、我的哥哥，我的丈夫。我没有沾沾自喜的意思，作为史上丑名远扬的四大丑女之一，我非常清楚，丑女即使早已死去，依然要低眉顺眼，低调，低调。

我从小就发现自己长得很特别，曾质问父亲："为什么你把哥哥生得那么帅，却把我生得这么丑？"

父亲说："宝贝你不丑，这是因为上天偏爱你，才特意把你造得非同一般。这样，他才能在人山人海中，一下子找到你。"

父亲的解释，让我臭美好多年，原来，我是上天的宠儿呀。

不仅仅是上天，我的父亲母亲，我所有的亲人，还有来往于我家的文武官员，他们全都把我当天使一般宠爱。我就像普天下所有的美女一样，飘飘然不知天有多高脸有多厚。

直到我的洞房花烛夜，我才从五彩云朵中吧嗒掉到地上。

我刚满十五岁，媒婆就开始络绎不断，在我家进进出出，和我爸我妈嘀嘀咕咕，谋划把我嫁出去。有时候，他们也会拿着某个男人的庚帖，问我感觉如何。一张写着男人生辰八字的红纸而已，我能有什么感觉呢。况且，作为大家闺秀，我即使有感觉也得装作没感觉。于是，每逢此时，我就向父母撒娇："你们别想把我赶出去，我不嫁人，我要你们养我一辈子。"

我十八岁那一年，我哥为我挑中了禁卫军的军官许允，哥问我怎么样。我说："反正，不把我嫁出去，你们是不会罢休的。随便吧。"

于是，我就热热闹闹地嫁人了。八抬大花轿，把我抬到了许允家。

我头戴红盖头，被夫君用一根红绸带牵着，在屋子里团团转。一系列复杂的仪式以后，夫君把我牵进了洞房。

坐在雕花牙床床沿上，我忐忑不安，我的夫君，他长得帅吗？

夫君过来了，紧靠我并肩坐着，抓着我的手，轻轻抚摸，边摸边说："嗯，好一双纤纤巧手。"我给他摸得急出了一身毛毛汗，恨不得自己掀开盖头，看看我的夫君到底是个什么样的人。

抚摸完我的双手，夫君掀起盖头后半部分，露出我的脖子，把头凑过来，嗅了又嗅，自言自语："嗯，香，真香。"

夫君的胡子扎得我的脖子痒痒的，我忍不住格格一笑。夫君又说："好。笑得清脆，笑得响亮。"

我忍无可忍，说："不掀盖头，你就还不是我的夫君，不准乱动。"

夫君说："好。有魄力。有将门虎女之风。"说着，夫君一下子掀掉了盖头。

还好，我的夫君虽然不是很帅，却也不难看，也不是娘娘腔，我长吁一口气，嫣然一笑。

夫君傻傻地看着我，目不转睛。

我被夫君的表情吓着了，问："夫君，你怎么啦？"

好半天，夫君"哎呀"一声，带着哭腔说："你哥说，你长得很一般，我做好了充分的心理准备，让自己先爱上你的手，你的味道，你的声音，可是，可是，你长得实在太不一般了呀。"

夫君站起来，一边跌跌撞撞往外走，一边说："对不起，我实在没有勇气面对你。"

我的心凉透了，多年以来，我的亲人，我身边来来往往的闲杂人等，他们都在骗我！我原来真的是个丑女，丑得我的新郎都不敢正眼看我，从洞房落荒而逃。

老婆你人不怎么漂亮，
道理咋讲得如此漂亮呢

我的陪嫁丫头叫有桃，她看到新郎匆匆走出洞房，赶紧走进来。

有桃也是平时吹捧我是美女的人，我手持铜镜，问："有桃你给我说实话，我是不是长得很丑？"

有桃一愣，说："其实，看习惯了也就不觉得丑了。"

我长叹一声，说："客人还没散吧？你去找许允，说桓范要和他喝酒。"

桓范和我哥是朋友，常来我家，我偷听过他和我哥聊天，知道他是个有见识的人，也知道他和许允是朋友。许允新婚，桓范必定要来道贺。

果然，桓范没让我失望。许允拎着酒壶找到他，他就明白是怎么回事了。也不知道范桓说了些啥，反正，不过一炷香时间，许允就拎着酒壶回到洞房来了。

夫君已经半醉，他看我一眼，又看一眼，打了一个嗝，说："对不起，我喝了酒，还是没有勇气面对你。"说着掉头又要走。我一把拽住夫君的衣袖，说："夫君，请把话说清楚再走好吗？"

夫君一边挣扎一边说："妇有四德，妇德、妇言、妇容、妇功，你占几德？"

我说："除了没有天生美貌，我什么都不缺。请问夫君，君子百行，你又符合几行呢？"

夫君又打一个嗝，说："一百条，我条条符合。"

我正色说："百行德为首，你好色不好德，怎么好意思说条条符合呢？"

夫君"咦"一声，一把抱起我，说："老婆你人不怎么漂亮，道理咋讲得如此漂亮呢？"

我趴在夫君肩膀上，流下了眼泪。我的父亲，我的兄长，他们精心为我挑选的这个男人，还不错。新婚之夜，他毛毛躁躁，伤了我的心，但在此后的日子里，他全心全意地爱我，就像寻常男人爱美女老婆一样。

我虽然长得丑，但我命中注定旺夫。娶了我没几年，夫君就一路升迁，做到了吏部侍郎。夫君官越做越大，但他的性格依然毛毛躁躁，不够成熟。有一次，有人弹劾许允用人唯亲，任命的几个太守，都是他的老乡。魏明帝怒火万丈，下令"双规"许允。夫君得知消息，急得六神无主，要带着我和两个儿子亡命他乡。

我不慌不忙，说："孔子说，'任命你所了解的人'，你任命自己最了解的老乡，有什么错吗？他们玩忽职守贪赃枉法了吗？你接受贿赂了吗？瞧瞧，你穿的衣服还是补丁叠补丁呢。你尽管和皇上据理力争，我就不相信皇上会不讲道理。去吧，锅里煲着小米粥呢，我等你回来喝。"

我这么一说，夫君有了底气，理直气壮去了皇宫。

小米粥刚煲好，夫君就回来了，抖着身上的衣服对我说："没事了老婆。皇上看我穿着补丁衣服，还赏了我一身新衣服呢。"

迂腐忠臣不冷不热的血，
如何救得了日薄西山的魏国呢

奸臣弹劾，没能扳倒许允，反让他赚了一身新衣服。

不久，夫君再次升官，官拜领军将军。穿着新官服回来，夫君意气风发，说："如今，我谁也不怕了，可以放手大干一场了。"

我知道夫君想干啥。其时，大将军司马师权倾朝野，胡作非为，夫君一直想拿下司马师，拯救魏国。唉，曹魏江山注定要落在司马家族手中，几个迂腐忠臣，仅凭一腔不冷不热的血，如何救得了日薄西山的魏国呢。

我苦笑一声，说："夫君，官场的水太深，你还没学会游泳呢。"

夫君说："你等着瞧吧。"

我知道，我的旺夫命已帮不上我的夫君，我肯定瞧不到夫君大功告成的那一天了。但为国尽忠，是每一个臣子应尽的本分，我也不好说什么。只是天天祈祷，祈祷我的夫君每天都能平安归来。

老天没听到我的祷告，还是出事了。

夫君与几个大臣密谋，推翻大将军司马师。还没谋划好呢，司马师动手了，把几个不服气的人都抓起来，杀了。

夫君的学生跑来我家报凶讯，说司马师的得力干将钟会，正奉命来我家，来看看我的两个儿子怎么样，如果儿子像父亲一样聪明，就斩草除根。

我的两个儿子，一个八岁，一个十岁，算不上神童，却也聪颖过人，不在其父之下。夫君学生的意思是，他带着两个孩子远走蜀国。我知道，蜀国也好，吴国也好，有一天都要被魏国灭掉，逃到哪里都没用。我谢绝了夫君学生的好意，我相信，我们能自救。

我告诉两个儿子，钟会叔叔要来和你们玩游戏，他问什么，你们心里想怎么回答，口里说出来却要恰恰相反。

钟会来了。问我的儿子："你们想爸爸吗？"儿子回答："不想。"

钟会接着问："为什么不想爸爸呢？"儿子回答："因为爸爸是干部。"

钟会再问："那你们长大想做什么呢？"儿子回答："做花花公子。"

钟会又问："为什么要做花花公子呢？"儿子回答："因为花花公子可以想干啥就干啥。"

钟会还想多问几句，一看我在旁边哭丧着脸，就坐不住了。丑女的哭丧脸，足以让人不寒而栗。钟会匆匆而去，回去对司马师说："许允的两个儿子是傻子，不必放在心上。"

我的两个"傻儿子"顺利长大，后来都成了晋朝重臣。

◇◇◇

许允（？－254），高阳（今河北高阳）人。三国时期曹魏官员、名士，官至中领军。因与曹芳谋划讨伐司马师事败，被流放乐浪，死于中途。许允轶事多与丑妻阮氏紧密相连，散见于《世说新语》和孙盛撰写的《魏氏春秋》。

史承业：
刁民是国家的荣耀

古往今来，非常之人
都不愿意自己的非常之事广为人知

　　史承业家住洛阳郊区，家有良田十来亩，牛羊十来头，日子过得平静、安宁，因为来往的都是熟悉的乡里乡亲，连狗都不怎么叫。自从武则天夺了李家江山，改唐为周，迁都洛阳，史承业安静的农家小院，突然变得不怎么安静了，整天有香车宝马从门前呼啸而过，还不时有不速之客"砰砰"敲门，进来要水喝，或者，只是笑嘻嘻进来摸一摸院子里的猪。史承业很不爽，那些人大多肥头大耳，衣冠楚楚，一看就不是什么正经人，他们游山玩水，看到猪配种都兴奋得大呼小叫，累得史承业的看家狗叫哑了嗓子，吓得史承业的鸡都不下蛋了。而这一切，都是因为武则天迁都洛阳造成的，所以，史承业很不喜欢武则天。一个女人，再怎么漂亮，也不能从父亲（唐太宗）的床上下来，又上了儿子（唐高宗）的床，乱七八糟之后，还做了皇帝，那就更像狗耕田猪上树一样，不靠谱。

　　初冬某日，阳光灿烂。一匹高头大马奔驰而来，看家狗黑子知道又有闲人来了，趴在地上懒得起身，只是抬起头来，习惯性地叫几声，不想，这一叫，惹恼了那骑者，竟提马自院墙一跃而入，黑子躲避不及，一声惨叫，死于马蹄之下。

　　骑者是个漂亮女人，因策马狂奔，娇喘吁吁，益发风情万种。史承业偏是那不解风情之人，不看美女只看狗，他上前抱起黑子，哭喊道："黑子，我早就跟你说过，看到女人别发骚，你怎么就记不住呢？"那女人哈哈一笑，说："我，可不是寻常人哦。"

　　这时，一个太监领着两个侍卫拍马赶到，太监说："公主的骑术就是不一般，随便一纵马，就把我们拉下两里地。"

史承业这才知道女人就是不可一世的太平公主，心想，得好好敲她一笔才是，就念叨说："黑子呀黑子，你能死在公主马蹄之下，你死得光荣，死得其所，你是普天之下最有福气的狗呀黑子。"

太平公主听史承业说得乖巧，就吩咐太监："赏十两银子。"

一条狗值不得一两银子，但史承业觉得还不够，就接着念叨："黑子你安息吧，公主赏了你十两银子做安葬费，足够给你买一口棺材，立一块碑了，我把你埋在大路边，这样，千秋万代都知道你是公主马踏之狗，你就能永垂不朽了。"

立碑宣扬，那就像如今的媒体曝光一样，古往今来，非常之人都不愿意自己的非常之事广为人知。太平公主跳下马来，对太监耳语了几句。太监就回头对史承业说："公主今儿个想吃农家菜，就吃那条狗，给你一百两银子，可好？"

史承业本就没想厚葬黑子，农家的狗，最后归宿基本上都是被人吃掉。谁吃不是吃，何况还有一百两银子。一百两银子，已远远超过史承业的期望，他当即答应下来，说："黑子，用公主的肚子做坟地，你是走狗屎运了啊，那是全天下最好的风水宝地呢。"

农民的话就这样，难听，但意思不差，太平公主也就不计较，说："我们再去打几只兔子，一个时辰后回来用膳。"

这石磨暗藏国家玄机，
不宜再放在你这儿磨面了

一个时辰后，太平公主一行呼啸回到史家小院，红烧狗肉的香味已扑面而来。

史承业的房子与王宫比起来，自然低矮逼仄，从阳光下猛一进去，黑黢黢的，看不见狗肉摆在哪儿。太平公主皱一皱眉头，退出屋来，扫一眼院子，院子中间有一棵大石楠树，树下有一个磨盘，正午的阳光穿过树冠，斑斑驳驳落在磨盘上，感觉暖洋洋的。

太平公主用马鞭一指磨盘，说："把狗肉摆到石磨上，我们围着磨盘坐一圈，喝酒吃肉，谈天说地，岂不美哉？"

"美是美，"太监说，"只是，按规矩，奴才们岂敢与公主您同席作乐呢。"

太平公主"呔"一声，说："别在我面前装腔作势讲规矩，把磨盘收拾收拾，把狗肉摆上去，我们就在那儿吃。"

太平公主的确是不怎么讲规矩的人，野史中最津津乐道的是，她包养了许多小白脸，还和她妈武则天分享优秀小白脸张宗昌。太平公主最大的不规矩，是想接妈妈的班做女皇。要得天下，必须先得民心，所以，太平公主不能让人知道她如何纵马踩死了史承业的狗，她需要让人知道的是，她如何爱民如子，如何与民同乐，所以，她必须在院子里与史承业一家人吃狗肉，让院子外来来往往的众百姓都看看，太平公主怎样与人民群众打成一片。那一百两银子，自然不是虐狗的封口费，而是扶贫款、慰问金。

磨盘很快就收拾干净了，当中摆着一大盆热气腾腾的狗肉，点缀几盘农家小炒。太平公主夸张地吸一吸鼻子，夸张地连叫几声"好"。

史承业的父亲、母亲、妻子以及九岁的儿子、七岁的女儿，本躲在厨房不敢出来，硬是让太监给请出来坐在了磨盘边。院子外面，远远地站着一些来看公主的乡邻。

酒是从宫里带出来的御用美酒，太平公主待众人一一就位，就端起酒碗，说了一番祝酒词，无非是谢天谢地谢人民之类的官腔，说完，豪迈地一饮而尽。众人连同史承业的一双儿女，高高低低，别别扭扭，也全都一饮而尽。

史承业的父亲读过几年私塾，平时也算是能说会道之辈，他举起酒碗，面对金枝玉叶的太平公主，心里想好的客气话，却突然落荒而逃，一句也找不到了。老爷子胡子抖了几抖，竟说出了"公主殿下万岁万岁万万岁"的糊涂话，众人面面相觑，皇上才是万岁，公主只能是千岁呀。

太平公主听来，心中却是喜滋滋的，莫非这是天意？

太监转着圈给大家斟酒，他突然"哎呀"一声，说："咦，石磨上有一幅公主像呢！"

众人定睛一看，在狗肉汤的浸润下，石磨上果真若隐若现可见一幅女人头像，头上戴着皇冠，神态与太平公主还真有几分神似！

太平公主心中又一次掠过"天意"二字。心中高兴不已，让侍卫把带的御酒统统拿出来，让围观的乡亲们每人都喝一杯。

吃完喝完，公主对太监耳语几句，太监就低声对史承业说："这石磨暗藏国家玄机，不宜再放在你这儿磨面了，我们可以出点钱，买下来。"

史承业脱口而出："不行，不行，这是祖上传下来的，多少钱都不卖。"

公主向太监摆摆手，面带微笑，与史承业一家一一亲切握手，还硬着头皮亲了亲史承业一双脏脏的儿女，就翻身上马，带着太监和侍卫，在乡亲们的目送下，打马回宫去了。

南山可移，判不可摇也

天黑以后，白天来的太监和侍卫赶着一辆马车，又悄悄来到了史家小院。

公主不在身边，太监说话拽多了，他开门见山，对史承业说："那石磨我们要定了，你不卖也得卖！"

史承业不卖磨，只是一时没转过弯来，磨是农家必备之物，就靠着它磨米磨面呢，卖了它，再置办一具，怎么也得十天半月，何必找那麻烦呢？还有就是，史承业骨子里不愿意女人当皇帝，不说别的，他们家如果由他老婆当家做主、指手画脚，那肯定要乱套，没法过日子的。就因为这些简单而复杂的原因，史承业一口回绝了，造就了一段千古佳话。

下午，太平公主走后，方圆十里的许多乡邻来到了史承业的院子里，来看一看啥样的磨竟让太平公主动了心思。看完后，大家一致觉得，那磨没什么稀奇的，最多值二两银子，史承业不卖，纯粹是犯傻，以太平公主买狗的派头，说不定她也能出一百两银子呢。

史承业隐隐地也有些后悔，还以为发财的机会就这么错过了，没想到，太平公主的人又回来了。史承业决定再宰他们一回，就支支吾吾，说："下午有人来看磨，出了一百两银子，我都没卖。公主要真想买……"

太监打断史承业的话，说："你就做梦吧你，还真想靠石磨发家致富奔小康呀，最多二十两银子，不卖你别后悔！"

其实，太平公主给的买磨钱是二百两银子，只是，给皇家办事，谁不想落点回扣呢。

二十两银子，史承业也愿意卖，但太监说话太冲太难听，史承业偏是那不信邪的人，就说："你想叫我如何后悔？"

"我让你一文铜钱也得不着！"太监对两个侍卫一挥手，"搬走！"

一具磨，上下两扇各有两三百斤吧，两个侍卫"嘿"一声，各扛一扇，放到了马车上。

史承业吼一声："你们想强抢？"

"抢了你又怎么着？"太监一挥马鞭，吆喝一声，"驾！"

太监是这么想的，一个农民，连公主府的门都找不着，找到了，也进不了门。跟他客气什么？

太监没想到，史承业竟会去告官；更没有想到，竟有官员敢接告太平公主的状子；万万没想到的是，接下状子的官员，竟敢判太平公主不是！

接下状纸的是七品司户参军李元纮，李参军略略问了问案情，三言两语就结了案：判决太平公主归还石磨。纪委书记窦怀贞看了判决书，大惊，对李参军说："狠了点吧，能不能改一改？"李参军就在判决书后写了几个字："南山可移，判不可摇也。"

这就是史上著名的"南山铁案"。

太平公主不得不归还了石磨，还不好意思把史承业和李元纮怎么样。

武则天临死之际，对太平公主说："儿呀，连一个农民和一个芝麻官都不把我们放在眼里，你就别再做女皇梦了。"

◇◇◇

史承业，史册无名，名字为本书作者叙述方便而杜撰。事见《新唐书·李元纮传》：元纮早修谨，仕为雍州司户参军。时太平公主势震天下，百司顺望风指，尝与民竞碾硙，元纮还之民。长史窦怀贞大惊，趣改之，元纮大署判后曰：南山可移，判不可摇也。

张巡、南云霁：
英雄末路要杀人

除非燕儿你为国赴义，
或许能救睢阳于水火之中

这是叛军围攻睢阳的第八十一天。

中午时分，睢阳守军大本营，侍卫给主帅张巡送饭。张巡掀开盖子，黑乎乎的一团肉，挺香。至少半个月未闻肉香了，张巡随口问道："哪来的肉？"

侍卫说："南霁云将军射死的一只老鼠。"

张巡吞咽一下口水，说："传南将军。"

南霁云来了，张巡指一指盘子里的红烧老鼠肉，说："你吃。"

南霁云说："这是特意为大哥您准备的。"

"让你吃你就吃！"张巡一挥手，"吃完了，去杀尹子奇。"

尹子奇是敌军主帅。

南霁云说："千军万马中，我们怎么知道谁是尹子奇呢？"

张巡呵呵一笑："我自有办法让你知道。"

南霁云说："好。我吃。"也不用筷子，直接用手抓起老鼠肉，一口吞了下去。

张巡带着南霁云来到睢阳城头。城墙下是吵吵闹闹准备攻城的叛军。

张巡下令，众将士不准用箭，准备好细竹棍，射击敌人。

一声令下，成百上千枝竹棍，射向敌军。竹棍轻飘飘，当然没有杀伤力。

敌军一个百夫长捡起一枝竹棍，兴奋地叫喊："敌人没有箭了！"边喊边向后方跑去。

几个骑马者，跟着百夫长，缓缓接近前沿。

张巡对南霁云说："百夫长为他牵马的那个人，就是尹子奇，干掉他！"

南霁云搭箭，张弓，瞄准。南霁云是大唐神射手，随手一箭，都能百步穿杨。

张巡咬牙切齿，一声吼："杀！"

这一吼，把天上一群排成"人"字的雁，吓得"嘎嘎"乱叫，乱了队形。

尹子奇一惊，正要拨马回头，南霁云的箭已到了，正中左眼。众人簇拥尹子奇，仓皇后撤。

南霁云满面羞惭，对张巡说："大哥，对不起，力气不够。要是吃了两只老鼠，我肯定能把那厮的头射穿。"

南霁云说的是实，不少将士，已经饿得挥不动刀、拉不开弓了。

张巡刚才一用劲，咬碎了一颗牙。他把碎牙齿吐在地上，拍一拍南霁云的肩膀，说："兄弟们跟着我张巡出生入死，竟连肚子都吃不饱，是我对不起兄弟们啊！"

张巡回到大本营，爱妾燕儿奉上茶来，低声说："夫君，晚上吃什么呢？下面报告说，已经没有一粒米、一两面了。"

张巡很会读书，随便一考，就考得了一个探花；张巡很会做官，做清河县令三年，政绩考核大唐第一；安禄山叛乱，张巡翻身上马，众人又吃惊地发现，张巡还很会打仗。

无所不能的张巡，连同他的三千将士和爱妾燕儿，如今被十三万叛军围困在睢阳，不被打死，也要被饿死。怎么办？张巡一声叹息。

长吁短叹一会儿，张巡说："今日虽然重伤尹子奇，他伤愈之日，必然加倍报复。睢阳外无救兵，内无粮草，军心涣散，已禁不起大规模进攻，城破之日，必定玉石俱焚，除非……"张巡抚摸着燕儿的头发，落下泪来，"除非燕儿你为国赴义，或许能救睢阳于水火之中。"

燕儿瞪大眼睛，说："我能救睢阳？"

张巡点点头。

我若有命回来，必杀贺兰进明

张巡救睢阳之举，无奈而残忍，借燕儿之身，饱餐敢死之士，杀出重围，搬取救兵。

燕儿听完张巡的话，眼泪都没有流一滴，说："夫君，能为您解忧，为国效力，是妾身的福气。且容妾身洗洗干净，别让兄弟们吃着恶心。"

燕儿让厨房烧了三大浴盆热水，洗完一盆，又洗一盆，洗得干净彻底。

燕儿把自己溺毙在第三盆热水中，白璧无瑕，犹如初生的婴儿。

张巡召集将士，哽咽说："爱妾燕儿，深明大义，与其困守孤城，城破遭辱，不如舍生取义，为国捐躯。弟兄们，就让我们成全燕儿的义举吧……"

全体将士泣不成声。

当夜，南霁云挑选三十名壮士，组成敢死队。

敢死队员也不忍心吃主帅爱妾的肉，胡乱喝了几口汤，就在南霁云的带领下，骑着全军仅存的三十一匹战马，杀出城去。

二十八名敢死队员死于乱刀之下，乱箭之中，只有南霁云与两名队员突出重围，成了睢阳最后的希望。

一夜狂奔到天亮，南霁云来到临淮。临淮节度使贺兰进明，兵强马壮。南霁云登门求救。

贺兰进明知道南霁云是一员难得的虎将，很是客气，亲自上前扶南霁云下马，又让厨房准备好酒好菜，盛情款待。

贺兰进明不停地劝南霁云喝酒吃菜，却只字不提出兵之事。张巡职位比贺兰进明低，却因为平叛有功，暴得大名，屡获嘉奖，贺兰进明一直心怀嫉妒，怎么可能出兵成全他呢？

面对一桌子山珍海味，南霁云吃不下，喝不下，说："贺兰大人，睢阳城里断粮已经一个多月，已开始吃人了，张将军的爱妾都让我们吃掉了。要是您不出兵救援，我吃不下，喝不下呀。"

"好！"贺兰进明赞一声，举起杯，"南将军果然是有情有义之人，

来，我敬你一杯！"

南霁云端起酒杯，却不喝，说："贺兰大人，要是我喝一杯，您借我一万人马，我喝死了也喝！"

贺兰进明说："南将军，睢阳城岌岌可危，说不定这会儿已经陷落，我出兵增援，已毫无意义，徒使临淮空虚，给叛军可乘之机。南将军你不如留在临淮，做我的副将，我的所有人马，全由你调度。"

南霁云把左手按在桌上，右手拔出佩刀，斩下左手中指，捡起来"嘎嘣"吃下去，说："我南霁云若三心二意，不与睢阳共存亡，有若此指！"

贺兰进明放下酒杯，双手抱拳，说："南将军真义士也，佩服！只是，我的责任是保卫临淮，不敢玩忽职守、分兵他顾，还望南将军理解。"

南霁云"嚯"地站起来，指着贺兰进明的鼻子，说："贺兰进明你别打官腔，你拥兵自重，见死不救，就不怕落下千古骂名吗？"

贺兰进明一挥手："送客！"

南霁云带着两位手下，拂袖而去。

出了临淮城门，南霁云勒马回头，一箭射中城中佛塔，箭入石墙三分，发誓："我若有命回来，必杀贺兰进明！"

既然借不到兵，你何苦再回来送死呢！

南霁云四处奔走、搬取救兵的同时，睢阳情形越发惨烈。

马吃完了，老鼠吃完了，铠甲皮也吃完了。睢阳开始正经吃人，老弱病残者，自愿赴死，充当守城将士军粮。到睢阳保卫战结束，被吃掉的人数以万计。张巡因此遭后人诟病，毁誉参半，名字在中华名将录中若隐若现。

此时，全国形势也极为严峻，皇城长安已陷落，唐玄宗仓皇出逃，生死不明。张巡的六个部将劝他说："皇上都没了，我们拼命是为了谁呢，拼下去肯定是死路一条，不如降了算了。"张巡说："容我想想。"

张巡想了一夜，第二天起来，召集全体将士，对着唐玄宗的画像哭了一场。然后，张巡喝令，把劝他投降的六个部将绑了，当场斩首，送到厨房当军粮。

睢阳必须坚守，否则，大唐最富饶的江南一带，将惨遭战火蹂躏。

几场恶战下来，守军的箭真的用完了。这倒难不倒张巡，赤壁之战中有先例，草船借箭。张巡命令将士用麦秸秆扎了千多个草人，穿上黑衣，趁着夜色悄悄缒下城墙。叛军只以为张巡要来偷袭，又不敢靠近城墙攻击，就不停地放箭，放箭，放箭。射在草人上的箭，不下十万支。

如果张巡只是玩玩草人借箭的把戏，也不值得在此大惊小怪，张巡还有后手。

第二夜，张巡组织五百名敢死队员，从城墙上缒下去。敌军以为又是来忽悠箭的草人，站在一边呵呵大笑，说："忽悠呀，接着忽悠呀！"

五百名敢死队员突然一跃而起，杀向敌营。叛军措手不及，乱了阵脚。张巡趁机大开城门，率军掩杀，杀敌数千，缴获大批粮草，让众将士吃了十多天饱饭。

虽然张巡几乎战无不胜，但他的人马毕竟有限，三千多人越打越少，剩下的不到一千人，而叛军还在源源不断而来。睢阳危在旦夕。

就在这时，南霁云带着援兵杀了回来。

张巡大喜。但也没喜多久，南霁云只从宁陵借来三千援兵，当他杀开一条血路，杀进睢阳城中，援兵已不足一千。

一千人马对孤城睢阳无济于事。张巡叫着南霁云的小名，号啕大哭："南八啊南八，既然借不到兵，你何苦再回来送死呢！"

南霁云把自己断掉的左手中指给张巡看，说："我发过誓，要与睢阳共存亡的。"

睢阳保卫战历时十个月，歼敌十二万，最终陷落。张巡、南霁云被俘。

尹子奇敬仰张巡，欲劝降，张巡不从，大骂"反贼"。尹子奇就把他杀了，想起传言，张巡每临阵，必咬牙切齿，咬碎牙齿，就把张巡的嘴撬开来看，完整的牙齿只剩下三四颗。

尹子奇也敬仰南霁云，不记他射瞎自己左眼之仇，也想劝降。南霁云也不从，说："我本想活着杀贺兰进明，如今，就让他羞愧而死吧。"引颈就戮。

贺兰进明真的留下了千古骂名，却并没有羞愧而死，他后来还升了官，进谗言弹劾杜甫，使杜甫住进了为秋风所破的茅屋。

◇ ◇ ◇

张巡（708-757），蒲州河东（今山西永济）人。安史之乱时，文官张巡率军抗敌，决战雍丘，死守睢阳，阻止叛军入侵江淮，为平息安史之乱立下奇功，河南商丘至今有张巡祠。

南霁云（712-757），魏州顿丘（今河南清丰）人，因排行第八，人称"南八"，勇武过人。南霁云在甘肃天水一带备受敬仰，被奉为"二龙大王"，至今，每年都有盛大的祭祀活动。《旧唐书》《新唐书》《资治通鉴》《隋唐演义》等正史野史对张巡、南霁云的故事记载甚多，二人画像同入凌烟阁。

冯燕：大唐红杏别出墙

尽管我的名字有点娘娘腔，
我依然成了百分百的纯爷们

我的名字脂粉气十足，唤作冯燕。

如今，任何一个男人，名叫什么燕，一定是非常丢脸的事儿。但在我们唐朝，只有做了下流事儿，比如贪生怕死、贪污腐败什么的，才会丢脸，所以，尽管我的名字有点娘娘腔，我依然是百分百的纯爷们。

我爸爸，我爷爷，我祖宗十八代，都没出什么显赫的人物，不过，在我们唐朝，你爸爸你爷爷是谁不重要，只要你自己有真本事，你就能出人头地，让人刮目相看。我没有太大的本事，文不能金榜题名，武不能勇冠三军，但我会玩，尤其会玩斗鸡和马球。会玩斗鸡，让我有花不完的钱；会玩马球，让我有交不完的朋友。

冯燕我不是当官的，却和当官的人一样，脾气不太好。有一天，一个二流子斗鸡输光了钱，就在大街上卖老婆；卖老婆的事儿，本来非常可耻，他还为了想多卖五两银子与人争执起来，喊打喊杀，好像他是个好汉一般。我很生气，丢下五两银子，让他拿着银子远远地滚开。那二流子眼瞪着我，说："你很有钱是不？有钱也不能随便让人滚是不？真想让我滚，你就再给十两吧。"冯燕我最看不起的就是这种无赖之人，我懒得多说一句话，拔出佩刀，一刀就让那赌棍彻底赔光了老本。

白道黑道都有我的朋友，朋友们都希望冯燕逢凶化吉，我因此得以顺利逃出山西老家。逃至河南滑州时，我已是身无分文。我找到一家斗鸡场，小试牛刀，就挣到了可以去到任何地方的路费，但我没再往前走，而是留在了滑州。因为，我紧接着就在马球场大显身手，赢得了一批粉丝、一批朋友，其中，兼任滑州刺史的老相国贾耽，对我更是青睐有加，把我接到他府中，好吃好喝待我，要高薪聘我当滑州军区马球队队长。

一开始，我心中多少有点忐忑，毕竟，我是官方通缉的杀人犯，我应该远远地躲藏在穷乡僻壤，隐身埋名，终老一生，如今竟混入政府军马球队，抛头露面出风头，享受正团级待遇，不妥，不妥也。因此，我一再推辞，只想找机会溜走。贾老相国早已探得我的底细，笑眯眯拍着我的肩膀，说："冯燕兄弟，不要有压力，不就是杀了个该死的人渣嘛，请放心，老夫我给你做主，你是振兴大唐马球不可缺少的人才，特殊人才特殊对待嘛，你只管放下包袱，全心全意把马球队带好。"

就这样，冯燕我成了大唐滑州军区马球队队长。接下来的一年里，我率领的滑州军区马球队，南征北战，所向披靡，获得了大唐马球联赛冠军，我一跃成为大唐最耀眼的马球明星。

我知道，背后肯定有人指指点点，议论冯燕本来是个什么什么人，但是，有贾耽贾大人罩着我，谁也不能把我怎么样；当然，也没有几个人真正想把我怎么样，因为，除了杀了个人，我基本上是个正直善良的人，够朋友的人，没什么让人看不顺眼的。

莫然脸盘长得很漂亮，心里却和寻常女人一样庸俗

欣赏我的人，除了贾耽贾大人，除了军中战友，还有一个美女。

这对我是一个致命的诱惑，我青春年少，精力旺盛，对女人不可能没有想法。我没事的时候，就喜欢到街上闲逛，看一看来来往往的美女。如果你是男人，如果你年轻过，我相信，你应该知道，看美女那种心旷神怡的感觉，古往今来，都一样。那一天，我在街上和莫然劈面相逢，我好像被马球棒狠狠地打在头上，惊呆了！如果莫然啐我一口，扬长而去，就什么事也没有了，我那色迷心窍的样子，的确很欠扁。可是，莫然没有啐

我，她先是挑衅一般紧盯着我，接着嫣然一笑！这一笑，笑得我心中汹涌
澎湃。更要命的是，她走过我身边以后，又回过头来，丢下一串"嘻嘻
嘻"的勾魂之笑。我立刻失魂落魄，崩溃了。我像许多男人一样，顿时就
有了一种愚蠢的想法，若能一亲此女芳泽，死而无憾矣。

让我郁闷的是，莫然是张婴的老婆。张婴是滑州军区的一个连级军
官，与我虽没什么往来，但我打马球的时候，他也会来捧场，喝彩的声音
很响亮；让我愤怒的是，莫然竟然是张婴的老婆，张婴真的很平庸，连酒
量也很一般，三五碗就能醉倒，一醉倒就打老婆，他根本就不配独享如花
似玉的莫然！

第二天上午，趁张婴值班之际，我来到了他家，倒转马鞭，敲门。

莫然打开门，又是"嘻嘻"一笑，说："你不是街上那呆子吗？你来
干什么？"

我板着脸，说："你偷我东西了！"

莫然一脸茫然和惊慌，说："我偷你什么东西了？"

我拦腰抱起莫然，说："你偷了我的心。"

对待女人，我就是这么霸道。有一种女人，偏就喜欢霸道的男人，比
如莫然。于是，我们几乎没经过任何铺垫，直接就抵达了偷情的顶峰。

我原来想，能一亲莫然芳泽，死而无憾；在我们恩爱缠绵一个多月以
后，我才发现自己的想法是多么可笑。莫然脸盘长得很漂亮，心里却和寻
常女人一样庸俗，与我在一起，她絮絮叨叨，滔滔不绝，说的都是张婴如
何窝囊、如何不像个男人的事儿，我听得很不爽，心里直觉得张婴可怜，
陪着这样的女人过一辈子，死不瞑目呀。

我对莫然渐渐厌倦，却又不忍舍弃，不时还去找她行鱼水之欢。

终于，出事了。

这一晚，我看张婴在与人喝酒，习惯性地想起了莫然温暖的被窝，就
又去敲门了。

没想到，张婴今晚醉得特别快，我们还没尽兴呢，他就回家来了。好
在，张婴醉眼迷离，根本就没看到躲在莫然裙子后边的我，倒头就睡。我

正待悄然离去，却发现忘了戴头巾，回头一看，头巾被张婴压在枕头下呢。我向莫然示意，指一指头巾，让她拿给我。

莫然看一看我，看一看张婴，又看一看头巾，头巾旁边是张婴的佩刀。我分明看见，莫然眼里掠过一丝阴冷的光，她竟然抽出了张婴的佩刀，递给我！

冯燕我虽然好色，但我不疯，也不傻；冯燕我虽然也杀过人，但我杀的是人渣。张婴虽然窝囊，偶尔还酒醉打老婆，但他罪不至死啊！

那一刻，我想起了一句流毒至今的俗话，"最毒妇人心"，只觉得透心冰凉。

卖老婆的可耻男人，该死；害亲夫性命的无耻女人，也该死！

我举起张婴的佩刀，一刀削下了莫然的头。

如果这个可怜可悲倒霉透顶的男人替我死去，我必将成为鬼都唾弃的人，终生不得安宁

第二天清早，张婴醒睡醒来，一眼看见莫然身首分离，倒在血泊中，吓得魂飞魄散，跑出门大喊大叫："我老婆给人杀了！我老婆给人杀了！"

众街坊一拥而至，惊诧，悲叹，议论纷纷，把杀人现场全给破坏之后，众街坊找不到杀人凶手的任何线索，怀疑的眼光便盯住了可怜巴巴的张婴，莫非是张婴自己杀了老婆，又贼喊捉贼？

莫然的娘家人也闻讯而至，不由分说，揪住了张婴。

张婴平日里时常打骂妻子；杀人的刀是张婴的；酒醉心里明，张婴人在现场，妻子给人杀了，怎么可能一点感觉都没有？杀人者明明知道张婴是目击者，为什么不把他一并杀了灭口？一连串的质疑，让张婴百口莫辩。

官府经过勘察、侦查，也认定，杀人者，正是张婴。

张婴自己也说服不了自己，又吃打不过，最终认罪：自己酒醉误杀妻子，罪该万死。

当张婴不明不白被捕入狱，被刑讯逼供的时候，我正在筹备与契丹马球队的友谊赛。当然，这也可能是我逃避罪责的托词，我心底里可能还是希望，张婴能幸运一点，能聪明一点，洗白自己的杀人嫌疑。

我大胜契丹马球队归来的那一天，正逢张婴被押赴刑场。

戴绿帽子的男人，是可怜的；死掉老婆的男人，是可悲的；老婆被人杀死，自己莫名其妙成了凶手的男人，是倒霉透顶的。如果这个可怜可悲倒霉透顶的男人替我死去，我必将成为鬼都唾弃的人，终生不得安宁。

当刽子手举起鬼头刀的时候，冯燕我叫一声"刀下留人"，站了出来。

当着围观的上千群众，我说出了事情的来龙去脉，坦然受缚。

我被押到贾耽贾大人面前。面对恩公，我失声痛哭，不是哭自己即将命赴黄泉，而是哭我愧对老人的栽培，枉费了他一片苦心。

贾大人骂道："你哭什么哭呢，你不是很男人嘛！"骂着骂着，贾大人自己也老泪纵横。

第二天，贾大人上书皇上，愿意舍弃自己的爵禄，换取冯燕一命。

英明伟大的唐德宗，也是个马球迷，也是冯燕的粉丝，但接到贾耽的奏章，他还是颇费踌躇，按大唐律例，冯燕已是第二次杀人，虽然事出有因，却有悖天理人情；皇恩浩荡，想赦免谁就可以赦免谁，但也不能逆天而行呀。

最后，德宗下旨：为庆祝滑州军区马球队大胜契丹马球队，滑城死囚当斩者，一律免死。

◇ ◇ ◇

冯燕，唐代传奇人物，事见沈亚之《冯燕传》。冯燕故事历代改编者甚多，2003 年，北京人民艺术剧院将《冯燕传》改编为话剧《我爱桃花》大获成功，至今已有五个版本，仍在热演中。

宣慈寺门子:
没有恶霸的年代

谁骑毛驴来撒野

在唐朝，中了进士不一定马上能做官，你得到吏部排队候补，运气不好，坐十年八年冷板凳都有可能。只有通过吏部博学宏词科考试的人，才可以立刻走马上任，起码七品县令。只有已中了进士的人，才有资格参加博学宏词科考试，录取率不到百分之十。这考试有多难呢？韩愈，位居唐宋八大家之首，文章写得呱呱大叫一千多年，他连续参加三次博学宏词科考试，都没及格；白居易，也算是千古牛人，他甚至都不敢报考，乖乖坐在吏部的冷板凳上瑟瑟发抖！闲话少说，总之，荣登宏词榜的人，那是牛人中的牛人，韦昭范就是这样一个牛人。

如今，已没有多少人知道韦昭范是何许人了，到百度上搜索，也没有他的名片，他只是因为下面我要讲到的故事，才在王定保的《唐摭言》中羞答答地露了一下脸。唐乾符二年（875），韦昭范却是大唐无限风光的新闻人物，他有两个显赫的表叔，杨收和杨严，一个是宰相，一个是度支使（相当于今财政部副部长）。他自己又在博学宏词科考试中脱颖而出，眼看着就要飞黄腾达，真正的"春风得意马蹄疾"。

按惯例，宏词登科，要大宴宾客，一则谢师，二则酬友，三则收红包。韦昭范的酒宴摆在曲江池边的亭子里，客人太多，亭子里坐不下，表叔杨严让人到财政部搬来许多帐篷，沿池边摆了一长溜。韦昭范的宴会，其规格之高，规模之大，在当天的长安城里，绝对是数一数二。

曲江是皇家园林区，也是寻常百姓娱乐休闲的好去处。正是阳春三月，曲江池红花绿叶恰到好处，游人如织，人人都对临池畅饮的达官新贵刮目相看。一些携孩子踏青的父母，则指点着韦昭范教育孩子，做人当做这样的人，一举成名天下惊。

韦昭范占尽春光，穿梭在众宾客中，大杯喝酒大声笑。

众人推杯换盏、喜气洋洋之际，一匹毛驴"嘚嘚"直奔曲江亭而来，毛驴上东倒西歪坐着一后生。韦昭范只以为是某个迟到的客人，正待走出亭子迎候，却发觉不对劲！那毛驴"嘚儿嘚儿"，先踢翻了一坛酒，接着撞倒了一顶帐篷。骑驴者则手持皮鞭，"啪、啪"乱抽，"啪"一下，抽翻了一盘菜；"啪"一下，又抽落了客人手中的酒杯。欢乐喜庆的场面，顿时乱糟糟一塌糊涂。

来曲江为韦昭范捧场的客人都有谁，《唐摭言》里没有说，不说我们也知道，一定是以两位尊贵的表叔为核心，拱围着一批与宰相大人和度支使大人相匹配的非常人物，最外围的配角客人，则是韦昭范的同学，即将成为非常人物的新科进士。他们中的任何一个人，无论在唐朝还是在今天，在人来人往的大街上，都是可以横着走的。

骑毛驴的，是什么人，竟敢不把这一帮大唐精英放在眼里，闯到他们的宴会上来撒野？

该出手时谁出手

毛驴目中无人，一路践踏着大唐精英的尊严，"嘚嘚"直奔亭子而来。众斯文客人斯文扫地，纷纷闪避，又惊又喜——惊的是竟敢有人搅局，喜的是被搅局的不是自己。

旁边早围满了踏青的游人，齐声起哄。

亭子里坐着本次宴会最有身份的人，毛驴若是闯进亭子，斯文扫地不扫地还在其次，若是踩踏了某位客人，后果真的很严重。韦昭范惊慌不已，飞奔上前，拉住毛驴的嚼子，对骑驴者说："兄台来喝酒，韦昭范荣幸之至，坐骑请交下人，领去吃草吧。"

骑驴者劈头一鞭子，抽落了韦昭范的帽子，骂道："呔，走开，咱的

驴不吃草，要喝酒！"

韦昭范手忙脚乱捡帽子，骑驴者双腿一夹，毛驴一跃，进了亭子，高昂头，气昂昂一叫，拉下一摊稀粪来。

围观闲人乐不可支，笑得前俯后仰。

骑驴者"啪"地甩个响鞭，叫道："谁来和咱的驴干一杯！"

与会的客人，有能文的，有能武的，都是可以指点江山的大唐栋梁，可是，谁也没有站出来，向无理取闹者大吼一声："滚！"这一帮谙熟为官之道江湖规矩的人，心里明镜似的，闹事者不是要命的皇亲国戚，就是不要命的地痞流氓，无论前者还是后者，都是惹不起的。所以，众人全都不做声，面面相觑，那老奸巨猾者，还能强作镇静，继续喝酒看笑话，那胆小怕事者，则悄悄放下酒杯，避退开去。

最尴尬最可怜的是韦昭范，他是宴会的主人，这事儿要处理不好，他的政治前途可能就到此为止了。韦昭范不得不硬着头皮上前救火，他端着两杯酒，打着哈哈，对骑驴者说："兄台，我们都不会说驴话，也听不懂，要不，你自己先和它干一杯？"

韦昭范的话不卑不亢，不无幽默，也算是大方得体，不想那骑驴者竟突然发作，一鞭子抽落韦昭范手中的酒杯，骂道："大胆，你竟敢骂我是驴！"

骑驴者举起鞭子，还待乱抽，鞭梢却让一个看热闹的人拉住了，动弹不得。

骑驴者大怒，飞腿踹人，同时骂道："哪里来的憨货，竟敢扫咱的兴？"对方避过飞腿，顺势一耳光，结结实实，"咣"地扇在骑驴者脸上。骑驴者被扇得晕头转向，"哎呀"一声栽下驴来。

场外围观者，一开始很想看到意得志满的韦昭范如何狼狈不堪，当骑驴者向韦昭范连连挥舞皮鞭的时候，众人突然发觉，韦昭范原来也是个可怜的人，而骑驴者才真正可恶。一看骄横的骑驴者被一耳光扇下驴来，众人兴奋不已，齐声喝彩："好！"

骑驴者摔下驴来，摔疼了屁股，他坐在地上叫唤一阵，突然一跃而起，指着扇他耳光的人，叫喊着："你敢打我！你知道我是谁吗？"

能屈能伸大丈夫

救韦昭范出窘境的，是个中年汉子，他拍拍双手，冷冷地说："呔，打你这种少教养的小畜生，脏了我的手。别告诉我你是谁，我不想认识你。"

骑驴者"呀"地怪叫一声，举起皮鞭就抽，边抽边骂："该死的贼骨头，爷爷让鞭子告诉你，我是谁！"

汉子也不躲闪，伸手一捞，骑驴者的鞭子就到了他手里。汉子顺手抽了骑驴者一鞭子，说："看来，你真不知道自己是谁，且让你清醒清醒。"

骑驴者被抽得跳了起来，吼道："大胆反贼，你，死定了！"

汉子念对方是个毛头小伙，本想教训他一两下就算了，看他一味嚣张，怒火中烧，挥舞鞭子，朝骑驴者没头没脑地抽打，抽一下，念叨一句："这是替你父亲抽的！""这是替你母亲抽的！""这是替韦大人抽的！"中间插一句，"你数着吧，所有在场的人都抽你一鞭，才算完。"

骑驴者只觉得头皮发麻，在场者有好几百人啊，才挨了十几鞭，就挺不住了，满地乱滚。

汉子一气抽了一百来鞭，仍没有住手的意思，继续挥舞鞭子。"这是替玩鸟老爷爷抽的！""这是替放风筝的小弟弟抽的！"……

围观者如同看大戏一般过瘾，有人大声报鞭数，有人大声叫喊"我的还没抽"，有人趁乱朝骑驴者身上扔果皮、骨头、臭鞋子。

突然，旁边一幢别墅跑出十几个人来，为首的是一个太监，边跑边喊："别打了！别打了！"

汉子还是不停手，"这是替这位老公公抽的！"

太监尖着嗓子大喊："住手！给我把这行凶者绑起来！"

汉子鞭梢一转，"啪"地抽上了太监的脸，骂道："小畜生无赖，一定是你这狗奴才教坏的！"

要上前捉拿汉子的十几个人，各人都挨了几鞭子，仍然近身不得。太监眼看着摆不平对手，赶紧让人背起骑驴者，狼狈逃回别墅。太监边逃边回头对汉子说："有种你等着，别走！"

汉子把鞭子一扔，说："好。我等着。"

有人知道那别墅是谁住的，也有人知道那太监是侍候谁的，那是个可以翻云覆雨的超级大人物，以至于王定保后来写《唐摭言》，都不得不隐去他的名字。

韦昭范和众宾客都觉得大事不妙，众口一声劝汉子，赶紧走，走得越远越好。

汉子笑一笑，说："不行，我走了，他们会找韦大人麻烦的。"

等到韦昭范的筵席散了，却没有人来找麻烦。汉子不能再等了，就对韦昭范说："谁要来找麻烦，让他去对面的宣慈寺找我，我是那儿的看门人。"

韦昭范因为这事儿，忐忑了好长时间，但是，没有人找他的麻烦，他一直一生平安地做着官；也没有人找宣慈寺看门人的麻烦，他一直在那儿看门，直到老死在宣慈寺。

走笔至此，我突然有点明白了，为什么常常有人愿意梦回大唐，因为大唐真的很大气，最微不足道的人，也可以扬眉吐气，路见不平一声吼；最牛气冲天的人，犯了该扁的错误，被人痛扁，也无话可说。不论你是富贵还是贫穷，能屈，能伸，这才是真正的大丈夫。

◇ ◇ ◇

宣慈寺门子，无名无姓。韦昭范事迹亦未见载于诸正史史册。其事见王定保《唐摭言》之"宣慈寺门子"。

蔡京：贪官必须不得好死

与蔡大人同眠，
牲口会恶心死的

宋徽宗赵佶，写得一手瘦金体好字，画得一手花鸟好画，却不是一个好皇帝。宋徽宗在位二十五年，把大宋江山涂抹得一塌糊涂，只有他的字画中，还残存着几分风光。

1126年，金兵踏破边境，杀奔汴京而来。宋徽宗不知如何是好，赶紧提前退休，把一个烂摊子交与儿子赵桓，跑到妓女李师师那儿唉声叹气去了。

赵桓登基成为宋钦宗，他非常清楚，大宋王朝的衰落，主要是贪官污吏坏的事，因此，他一上台就高调反腐败，把以太师蔡京为首的一串贪官抓了起来。

蔡京时年八十岁，他只以为自己能傍着徽宗至寿终正寝，没想到，徽宗竟被金兵吓得掉下龙椅，四十三岁，正年富力强年的时候，就把皇位让给儿子，让蔡京老无所依了。

宋钦宗也不是个硬邦邦的男人，不好意思杀了三朝元老蔡京，只是把他流放广东，那充满瘴气的南蛮之地。于是，本故事开始了。

河南到广东，千山万水。蔡京知道此去必然凄风苦雨，准备得很充分，还从群妾中挑选出年轻漂亮的春兰、秋菊和冬梅，一路随行。

押送蔡京的公差是张三和李四，以他们的身份，往日有幸见了蔡太师，有屁都得憋着，不敢乱放；今日里，不可一世的蔡太师，竟落在他们手中，任凭拿捏，他们就像新郎官一样兴奋，把马车赶得蹦蹦跳跳。

蔡京哪里经得起如此颠簸，呻吟道："二位兄弟，我蔡京一把老骨头，颠散了也没什么，只是，随行女眷，是特意来侍候二位兄弟的，还望多多照顾哦。"

赶车的张三向李四挤挤眼，笑骂道："老贼你倒想得周到。"随之一带缰绳，马车就走得心平气和了。

天色向晚，张三把马车赶进驿站。驿丞一看来的是蔡京，嘻嘻一笑，说："不好意思，蔡大人，本站今晚客满，请别处安歇吧。"

蔡京瞅一眼驿站客房，冷冷清清，不见人影，不可能客满，就从袖子里掏出一锭银子来，悄悄递给驿丞，说："落难之人，不敢妄求安逸，随便有个安身处就行。"

驿丞"哎呀"一声，把银子丢在地上，说："蔡大人的银子咬人哩。"

张三把银子捡起来，揣在怀里，说："就让它咬死我好了。"

李四说："驿丞大人，前面四五十里都没个客栈，你就给老东西行个方便，哪怕住牲口棚也行。"

"不行，不行。"驿丞连连摇手，"与蔡大人同眠，牲口会恶心死的！"

驿丞无论如何也不收留，蔡京一行只好继续往前走。走到天黑也不见客栈，他们就宿在一处废弃的破窑里。

因为三个女人各有千秋，不好取舍，张三和李四就抓阄分配。结果，张三抓着了春兰，李四抓着了秋菊，蔡京不愿意抓阄，剩下的冬梅就是他的了。因为都睡在窑里不方便，蔡京带着冬梅，睡到了马车里。

贪官倒了霉，怕什么来什么

次日一大早，冬梅就地埋锅，做好了早饭。张三和李四怀抱美人，还在破窑里酣睡。冬梅请蔡京先吃，蔡京唯恐公差吃剩饭不高兴，说："等等他们吧。"

一直等到日近中天，蔡京饿得头昏眼花，张三李四才偕美人从窑里出来。

张三和李四饭量大，且吃得快。蔡京和女人一样，吃得斯文，才吃得半饱，张三和李四已把一锅饭吃得干干净净，麻溜套好了马车。蔡京无奈，只好上车出发。

来到"野猪林"，蔡京战战兢兢，只怕碰上山贼。

贪官倒了霉，怕什么来什么。一声炮响，山贼应声而出，包围了马车。

带队的老大叫道："来的可是蔡京？我等恭候多时了。"

此时，梁山好汉时代刚刚过去不久，遗风犹在，啸聚山林的好汉们，恨自己没文化，遇到被官府迫害的文化人，就劫上山去做军师。蔡京做太师多年，足智多谋，书法更是宋朝数一数二的大腕，自然是做军师的上好人选。只是，蔡京不愿落草为寇，贪污腐败落马，算不得什么，一旦时来运转，就有可能东山再起；若是做了山贼，就永世不得翻身了。

蔡京下了马车，拱手道："蔡京不才，且年迈老朽，不堪山林奔波之苦，恕难从命，还望各位好汉另请高明。"

众好汉哈哈大笑，老大更是笑出了眼泪，骂道："蔡京老贼，你笑死我了。你以为我们要为你养老送终呀，我呸！你鱼肉人民，害得我等良民没有活路，不得上山为寇，你罪该万死，却只是流放而已，天下百姓都不甘心。我等在此等候三天，特来替天行道，取你狗命！"

蔡京顿时面如死灰，嗫嚅道："如此也好，我这风烛残年之身，与其千里迢迢在路上折腾而死，不如一刀了断。"

一个小弟在老大耳边嘀咕几句，老大频频点头，一脸坏笑："此计甚妙。"

老大"刷"地拔出腰刀，高举起来。蔡京口里说不如一刀了断，真要了断，双腿却禁不住乱抖，闭上眼睛，尿了裤子。冰凉的刀子，没有落在蔡京的脖子上，只是拍了拍他的老脸。老大说："老贼你作恶多端，我若一刀杀了你，难解天下之恨。老贼，我们来玩个游戏吧，我带一个兄弟，扮作公差，送你到广东。一路上你想吃什么，由我们采购，买得到便吃，买不到便不吃，如何？"

蔡京双目茫然，想不通对方要玩什么把戏，只知道暂时可以不死了，就连连点头，说："好，好，任凭好汉处置。"

众好汉把蔡京所带金银细软，洗劫一空；三个小妾，也掳上山去。

两个公差，则被扒了衣服，暂时扣留在山寨中。

老大和那出主意的小弟扮作公差，赶着马车，押着蔡京继续上路。

贪官给多少钱也不能吃我家的饭

蔡京很会吃。他败落之后，有一个官员娶了蔡府出来的厨娘做小妾，指望享享蔡京的口福。厨娘却说她不会做菜，官员不解，问："蔡京的厨娘居然不会做菜？"厨娘说她只是蔡府厨房包子班的。官员想吃吃蔡京的包子也好，就让厨娘做包子。厨娘做出来的包子，却难以下咽，官员"呸"地吐掉，骂道："小贱人，你看我官小不尽心是不？"厨娘赶紧跪下，说："对不起，我只是包子班切葱花的。"

吃得阔气的蔡京，如今却连粗茶淡饭也吃不上了。

午饭时分，马车来到一个小城。蔡京早饭只吃了个半饱，此时，早已饥肠辘辘，远远看到"好运来酒家"的招牌，就说："我们到好运来吃饭吧。"

老大把马车赶到好运来门口，大声叫道："老板，蔡京蔡太师要来你家吃饭，行不行？"

老板巴巴地跑出来，掀起马车帘子，看一看，问蔡京："你真是蔡京？"

蔡京满脸堆笑："正是。正是。"

老板"呸呸"朝地上吐口水，连连挥手："赶紧走，赶紧走，别把晦气带到我店里，贪官给多少钱也不能吃我家的饭。"

老大"呵呵呵"地笑，对蔡京说："看到没，人家不卖。"

蔡京红了老脸，指着路边一个馄饨摊，说："那就吃一碗馄饨吧。"

卖馄饨的是个老汉，老大问："大叔，蔡京蔡太师想买你一碗馄饨吃，行不？"

"不得行，不得行。"老汉摇摇头，"我要卖馄饨给蔡京吃，后代子孙肯定要骂我，我死不瞑目呀。"

蔡京仰天长叹："看来，我蔡京的确该死。那就不吃了，饿死也罢。"

老大赞一句："好。有骨气！"

傍晚，老大说："老贼，我要是报你的名号投店住宿，肯定也没人让你住。要不要试一试？"

昨晚在驿站已经试过了，蔡京连忙说："别试，别试，千万别试。我们就悄悄地找个小店住一晚吧。"

老大也不想试，弄得自己也不能睡个安稳觉，就隐名住进了一家客栈。然后，他自个儿买来吃的喝的，和小弟吆五喝六，吃喝起来。

蔡京说是饿死也罢，看着老大在身边吃香的喝辣的，却坐卧不宁。突然，蔡京从嘴里扳下一颗牙齿来，摆在桌上，说："好汉，这是一颗价值黄金百两的宝石，归你了，只求你赏一顿饭吃。"

老大捏着蔡京的嘴看一看，"靠"一声："都说贪官的家抄不到底，原来还真是，官府抄了一回，我们又抄了一回，只以为老家伙什么都没有了，没想到他的牙齿颗颗都是宝石。算你狠，一颗宝石换一个鸡头吧。"说着，老大夹起桌上不吃的鸡头，丢给蔡京。

接下来的十几天，报上蔡京的名号，依然什么也买不到。蔡京就一天扳一颗牙齿，换一个鸡头吃。

来到湖南，蔡京的一口宝石牙齿扳完了，就饿死在长沙。

蔡京死后不久，金兵攻入汴京（开封），活捉徽、钦二帝，北宋灭亡。

◇ ◇ ◇

蔡京(1047-1126)，字元长，福建莆田人。四起四落，掌北宋相印十七年。为人奸诈贪婪，《宋史》将其列入《奸臣传》。饿死蔡京事见宋人王明清笔记《挥麈后录》："初，元长之窜也，道中市食饮之物，皆不肯售，至于辱骂，无所不至。遂穷饿而死。"

王秀兰：多情美人无情劫

乌烈冲锋陷阵无所畏惧，面对女人却有几分胆怯

1127 年初，金军攻破开封，活捉徽、钦二帝，终结了北宋王朝，也终结了王秀兰的栖凤楼头牌梦。金军把眼泪汪汪的父子皇帝塞进一辆破牛车，掳往金国，同时被掳走的还有年轻女子三千余众。金军对宋朝进献的中原女子有一定要求，相貌端庄，正宗处女。青楼女子王秀兰，显然不符合条件，开封府"献女办"把街上顺手抓来的王秀兰当处女充数，一旦败露，后果可能很严重。只因金军急于北撤，验货马虎，才让王秀兰混进了处女队伍。

金军的侵扰，摧毁了开封城的风流生意，青楼女子像被惊扰的小鸡，四散而逃。王秀兰本想到乡下找个老实男人嫁了，粗茶淡饭过一生，只因收拾细软，慢了一步，才被"献女办"盯上，按住，送进了金兵大营。

油菜花开得正灿烂时，"汉女营"挟裹在金军的队伍里开拔了。此去金国千里迢迢，且不论一路如何凶险，单是跋山涉水，也不是弱女子能吃得消的。王秀兰左右一思量，认清了形势，只有找一个强有力的男人，为自己撑起保护伞，才有可能一路顺风，平安抵达目的地。

前后都是金兵，眼睛里似乎都要伸出钩子来，钩住女人就死活不放。青楼女子王秀兰阅人无数，自然知道，急吼吼的男人靠不住，他们只想着如何把你扑倒，根本就没想过事后把你扶起来。左顾右盼，王秀兰瞄上了负责押解汉女营的百夫长乌烈，他偶尔扫过来的一眼，犹如吹面不寒的杨柳风，在王秀兰心中荡起了一圈圈涟漪。

乌烈冲锋陷阵无所畏惧，面对女人却有几分胆怯，即使面对眼前这些任人蹂躏的中原女子，他也不像其他金兵，随意吆喝，随便轻薄，看不顺眼还抽一鞭子。有女人掉队了，乌烈只是口里催促："快点。快点。"王秀兰知道，乌烈这种男人，知道如何疼女人。

看着乌烈策马过来，王秀兰踉跄一下，跌倒在乌烈马前。

乌烈勒住马，问道："怎么回事？"

王秀兰眼中泪光闪闪，恰似一池春水，说："对不起，将军，我实在走不动了。求你成全我，杀了我吧。"王秀兰在栖凤楼接待过金国客人，学过一点金国语，因为半懂不懂，说起来更有莺歌燕语的韵味。

乌烈犹豫片刻，伸手把王秀兰拎起来。

金兵军官看中某个中原女子，都是这样把女人拎起来，横在马上，然后，打马奔进一片树林里，速战速决。

乌烈没有把王秀兰横在马上奔进树林，他只是把她轻轻放在自己身后，叮嘱一声："坐稳了。"然后，缓缓而行。王秀兰没有搂乌烈的腰，只是双手紧抠住他的腰带，男人的阳刚之气，夹杂着油菜花香，熏陶得王秀兰东倒西歪。

乌烈骑在马上，挺胸收腹，板着脸不苟言笑，心里却早已成一片沼泽地，生机勃勃，危机四伏，无论谁误入其中，一律吞没。乌烈押解的这三千多汉人佳丽，他只看中了身后的这女子，他不想在她面前表现太粗鲁，又怕粗鲁之人先下手抢了她去，正不知如何是好，她却跌倒在他面前，难道这就是天意？

我要让你活得像个皇后，
谁也别想把你怎么样

金军掳掠中原女子，一是供百夫长以上军官路上玩乐，二是带回去改良金国人种。一到宿营地，便陆续有军官来挑女人，乌烈只怕王秀兰被人挑走，叮嘱道："不要下马。不要说话。"和乌烈同骑一匹马的王秀兰，成了汉女营最耀眼的焦点，来来往往挑女人的金兵军官，都要瞄几眼王秀兰。乌烈就"呵呵"一笑，说："我的。我老婆。"

当晚，在乌烈的帐篷里，乌烈手忙脚乱，做了王秀兰的丈夫。

第二天，乌烈找来一头骡子，把王秀兰扶上去，说："我要让你活得像个皇后，谁也别想把你怎么样！"事实上，王秀兰活得比皇后有尊严，徽、钦二帝的皇后，也在汉女营中，哪个军官看中了都可以拎走，而且，军官们还很乐意与士兵分享宋朝皇后。

王秀兰依傍乌烈，原是想图一时平安，不想那乌烈有情有义，掏心掏肺地对王秀兰好，一时间竟把王秀兰感动得一塌糊涂。女人一感动，就只想以身相许，生是你的人，死是你的鬼。于是，一出像韩剧一般美好的爱情故事，轰轰烈烈地上演了。

其时，战争形势紧张，金军虽然掳走了徽、钦二帝，却没能颠覆大宋江山。徽、钦二帝被掳走后，徽宗之子、钦宗之弟赵构登基称帝，号令天下：夺回徽、钦二帝，报仇雪耻。宋朝军队一直咬在北撤的金军后面，且越聚越多，要和金军决一死战。

四太子金兀术先还挺紧张，晚上睡觉也衣不解带，螭尾凤头金雀斧摆在枕头边，随时准备从梦中跳起来上马杀敌。待金军撤回到金国地界，跟在后面的宋军依然未见大动作，金兀术这才知道宋军只是虚张声势，哈哈一笑，去了汉女营。

百夫长乌烈和中原女子王秀兰如胶似漆如火如荼的爱情故事，金兀术早有耳闻，只因战事吃紧，他才没心思来汉女营眼见为实。汉女营经过一路折腾，减员近半，体质差一点的，都倒毙在半路上了，剩下来的，犹如被捉怕的羊，面带惊恐之色。女人的姿色，原是打扮出来的，打扮给自己喜欢的人看的，汉女营女子如今哪有心思打扮呢，每逢有人来挑选，大家都恨不能埋首于尘埃里，于是，一个个蓬头垢面，不堪入目，越发显得骑在骡子上的王秀兰光彩夺目。

金兀术在汉女营里巡视一圈，只看中了王秀兰，乌烈说："四太子，

这是我老婆，我们已经行过夫妻之礼了。这里其实有许多很漂亮女人，我选几个洗洗，给您送去，可好？"

金兀术凑近乌烈的耳边，说："兄弟，你想不想当千夫长？"

乌烈愣了一愣，说："四太子，我愿意立功当千夫长，不愿意靠女人当千夫长。"

金兀术咕咕一笑，说："好。今晚，我给你一个立功的机会。"

当晚，奉四太子金兀术之命，乌烈带着他的一百多个弟兄悄悄潜入敌阵，试图劫营。宋军早有防备，把乌烈和他的弟兄们团团围住，乌烈左冲右突，仍然不能突出重围，一百多个兄弟全部战死。

你必须为污辱女人付出代价，
必须成为一个比婊子更可耻的人

当乌烈摸进宋营，与宋军生死相搏之时，金兀术来到了乌烈的帐篷。

王秀兰正心惊肉跳等待乌烈得胜归来，马蹄声在帐篷外戛然而止，她急忙掀开帐篷帘子，进来的却是不可一世的四太子。王秀兰拔出随身携带的小刀，说："我是有男人的人，你要是敢污辱我，我就死给你看！"

金兀术吃了一惊，金国四太子，金军元帅，盖世英雄，超级帅哥，全金国的女人，都是四太子的粉丝，愿意为他尖叫昏倒，愿意和他共度良宵。金兀术想不到，一个毛毛虫一样的百夫长，竟敢和他争女人！金兀术更想不到，百夫长的女人，一个任人践踏的中原女子，竟然因为四太子看上了她，寻死觅活！

太刺激了，金兀术要的就是这种刺激。

金兀术信手夺过王秀兰手中的刀子，"嗖"地一掷，刀子穿过帐篷，扎中了王秀兰拴在帐篷外的骡子。在骡子垂死的哀嚎声中，金兀术如同攻城掠地一般，攻占了王秀兰。

风停雨住，一个金兵站在帐篷外向金兀术报告：乌烈劫营失败，全体阵亡。金兀术吩咐：把全体将士记在功劳簿上。

随后，金兀术把王秀兰拎上马背，带回元帅大帐，说："现在，我就是你的男人。"

王秀兰一夜未眠。这一生，她经历了许多男人，只有乌烈待她如妻子，发誓要与她白头偕老，乌烈才是她真正的男人，她要是不为他报仇，枉为女人。天亮时分，看着身边鼾声如雷的金兀术，王秀兰悄悄起床，摸到了金兀术的螭尾凤头金雀斧，她要砍下金兀术的头，为乌烈报仇！只是，王秀兰没想到，金兀术轻轻巧巧拎在手中挥舞的螭尾凤头金雀斧，竟然有一百多斤，她拿不起来！"哐啷"一声，螭尾凤头金雀斧掉在地上，惊醒了金兀术。

金兀术杀人如麻，乌烈和一百多兵卒苦战而亡，他眼睛都不眨一眨。当他要一斧劈死为乌烈报仇的王秀兰时，却手软了，只觉得羞愧不已，说："杀死乌烈的是宋兵，我来为你报仇吧。"

随后，金兀术率军杀退宋军，夺回乌烈遗体，厚葬。同时对王秀兰说："你不愿意跟我也没关系，我的将军们，你随便挑一个。谁敢对你不好，我劈了他！"

王秀兰环顾一圈，挑中了一个端茶送水的汉人，名叫秦桧。

秦桧是与徽、钦二帝一起被掳掠来的宋朝大臣，曾微服去栖凤楼消费过。新婚之夜，秦桧掀开王秀兰的盖头，左看右看，一拍大腿："哒，你不是栖凤楼的婊子嘛，装什么烈女嘛。"

王秀兰挑中汉人秦桧，是指望汉人有一天能报了她的杀夫之仇，秦桧脱口而出的一声"婊子"，让王秀兰改变了主意。

相对于女人的名节受污辱，杀夫之仇不算什么。秦桧，该死的臭男人，你必须为污辱女人付出代价，必须成为一个比婊子更可耻的人！

王秀兰有四太子撑腰，王秀兰秀色可餐，王秀兰八面玲珑，她要玩晕一个臭男人，易如反掌。

三年后，秦桧返回南宋都城临安，在妻子王氏的大力支持下，陷害忠良，无恶不作，成了中国历史上臭不可闻遗臭万年的奸臣。

◇◇◇

　　王秀兰，本书作者虚构人物。故事核出自冯梦龙《情史类略》，原文如右：金兀术爱一小卒之妻，杀卒而夺之，宠以专房。一日昼寝觉，忽见此妇持利刃欲向，惊起问之，曰："欲为夫报仇耳！"兀默然，麾使去。即日大享将士，召此妇出，谓曰："杀汝则无罪，留汝则不可。任汝于诸将中自择所从。"妇指一人，兀即赐之。依此记载，演绎而成文。

**我坚守的不是我轻贱的身子，
而是女人的尊严**

安徽农民徐海，高大粗壮，却不帅不富，不讨女人欢心，一直娶不到老婆，只好到杭州虎跑寺出家，法号明山。

明山和尚明知色即是空，却依然执迷不悟，见了漂亮的女香客，还是难免心猿意马，木鱼也敲不到点子上。

那一天春暖花开，明山上山打柴。漫山野花怒放，引得蜂狂蝶舞。明山诗兴大发，正想作一首打油诗，忽然，树林深处传来呼救声。

明山冲过去，只见两个歹人把一个女子按在地上，欲行非礼；那女子一边呼救，一边又抓又挠还乱咬，两个歹人恼怒不已，对女子拳打脚踢，威胁说："敢再撒泼，先杀后奸！"女子继续撒泼，骂道："我做鬼也不能便宜了你们两个畜生！"

明山虽然好色，却还保持着农民疾恶如仇的本色。他手持竹柴枪冲上前，大喝一声："畜生，住手！"

两个歹人吃了一惊，抬头见是一个和尚，就拔出刀来，骂道："秃驴休要不知好歹，否则，即刻送你去见如来！"

明山手中的竹柴枪朝一棵不大不小的树横扫过去，那树顿时断为两截。明山喝道："来吧！试试你们的腰是不是比这树结实。"

挑柴用的寻常竹柴枪，能扫断一棵树，足见此人功力非同寻常。两个歹人立刻变了脸，堆出一脸笑容，抱拳道："师父好手段，这小娘们就送给师父了。您慢用。"说完，两个歹人掉头就跑。

那女子先是被两个歹人的暴行吓傻，接着又被明山的功夫惊呆，好半天才回过神来，朝明山纳头便拜："多谢师父救命之恩。"

其实，明山没那么神勇，他天天上山打柴，凑巧知道那棵树被人拦腰砍了一刀，肯定经不起柴枪击打而已。女子大礼致谢，倒让明山不好意思起来。他手忙脚乱扶起那女子，不觉一惊，此女子他认得，乃杭州城花满楼花魁王翠翘。她不时和姐妹们来虎跑寺进香，是让明山经常敲错木鱼念错经的漂亮女子之一。

此刻，让自己凡心不灭的漂亮女子，经歹徒一番撕扯后，半遮半掩，羞答答立在面前，明山不觉怦然心动，面红耳赤，心中念一句："罪过罪过，阿弥陀佛。"

只是，有一点明山心中疑惑，青楼女子王翠翘，和人苟且，应该和吃饭喝水一样随意。虽然身为花魁，身价不菲，也不至于和歹人以命相搏呀。

王翠翘似乎看穿了明山的心思，说："师父你一定很奇怪，我一个青楼女子，为什么要舍命坚守吧？在花满楼，我是任人践踏的婊子；出了花满楼，我就是一个普通女人，我必须守妇道，别人也应该尊重我。我坚守的不是我轻贱的身子，而是女人的尊严。"

明山肃然起敬，脱下僧袍，裹在半裸的王翠翘身上。

王翠翘今天也是来虎跑寺进香的，因贪恋春色，独自上山游玩，才被歹人盯上，差点酿成大祸。连惊带吓，再加上一番搏斗，王翠翘身子绵软，行走不得。明山犹豫片刻，背起王翠翘，下山而去。

今天我要不带走翠儿，誓不为人

再说那两个落荒而逃的歹人，很不甘心和尚搅了自己的好事，就跑到虎跑寺对方丈说，有个和尚正在山上和女香客如何如何。方丈一听很生气，就带了两个护寺僧人上山捉奸。

方丈一行走到半路，与背着王翠翘下山的明山劈面相逢。

方丈一见明山背着花满楼的头牌王翠翘，连僧袍都裹在她身上，心中很是羞愧，叫着明山的俗名说："徐海，虎跑寺容不得六根不净之人，你即刻还俗去吧。"

背着如花似玉的王翠翘，徐海残存的几分向佛之心，一路掉落。见方丈不由分说就让他还俗，徐海也懒得分辩，说："多谢师父高抬贵手，徐海正有还俗之意，就此别过了。"说完，就背着王翠翘昂然下山。

来到山下的大路边，徐海为王翠翘叫了一乘轿子。临别之际，王翠翘说："对不起，连累师父了。"

"别再叫我师父，我已经不是和尚了。"停一停，徐海又说，"翠翘姑娘要是不嫌弃徐海出身贫寒，两个月之内，我挣了钱来赎你。"

王翠翘又惊又喜，说："奴家心中敬重相公是个真君子，相公若真有意，不拘钱多钱少，两个月之内，请一定来花满楼，奴家身边还有点体己钱。"

"翠翘姑娘你放心，我徐海绝不动你半分体己钱。"说罢，徐海掉头而去。

看着徐海豪情万丈的背影，王翠翘泪流满面。这鲁莽男人，也不问问价钱，作为花满楼的头牌，王翠翘的赎身价是五百两银子（折合人民币约为二十五万元），他一个还俗和尚，两个月之内，哪里去挣五百两银子？

王翠翘忐忑不安地等了两个月，徐海真的来到了花满楼。

那天下午，穿着千金裘骑着五花马，徐海阔阔气气来到花满楼时，王翠翘正陪文艺名流徐渭品茗吟诗。鸨母喜气洋洋跑过来，对徐渭说："对不起了徐老师，有个贵客点名要翠儿作陪，翠儿改日再来陪您清谈吧。"鸨母最看不惯装腔作势的文艺界人士，没有几个钱，只想凭几首歪诗几幅破画，就哄得小姐神魂颠倒。所以，鸨母也没在意徐渭如何不快，拉了翠儿就走。

王翠翘被鸨母拉到贵宾房，才知道贵客竟是徐海，"啊"了一声，一时间不知说什么好。

鸨母趴在门缝边往里看，见翠儿如同黄花闺女初见情郎一般，一副娇羞模样，暗赞一声，这小蹄子越来越会装了；再看那徐海，花痴一般看着翠儿，竟然不知如何下手，只是嘿嘿憨笑。鸨母心中乐开了花，好一个钱多人傻的憨货，且看老娘如何一层一层扒下你的皮来。

　　然而，不到一个时辰，鸨母只来得及给徐海送去一樽威风凛凛酒、一壶情意绵绵茶、几块其乐融融点心，知府大人来了，后面跟着徐渭。

　　鸨母暗暗叫苦，直想抽自己的嘴巴，明知文艺界人士怠慢不得，为什么还要怠慢呢？徐渭请来知府大人，是坏她的财路来了。

　　知府大人来花满楼，只和王翠翘花天酒地。

　　知府大人是花满楼的衣食父母，鸨母只能点头哈腰，百般奉迎。无需知府大人多说，鸨母屁颠屁颠就去叫翠儿。

　　王翠翘说："妈，这位客人是来为我赎身的，从今天开始，我不接客了。"

　　鸨母急得掉下泪来，说："翠儿你要走，我也不强留，但请你无论如何救我这一回急，知府大人我得罪不起。你今天要是不去陪他，我这花满楼就开不成了呀！"

　　徐海说："我出双倍价钱，一千两银子，你让翠儿这就跟我走。"

　　换了平日，有人愿出一千两银子为翠儿赎身，鸨母自然欢天喜地，但今天无论如何也不行。鸨母满脸堆笑，说："对不起了客官，翠儿赎身的事，改日再议吧。为表示歉意，您今天消费的这二两银子，免单，欢迎再来啊。"说完，急忙忙拉着翠儿走了。

　　徐海咬牙切齿，对自己说："今天我要不带走翠儿，誓不为人！"

为了王翠翘，徐海什么都愿意干，
哪怕是杀人放火

　　徐海是在海上做走私生意发的财，两个月赚了一千多两银子。他本想赎出王翠翘，然后，夫妻双双回安徽老家，我挑水你浇园，过那夫唱妇随的神仙日子。突然出现的知府大人，让徐海寒了心。徐海来花满楼之前，王翠翘如何风月无边，他都可以不在乎，如今，他来了，马上就要携她而去了，谁要再动王翠翘，徐海就不能不在乎了。

　　徐海做走私生意的时候，结识了一帮倭寇。倭寇看徐海有勇有谋，想

拉他入伙，他一直没有答应。今天，为了王翠翘，徐海什么都愿意干，哪怕是杀人放火。

徐海走出花满楼，放出了一只信鸽。

当夜，倭寇入侵杭州，血洗花满楼。

徐海一脚踢翻鸨母，又一枪戳穿躲在床底下瑟瑟发抖的杭州知府，把王翠翘拎上马背，呼啸而去。

没几年，徐海成了"天差平海大将军"，引领倭寇横行东南沿海一带，把大明江山震撼得摇摇晃晃。

王翠翘成了压寨夫人，成了天差平海大将军掌心里的宝。她强颜欢笑，心里却是无比惆怅，总觉得这天差平海大将军，不是朝廷敕封的，不那么名正言顺。

嘉靖三十五年（1556），兵部右侍郎胡宗宪兼任闽浙总督，向倭寇开战。

明朝的所谓倭寇，其实有许多是像徐海一样造反的中国农民，只因为他们盘踞海外，且与日本人相互勾结，才被统称为倭寇。

此时，徐渭已是胡宗宪的幕僚，他说：徐海的老婆王翠翘是个文艺青年，老夫只需给她写一封信，破徐海指日可待。

徐渭在给王翠翘的密信里，指天发誓地保证：只要王翠翘劝得徐海归顺朝廷，徐海就是名正言顺的大将军，王翠翘就是名正言顺的诰命夫人。文艺青年王翠翘读罢徐老师的信，激动得热泪盈眶，不断地向徐海吹枕头风：我们漂泊海外，何日是尽头呢，不如归顺朝廷，堂堂正正做个衣食无忧的公务员。

徐海到底是个农民，只想讨老婆欢心，没怎么犹豫，就投降了。

没想到，胡宗宪太阴险，他略施小计，就让徐海的部将反目，相互厮杀。徐海身负重伤，坠海身亡。

剿灭徐海倭寇集团，胡宗宪心花怒放，在庆功宴上意气风发，醉眠王翠翘。

第二天醒来，胡宗宪随手又把王翠翘许给了一个小军官。文艺青年王翠翘的玲珑浪漫心碎落一地，大叫一声："我负明山！"投海殉夫。

胡宗宪因为抗击倭寇名垂史册，他撰写的《筹海图编》，第一次证明，钓鱼岛是中国的。后来，胡宗宪涉嫌与严嵩狼狈为奸，自缢狱中。

胡宗宪倒台，累及徐渭潦倒终生。

◇◇◇

王翠翘（？-1556），明代山东临淄人，初为安徽财主罗龙文赎身为妾，继而被倭寇徐海掳为妻子。后来，王翠翘力劝徐海向闽浙总督胡宗宪投诚，胡背信弃义，徐海投海自尽，王翠翘亦含恨投海。其事最早见于茅坤《纪剿除徐海本末》，其后改编者甚多，本文亦有创造性改编。

隋炀帝游玩三次江南，
就把自己的江山玩完了啊

明武宗朱厚照登基的时候，才十五岁，还是个贪玩的孩子。宦官们想着法儿逗皇上玩，朱厚照也就越玩越离谱。有一年，元宵节放烟花，竟点着了皇上的专用办公室乾清宫。看着乾清宫在大火中灰飞烟灭，朱厚照直乐："哈哈，好一个大烟花。"

因为嫌皇宫里玩着没意思，朱厚照在皇宫外又建了一个"豹房"，养了些虎豹玩儿。老玩虎豹也没意思，朱厚照又在豹房建起了一条商业街，太监、宫女扮店老板、妓女，朱厚照则扮阔少、嫖客，玩一些无法无天的游戏。玩来玩去还是不过瘾，干儿子钱宁就建议，不妨出京，到江南一带玩玩；江南，那可是人间天堂呀。

朱厚照是个能跟虎豹打架的猛男，也好女色，明里暗里御女无数，却一直没能生个孩子，就收养了许多干儿子。有一天一高兴，就让一百二十七个干儿子姓了朱。最受朱厚照宠爱的干儿子就是宦官钱宁，朱厚照一向对钱宁言听计从，当即说："行，你拿个方案来。"

一听皇上要南巡，翰林院庶吉士汪应轸急了。

皇上下江南，是一个惊天动地的大工程。当年隋炀帝下江南的时候，随行人员二十多万，大小船只一万多艘，绵延两百多里。这么庞大的一支队伍，所到之处，自然是鸡飞狗跳，劳民伤财。

其时，汪应轸中进士还不到三年，还没学会做官的窍门，肚子里装的全是书生意气。汪应轸大惊小怪，找到同年进士、史称"忠孝状元"的翰林院修撰舒芬，说："舒芬兄，皇上在皇宫里干点荒唐事儿，也就算了。

这无缘无故的，千里迢迢游江南，对大明江山，那可是伤筋动骨的事儿。我们一定要让他游不成才行呀。"舒芬也是个热血青年，二人一拍即合。

第二天早朝，汪应轸做了出头鸟，奏道："皇上，听说您要到江南调研，臣以为，万万不可。"

竟然有人认为皇上想做的事儿万万不可，朱厚照很是不悦，却像如今的电视主持人一样嬉皮笑脸："为什么呢？"

汪应轸说："皇上，天下百姓都知道，您下江南名为调研，实为游山玩水。作为一国之君，带头公费旅游，有失体统呀。"

朱厚照越发不爽，说："太平盛世，朕游个山玩个水，拉动一下旅游经济，怎么就有失体统了！"

舒芬也出班奏道："皇上，臣以为，汪大人说话虽然不好听，却不无道理。您巡视江南，必然兴师动众，沿途地方政府为保证您的安全，必然要封河、封路；为保证巡视团队吃好喝好，必然要额外摊捐派税，百姓必然不堪其扰呀。"

朱厚照拉下脸来，说："为什么你们就容不得朕高兴几天呢？"

汪应轸咚地跪下，说："皇上，您不能把自己的高兴建立在百姓的不高兴上啊，隋炀帝游玩三次江南，就把自己的江山玩完了啊！"

侍立朱厚照身边的钱宁一声叱喝："大胆，竟敢把当今圣上与那亡国之君相提并论！你活得不耐烦了是不？"

经钱宁提醒，朱厚照觉得汪应轸的确不像话，就让人把汪、舒二人拖下去打屁股，直打得半死不活才罢休。

皇上还没到，许多人就趴下起不来了

汪应轸和舒芬屁股上的伤还没好，就接到了下放通知。舒芬到福建海关做了副关长，一生不得志，四十四岁即郁闷而死；汪应轸则被贬到泗州，做了知府。

汪应轸做知府倒是做得兴致勃勃，他自己掏钱买来桑树苗，又请来师傅，教导村民如何养蚕，如何缫丝，如何织锦。由于汪知府领导有方，泗州人民迅速脱贫，过上了小康生活。

远离京城的生活，汪应轸越过越惬意。没想到有一天，皇上来了。

和所有的二愣子一样，朱厚照喜欢斗狠逞勇。大明王朝的力士武夫，每遇皇上要和他们切磋，就头疼不已，因为，他们谁也不敢把皇上打倒在地，还不能输得太窝囊，必须打得有声有色，然后，关键时刻让皇上或险胜或智取。"击败"了所有的猛男以后，朱厚照就开始向老虎、豹子挑战。豹房的老虎、豹子都是经过驯养的，其野性还不如一条丧家犬，自然也很容易被朱厚照骑在头上作威作福。经过这一系列所向披靡的角逐，朱厚照有了打遍天下无敌手的感觉，遂自封为"威武大将军"，自己对自己称臣，并给威武大将军取了个艺名叫朱寿，一本正经地在兵部存档，户部发工资。

这一年，南昌的宁王朱宸濠叛乱，朱厚照激动不已。历代先皇努力一百多年，造就了明朝的辉煌，此时天下太平，全无战火，朱厚照只能在梦里驰骋沙场；现在，终于可以真刀真枪大干一场了，呵呵。朱厚照点了自己的将，命威武大将军朱寿率大军南下平叛。

朱厚照很激动，还有另一个原因。当年，因为汪应轸、舒芬力谏，满朝文武附和，朱厚照到底没能游成江南。这一回，借收拾叛军之机，顺便把江南游玩了，谁敢说不？果然，大臣们只能祝皇上马到成功，旗开得胜，甚至没人敢嘀咕一句："区区宁王，随便一个总兵，即能摆平，何需皇上御驾亲征？"

威武大将军点了一万多精兵强将，分乘一百多艘战船，浩浩荡荡，奔赴江南。运河两岸，顿时鬼哭狼嚎，鸡犬不宁。

那时候，通讯不便，皇上的一举一动，只能靠先行官快马加鞭，向前方州县传达。州县长官得令，赶紧清理河道：所有渔船，一律不得下河；靠近河边的房子，一律拆除。还得准备纤夫、粮草，以及可使皇上和宠臣开心的礼物。最难堪的是，说是"来了来了"，却不见来，因为皇上可能随时命令船队停下来，去接见某个候在岸上的国家干部，或者去宠幸某个看起来还顺眼的农家姑娘。因为说不准皇上什么时候来，所有无关人员，谁也不得接近河岸；所有有关人员，谁也不得离开河岸。最难熬的是夜里，运河两岸，三米远就得燃一个火把，每个火把一个人，一举就是一个通宵。长夜漫漫，又饿又累，有些运气不佳的地方，一等就是一个多月，皇上还没到，许多人就趴下起不来了。

泗州就在皇上的必经之路上。汪应轸必须再次面对非同一般的皇上。

两年不见，
汪大人怎么变成这副鬼样子了

来泗州打前站的是宦官钱宁。汪应轸头上捂着厚毛巾，在知府衙门前迎着钱宁，有气无力地说："钱公公别来无恙？"

钱宁皱着眉头说："两年不见，汪大人怎么变成这副鬼样子了？"

汪应轸未回答先咳嗽，咳得上气不接下气，唾沫横飞，挣扎着说："没事，没事。我只是见了钱公公，心里激动，什么毛病，都没有。"

钱宁突然想起，刚才进入泗州地界时，运河上似乎漂浮着几只死鸡，下船后还见过好几个咳嗽不止的人，顿时大惊失色，后退一步，说："汪应轸，泗州是不是暴发瘟疫了？"

汪应轸上前一步，抓住钱宁的手乱摇，又剧烈地咳嗽起来，说："钱公公，千万别多心，我只是伤风罢了，求您千万别在皇上面前说。我还想面见皇上，汇报一下，泗州的工作情况呢。咳咳咳咳！"

钱宁只觉得汪应轸的手滚烫滚烫，他吓得一哆嗦，甩开汪应轸的手，翻身上马，说："汪大人，您不必准备任何接待的东西了，多多准备纤夫就行。"说完，钱宁和随从掉头而去。

第二天夜里，皇家船队抵达泗州，未作停留。汪应轸准备的几千个纤夫，接过纤绳，就埋头猛拉。汪应轸在岸上骑马跟着船队，边走边笑。天亮时分，船队通过泗州。皇上和他的一万多人马，连泗州的水都没有喝一口。

这一切，当然只是汪应轸做的局，运河里的死鸡、路人和他自己的咳嗽，都是做给钱宁看的。汪应轸的手那么滚烫，只因他的袖筒里兜着一只煨红薯，钱宁来之前，他一直握在手里。

朱厚照过了泗州，到了南京，才知道泗州并没有像钱宁报告的那样，瘟疫蔓延。钱宁有苦说不出，只觉得太便宜汪应轸了，就怂恿朱厚照，泗州美女天下闻名，不妨让汪应轸送几个来看看。朱厚照就给汪应轸下旨，送一百名美女来。

汪应轸回奏道："不知道哪里来的谣言，说泗州正流行瘟疫，年轻男女四处逃亡，留在家里的，都是些养蚕、缫丝的老妇，宫里若是需要养蚕人，我马上送来。"

朱厚照没办法，只好让汪应轸暂缓进贡美女。

威武大将军一路游玩，来到南昌，才发现叛乱已平息，宁王已让江西巡抚王守仁抓住了。威武大将军觉得很不过瘾，就让王守仁把宁王放了，他亲自和宁王单挑。宁王当然不是猛男朱厚照的对手，不到三个回合，就让朱厚照生擒了。

平定叛乱，朱厚照心中高兴，逗留江南肆意玩乐。有一天，朱厚照扮作渔民，摇着渔船到江里打鱼，因撒网用力过猛，掉进江中。众人七手八脚把皇上捞上来，他连打几个喷嚏，感冒了。朱厚照这一感冒，就再也没有好，回到北京，又折腾了几个月，就死掉了，时年三十岁。

汪应轸自然就不必为进贡美女发愁了。

◇ ◇ ◇

汪应轸（？-1530？），浙江山阴人。1517年中进士，选为庶吉士。先后任职泗州知州、户科给事中。在江西佥事任上上疏称病回乡，被逮捕查办。汪辩称父母年老，无兄弟侍奉，私自回乡，实为尽孝，被免责。后因父丧回乡丁忧，病逝。事见《明史·汪应轸传》。

海瑞：别和官二代讲道理

少给我摆脸，在我眼里，它还不如烟花巷妓女的屁股

海瑞做浙江淳安知县四年，来往朝廷大员，都绕着淳安走。连权倾天下的严嵩路过淳安，也不敢揩海瑞的油，喝一口水就走。因为大家都知道，海瑞太抠门，平时只吃青菜豆腐，只在母亲过七十大寿的时候，才咬紧牙关买了两斤肉。没人愿意陪海瑞吃青菜豆腐，万一有什么把柄落在海瑞手里，那就更是自找没趣。

兵部尚书兼闽浙总督胡宗宪，八面威风，对海瑞也要敬畏三分。胡大人的小儿子胡柏奇，却是个天不怕地不怕的狠角色。胡公子打着父亲的旗号东游西荡，所到之处，大小官员无不奉迎巴结，让胡柏奇越发不知天高地厚，谁也不放在眼里。

这一年秋天，胡柏奇沿新安江游山玩水，一路顺风来到了淳安。胡柏奇也听说过海瑞是个惹不得的人物，可他想，海瑞再狠也狠不过倭寇吧？如狼似虎的倭寇都被我爸收拾得服服帖帖，一个七品县令，能掀起多大风浪呢。官二代的基本特征是无所畏惧，胡柏奇没怎么犹豫，就带着随从刘三好直奔淳安县衙而去。

胡柏奇来到县衙，看都不看守门衙役董超一眼，昂着头就往县衙里闯。海瑞不信邪，他手下的衙役也不信邪。董超把水火棍一横，拦住胡柏奇，喝道："哪里来的混账东西，竟敢擅闯公堂！"

胡柏奇吼道："睁开你的狗眼看清楚，总督府的人你也敢拦？"

总督府来人公干，董超自然不敢放肆，就问："可有总督府公文？"

官二代横行霸道，仗的是官威，哪有什么公文。胡柏奇指着自己的鼻

子说："好好看看这张脸，这就是公文。"

董超是个愤青，明白来人不过是狗仗人势的哥儿公子，心中愈是不屑，骂道："少给我摆脸，在我眼里，它还不如烟花巷妓女的屁股。"

胡柏奇走遍天下，迎接他的都是官吏油腻腻的笑脸，来到淳安，竟被一个衙役辱骂，气得"嗷"的一声叫，当即要拔剑。随从刘三好的本事是看菜吃饭，他一眼看出董超是个不识趣的二愣子，只怕胡柏奇拔出剑来，未必能占便宜，就赶紧抱住胡柏奇，冲董超讨好地一笑，说："麻烦兄弟通报海知县，兵总尚书闽浙总督胡宗宪胡大人三公子胡柏奇求见。"

对方既已报上名号，董超也不好不给面子，说："我去看看海大人在不在吧？"一边往里走一边嘀咕，"奇怪，胡尚书胡总督能把倭寇打得像乖孙子一般，却怎么调教不好自己的儿子。"声音不大不小，恰好让对方听见。

海瑞正在县衙后院种白菜，董超上前报告说："海大人，胡宗宪胡大人的儿子来了，见不见？"

海瑞用衣袖抹一抹额头上的汗，说："董超你咋如此不懂规矩，来的是胡宗宪的儿子，又不是胡宗宪，你急巴巴跑来报告个啥？"

不想，胡柏奇和刘三好已尾随而至，胡柏奇远远地朝海瑞拱手，说："海大人，你的手下的确不怎么懂规矩，应该好好管教管教了。"

海瑞搓一搓手上的泥巴，说："我不是海瑞，他下乡去了。"

胡柏奇一愣："那你是谁？"

海瑞说："我是给海瑞种菜的。"

胡柏奇不信："我明明听到他叫你海大人。"

海瑞说："你听错了。我叫海达仁。"

胡柏奇还要再说什么，墙角里突然蹿出一条老狗，"汪汪汪"猛扑过来，叼住了胡柏奇的长衫。胡柏奇吓得跳将起来，"吱"的一声，长衫撕烂了。老狗还要撕咬，刘三好赶紧拉着胡柏奇仓皇而去。

老狗还待追赶，海瑞叫一声"黑子"，黑子立即回头，围着海瑞摇头摆尾地邀功。海瑞拍拍老狗的头，笑着对董超说："你看看，你还不如黑子识好歹。"

十两银子买一条嚼不烂的老狗，
我不成傻子了嘛

胡柏奇见海瑞，无非是想弄些"见面礼"，不想先被衙役羞辱，接着又被恶狗欺侮，那海瑞还把他当白痴一般要弄！胡柏奇逃出县衙，咬牙切齿对刘三好说："今晚我要吃那条该死的狗，你无论如何也要给我搞到手。"

"好好好。"刘三好说，"公子这一招阴险……英明，打狗欺主，咱们必须给海瑞一点颜色看看！"

胡柏奇就住在离县衙不远的驿站里，站在驿站二楼，能看到县衙后院。刘三好唤来驿丞，问："买一条狗吃多少钱？"驿丞说："连买狗带加工，一两银子可以了。"刘三好指着县衙后院里正追老鼠玩儿的黑狗，问："我们公子想吃那条狗，多少钱？"

海瑞的狗又老又瘦，按市价值不得二钱银子。驿丞说："那条狗另当别论，公子实在要吃，价钱可以商量。"

驿丞的意思是，那条狗不怎么样，可以便宜一点。刘三好误会了，海瑞的狗非同一般，价钱自然也非同一般，就说："五两银子如何？"

驿丞大吃一惊，伸出右手五指："五两银子？"

胡柏奇也误会了，以为驿丞的意思是："五两银子就想吃海大人的狗？"他放下手中装模作样的书，同时叉出双手十指："十两银子。"

驿丞明白了，这是想跟海大人过不去的傻子，当即拍板："成交。"

两个月前，海瑞的一个诗友路过淳安，在驿站住了两日，消费一两银子。诗友以为海瑞可以公款消费，没买单就走了。驿丞说这一两银子可以从驿站的招待费里出，海大人签个字就行了。海瑞却不签字，说这一两银子他私人买单，可他却出不起一两银子，就跟驿丞说先欠着，等发了俸银再还（俸银半年发一次）。

海瑞并不是那爱狗如命的人，驿丞三言两语，海瑞就痛快地交出黑子，换回了自己一两银子的欠条。

吃着海瑞的老狗，胡柏奇越吃越不是滋味，十两银子买一条嚼不烂的老狗，我不成傻子了嘛！闷在胡柏奇心中的一口恶气愣是出不来，被老狗肉一搅扰，在胸腔里横冲直撞，总想找个出口发泄。刘三好偏不识趣，还以为自己的事儿办得漂亮，一边吃狗肉，一边大赞"好好好"。胡柏奇突然"哗啦"掀翻桌子，大吼一声："好你个头！"

第二天，看着驿丞递过来的账单，胡柏奇的脸黑了。走南闯北，吃吃喝喝，胡柏奇什么时候买过单？来淳安，受了一肚子狗气，吃了一肚子老狗肉，居然还得自己买单，还是莫名其妙的"土豪单"！胡柏奇愤怒了，把账单撕个粉碎，掷在驿丞脸上，吼道："一条老狗十两银子，你怎么不去拦路打劫！"

一条狗赚了九两银子，驿丞为此做了一夜美梦。客人突然翻脸不认账，顿时让驿丞不知所措，结结巴巴："客官，十两银子，可是您自己说的哦。"

胡柏奇耍赖说："我是说，'十两银子，能买下你妈了'！"

驿丞知道自己碰上麻烦了，敢对国家公务员如此嚣张的人，一定来头不小，何况一条老狗十两银子，自己也的确有些不地道。驿丞底气不足，嗫嚅道："客官你不要骂人好不好。"

"区区驿丞，也配我骂？"胡柏奇扬起马鞭，一鞭子抽在驿丞脸上。

众驿卒一看领导挨打，一拥而上："为什么打人？"

刘三好张开双臂护住胡柏奇，高声喊道："我们是闽浙总督府来暗访的，驿丞敲诈勒索，理当受罚，谁敢放肆！"

众人一听对方是总督府的暗探，顿时不敢作声。

有人悄悄溜去县衙，报告海瑞。

每朝每代都需要清官作面子，
海瑞正是大明的面子

海瑞带着董超赶到驿站，胡柏奇还在对驿丞挥舞马鞭抖威风。海瑞上前夺过马鞭，喝道："哪里来的泼皮，敢在淳安撒野！"

胡柏奇"咦"一声，说："你不是种菜的吗，也敢多管闲事？"

海瑞说："对安分守己之人，我是种菜的；对为非作歹之人，我就是淳安县令！"

刘三好抱一抱拳，说："海大人，这是兵部尚书闽浙总督胡宗宪胡大人的三公子胡柏奇，因驿丞敲诈勒索，三公子忍无可忍，故而出手教训。"

海瑞说："分明是你们出尔反尔，怎么倒成驿丞敲诈勒索了？胡宗宪大人乃国家重臣，知书识礼，节俭有度，怎么可能生出这种混账儿子？分明是你们假冒胡大人之名，招摇撞骗！董超，给我绑了！"

胡柏奇尖叫一声："谁敢绑我！"说着就要拔剑。

董超是有功夫的，没等胡柏奇拔出剑来，就一脚把他踢倒，捆了起来。

胡柏奇躺在地上高喊："胡宗宪真的是我爸啊！"

海瑞举起胡柏奇的马鞭，对众驿卒说："你们给我轮流抽他，直到他承认自己是骗子，胡宗宪不是他爸为止。谁先来？"

驿卒个个是愤青，一听海大人下令打那官家公子，人人奋勇当先，一鞭更比一鞭狠，直抽得胡柏奇皮开肉绽，满地打滚，终于喊出了："我是骗子！胡宗宪不是我爸！"

打完了人，海瑞又让董超打开胡柏奇的行李，抄出黄金白银一千多两，都是胡柏奇一路搜刮来的。海瑞下令，黄白之物，统统作为赃物，充入国库。

刘三好不敢多说，连声"好好好"，拉着胡柏奇溜了。

海瑞料定胡宗宪必找自己的麻烦，先给胡大人上书"邀功"：卑职查获一个骗子，假冒胡大人之名，招摇撞骗，已依法严惩，缴获黄金白银若干，已充入国库。骗子行径可恶可耻，有损胡大人英名，还望胡大人明察。

胡宗宪读着海瑞的信，看着儿子哭丧的脸，心中郁闷，却又奈何不得。每朝每代都需要清官作面子，海瑞正是大明的面子，皇上都不能轻易把他怎么样的。

后来，嘉靖皇帝迷信巫婆神汉，在宫中装神弄鬼，海瑞看着很不爽，先给自己备好棺材，再上书怒斥皇上。嘉靖帝气得暴跳如雷，还是拿他没办法，成就了海青天的千古英名。

◇◇◇

　　海瑞（1514-1587），海南琼山（今海口市）人。明朝著名清官，人称"海青天"。历任知县、州判官、户部主事、兵部主事、尚宝丞、两京左右通政、右佥都御史等职。一生恨恶贪官污吏，禁止徇私受贿，深受百姓爱戴。死于南京右都御史任上，死后无钱办理丧事。海瑞无子，灵柩自长江返乡时，两岸身着孝服祭奠哭拜的人百里不绝。事见《明史·海瑞传》。

朱由检：谁陪皇上走末路

通奸通向末路

嘉定伯周奎是崇祯皇帝朱由检的老丈人，天不怕地不怕，就怕老婆周王氏。周府养着一个戏班子，周奎喜欢那小花旦来凤，日思夜念，因为有老婆盯着，他只能私下里眉来眼去，搂抱一二，内心如煎如熬，也不敢进一步放肆。

那一年冬天，周王氏想念苏州的老父老母，想回家过年。周奎自然求之不得，说："应该的，应该的。"周王氏突然板下脸来："你很高兴是吧，你巴不得我一去不回是吧？"

周奎打躬作揖："老婆大人明鉴，你是我掌心里的宝，我一刻也不舍得放下呀。可是，我不能因此剥夺你对父母的思念呀，是不？"

周王氏冷笑一声："少给我花言巧语，你跟我一起回苏州去！"

周奎苦着脸说："皇上正与阉党魏忠贤斗争，形势很复杂，我此时不能离开京城啊。"

周王氏说："你一个算命的，只能糊弄糊涂百姓，知道狗屁国家大事。你是想一个人留在北京花天酒地胡作非为吧？不行，你得跟我回家去。"

周奎很不情愿，却也不得不答应老婆，一起回家。

收拾停当，周奎携周王氏上了马车，正要出发，宫里来了一个太监，手捧黄绢卷轴，说："周奎接旨。"周奎连忙下车跪下。圣旨曰：国事繁忙，请老国丈勿回苏州，留下帮忙。钦此。

圣旨是周奎伪造的，太监是周奎花钱买来的。周王氏不通文理，自然也听不出"圣旨"中狗屁不通的破绽。既然皇上要周奎留在北京，她也无话可说，自个儿回苏州去了。

送走周王氏，周奎哈哈一笑，去了戏班子，青天白日，就抱着来凤入了"洞房"。

周王氏衣锦还乡，享受着四面八方的吹捧，心中却很不踏实：周奎只是一个半桶水的算命先生，虚领一个嘉定伯的衔头，并无任何职权，皇上为什么要他留在北京？周王氏越想越觉得不对头，就打发心腹回京打探，周奎在干什么。

一听周奎正和戏班子的来凤鬼混，周王氏妒火万丈，也不在家过年了，立即起程回北京。

除夕前夜，周王氏赶回了北京家中，一肩膀撞开卧室门，指着床上赤条条的两个男女，怒吼："好啊周奎，你假传圣旨，原来是想留在家里搞破鞋！"

周奎滚下床来，跪行向前，抱着老婆的腿，说："老婆大人，假传圣旨，那是杀头之罪，你千万别张扬呀，老婆！"

周王氏知道轻重，当然不敢张扬假圣旨的事，她捏住这个把柄，只是想严惩周奎搞破鞋。结果，戏班子被解散，来凤被卖进栖凤楼做了妓女。

风停雨住，周奎问周王氏："老婆你咋能回来得那么快呢？"

周王氏说："一路上的驿站免费为我提供了最快的马，我马不停蹄地往家赶的呀！"

周奎恨死了一路上的驿站，奏了一本：驿站专为过往官员办私事开方便之门，实乃腐败根源，必须裁撤。

朱由检是个勤俭节约的皇帝，再三掂量，也觉得驿站太多太浪费，下旨裁撤。被裁撤的驿卒中有个农民工叫李自成，他下岗了没事干，就开始挖掘埋葬大明王朝的坟墓。

有人因此戏称，明朝的灭亡是从通奸开始的。

皇上末路哭穷

李自成起事之初，朱由检并没太在意，几个吃不饱肚子的刁民，能掀起多大风浪呢？铲除阉党，培植亲信，树立权威才是当务之急。待朱由检灭了魏忠贤一党，回过头来，才发现李自成闹出的动静越来越大。朱由检大吃一惊，手忙脚乱调兵征剿，已经晚了，几个回合下来，大半个江山落在李自成手中。与此同时，清军不时南下骚扰，朱由检内忧外患，焦头烂额。

1644年，李自成在西安称帝，挥师东进，一路势如破竹，直抵北京。

朱由检召集满朝文武，商量应敌之策。其实，也没什么好商量的了，明朝军队已基本崩溃，连宫中太监都组织起来，成立了敢死队。现在唯一还能调动的军队，是吴三桂驻扎在山海关的三万精兵。可是，吴三桂他老爸吴襄说："皇上，让我儿带兵回来守北京，没问题。但得有银子才行呀，将士们已三个月不发军饷了，饿着肚子怎么能打仗呢？"

朱由检一声叹息，问："大概需要多少银子？"吴襄说："至少得一百万两。"

朱由检问户部尚书："国库里还有多少银子？"户部尚书说："也就二十来万两了。"

内阁首辅魏藻德说："皇上，先挪用内帑顶一阵吧？"

内帑为皇室专用，主要用于皇后、嫔妃、侍卫及太监宫女开支，因连年出现财政赤字，内帑缩减，朱由检不得不让太监悄悄变卖前朝积攒的珠宝、老山参什么的，以补贴不足。朱由检做皇帝十七年，几乎没过几天丰衣足食的日子，他越想越心酸，落下泪来，抖着破旧龙袍说："内帑入不敷出，朕的龙袍破了都没钱换新的啊！"

后世有人造谣说，朱由检守着金山银山，却舍不得花一百万两银子搬救兵，那是冤枉他了。朱由检是史上最苦逼的皇帝之一，为了社稷江山，他真个是呕心沥血，二十来岁就已经满头白发，但凡有一线希望，他无不竭尽全力，怎么可能吝惜几个黄白之物而葬送大明基业呢？让朱由检切齿痛恨的是，他手下的大小官员都在打着各自的小算盘，尽管他把那该死的混账官员杀了一个又一个，也没能杀出几个不该死不混账的官员来。

现在，大敌当前，皇上需要一百万两银子搬取救兵，拯救国家，国库没钱，皇上自己也没钱。一百万两银子哪里来？朱由检不相信，一百万两

银子就能要了大明王朝的命，大小官员以及太监宫女，他们腰包里多少都有点银子，每人出十两银子，就能给大明一个起死回生的机会！

崇祯皇帝发出了募捐令。

要钱不能客气

司礼太监徐高首先来到嘉定伯周奎府上，说："老皇亲，国家有难，有钱的出钱，有力的出力，皇上让您带个头，给文武百官做个榜样。"

周奎说："朱家江山，也有我周家的一半，老夫义不容辞，自当尽力而为。"说到此处，只听周王氏在内室一声干咳，周奎立刻变了语气，"只是，老夫平生正直，不贪一文不义之财，俸禄仅供日常开销，哪来闲钱忧国忧民呢？"

徐高扫一眼金碧辉煌的周府，说："谁都知道老皇亲您勤俭持家，理财有道，且深明大义，乃顶天立地之大丈夫，挽狂澜于既倒，非老皇亲您莫属啊！"

徐高好说歹说，周奎才咬紧牙关拿出一万两银子。

徐高说："皇上的意思是，老皇亲您至少得拿十万两。"

周奎说："如果我一把老骨头榨出的几两油能卖十万两银子，我会毫不犹豫地把自己贡献给皇上，老夫实在是有心无力了啊！也罢，且看能不能找亲戚借些银两吧。"

周奎找的"亲戚"是朱由检老婆——周皇后，周皇后也觉得父亲太抠门，拿出自己积攒的五千两私房钱，希望父亲再凑五千两，好歹捐个二万两。周奎拿了女儿的五千两银子，却只捐出三千两，悄悄用扣下来的两千两银子买了些古董。

其时，街上有许多摆摊卖古玩字画的官员，卖了银子好捐给皇上。有真卖的，也有假卖的，大家只有一个目的，告诉皇上：我不是贪官，家中的确没银子，但我愿意为皇上倾家荡产。

内阁首辅魏藻德更让朱由检感动得落下了眼泪，他卖掉自己的房子，卖得五百两银子，全部捐了出来。朱由检拍着魏藻德的肩膀，哽咽着说："爱卿，你跟着朕受苦了，大明若有重振山河的那一天，朕一定忘不了你。"魏藻德说："为皇上尽忠，我肝脑涂地，也在所不惜。"

让皇上感动的还有太监宫女，他们收入不多，但几乎都是倾囊而出。

十分遗憾的是，整整三天，朱由检只募集到二十万两银子，加上库存的二十万两，还不到一百万两的一半。吴三桂的兵搬不回来了，就算他们一两银子都不要，立刻回京救驾，也来不及了。李自成开始攻城了。

朱由检带着四十万两银子去慰问守城官兵，现在，他只能指望这些残兵剩勇卖命一搏了。

皇上的队伍经过栖凤楼，有个女子拦驾，呈上一千两银子，说："皇上，这是民女卖身十多年攒下的体己钱，献给皇上去劳军。我身子虽然不干净，但我的忠君爱国之心无愧天地！"

朱由检大恸，说："姑娘，等打完这一仗，朕给你立贞节牌坊！"

姑娘就是十多年前被周王氏卖进青楼的来凤。

朱由检对来凤的许诺来不及兑现了。劳军的第二天，李自成就打进了北京城，朱由检上吊身亡，上吊之前，崇祯帝仰天大叫："君非亡国君，臣乃亡国臣！"

李自成一进北京，就把王公大臣全部抓了起来，要钱。

朱由检要钱，全凭自愿；李自成要钱，不自愿也得给，不给就往死里打。

周奎被拷打出白银七十万两，珠宝无算；卖房捐出五百两银子感动崇祯的魏藻德，也被拷打出白银二十万两，珠宝若干。因为二人不老实，不愿意一次性痛快交银子，交了银子也没能保全性命，二人都被拷打至死。

王公大臣只捐给崇祯二十万两银子，却被李自成拷打出三千七百万两。

李自成的队伍来到栖凤楼时，来凤自缢身亡，身上是十多年前被卖进栖凤楼时穿着的旧裙子。

◇◇◇

朱由检（1611-1644），明朝第十七位皇帝，后世称为崇祯帝。朱由检继位后大力铲除阉党，勤于政事，生活节俭，甚有抱负，只因大明王朝腐朽不堪，回天无力，终成亡国之君。大敌当前，朱由检为搬救兵，向大臣募捐不成，史载其事。来凤其人其事则纯属虚构。

柳如是：嫁人别嫁探花郎

有文化的男人，
最怕被女人认定为俗人

1640 年冬天，李自成的动静越闹越大，大明江山东倒西歪。崇祯皇帝感觉这个冬天特别冷，整天唉声叹气。

万历三十八年（1610）探花、前礼部侍郎钱谦益，两年前在官场斗争中一头栽倒，回到老家常熟。他倒不怎么郁闷，为官半生，他挣下了一份几辈子也花不完的家当，还写得一手好诗，俨然诗坛盟主，日子自然过得逍遥，能把冬天过成春天。这一天，阳光灿烂，暖洋洋照耀着钱谦益的虞山半野堂。白衣书生骑白马，翩然而至，递上拜帖，对看门的仆人说："晚生柳儒士拜见牧斋先生。"钱谦益正在楼上三心二意读闲书，远远地就看见了来人，他一向不怎么喜欢长得单薄还有几分娘娘腔的男人，且又是个没听说过名字的陌生人，只怕又是个自以为是满嘴废话的文学青年，就对来通报的仆人说："不见。"

白衣书生嫣然一笑，留下一首诗，扬长而去。

仆人把书生留下的诗送给钱谦益，是一首洋溢着脂粉味儿的诗："垂杨小宛绣帘东，莺花残枝蝶趁风。最是西泠寒食路，桃花得气美人中。"钱谦益一读之下，兴奋不已，对仆人说："快与老夫备马。快！"

这首诗里藏着探花郎钱谦益的一段快乐时光，前年他丢官之后，曾在杭州盘桓数日，与"秦淮八艳"之一的柳如是匆匆一聚，余韵袅袅，两年不绝。其时，柳如是人面桃花相映红，信手写下了这首诗，钱谦益赞不绝口，惹得美人心花怒放、芳心暗许，竟然找上门来了。柳儒士当然就是柳如是，怪不得透着一股按捺不住的风情。

钱谦益时年五十八岁，虽然雄心犹在，到底有点力不从心，待跑马追上柳如是，已是气喘吁吁，胡子抖了又抖，却说不出话来，只是拱手致歉。

柳如是仍然装作柳儒士，操着男人腔，说："晚生没进钱府的门，未曾偷任何东西，牧斋先生何以苦苦相追？"

钱谦益缓过气来，即刻进入打情骂俏的角色，说："两年前你就偷了老夫一颗多愁善感心，一段刻骨相思情，至今未还，还敢说未曾偷任何东西？"

柳如是"哼"一声，回归女儿态，说："还是那么油嘴滑舌老不正经，你说得好听，为何一去两年无消息？"

钱谦益说："老夫也想与柳姑娘旧梦重温来着，只是，你身边来来往往的尽是高富帅，老夫只怕自己一不小心，掉进醋罐子淹死呀。"

柳如是垂下眼帘，一声叹息，说："原来钱牧斋也是个俗人。我若是贪恋高富帅之人，巴巴地跑来这山野之地做什么？"

有文化的男人，最怕被女人认定为俗人。钱谦益急了，如何才能证明自己不是个俗人呢？

柳如是在半野堂吟风弄月、谈情说爱半个多月，待要走时，钱谦益说："且慢说走，老夫有一件礼物要送给你。"

钱谦益送给柳如是的礼物，是用十多天时间赶造出来的一幢楼，名曰"我闻楼"。

柳如是又惊又喜，口里却不认账，说："咄，本姑娘不是'如是我闻'的如是，乃是辛稼轩'我见青山多妩媚，料青山见我应如是'的如是。真正俗不可耐呀老夫子！"

探花郎钱谦益哈哈大笑："要俗咱就俗到底！"

最让女人动心的恰好是俗不可耐。柳如是不走了，在"我闻楼"住了下来。

有文化的男人爱玩风流，
更爱玩政治

在大明王朝内外交困、崇祯皇帝焦头烂额的日子里，钱谦益春风得意，与艳名四播的秦淮名妓柳如是开始了一场风花雪月的事。他们游山玩水，一路香艳，缠绵悱恻之际，柳如是问了钱谦益一个恋人间最常见的问题："你到底爱我什么？"钱谦益回答说："我爱你白的面黑的发。"接着又反问柳如是"你爱我什么呢？"柳如是狡黠地格格一笑，说："我爱你白的发黑的面。"这一来一往的恋人问答，成了爱情故事的经典桥段。

老鳏夫钱谦益对柳如是怎么爱也爱不完，那一把冬天里的火，烧到第二年夏天，依然烧得轰轰烈烈，钱谦益就决定把二十三岁的柳如是娶回家来。

没有人看好这一对合计年龄八十二岁的神仙眷侣，钱谦益虽然失意官场，却仍然是有身份的文坛领袖，他和欢场女子闹点荒唐事，人们可以一笑置之，他要把妓女当正室夫人明媒正娶，则有辱斯文有失体统了。柳如是的粉丝也是愤愤不平，贪污分子钱谦益，仗着几个不干不净的钱，就独占如花似玉的玲珑才女柳如是，天理何在！

当喜气洋洋的婚船驶过来，两岸看热闹的人大喝倒彩，突然，砖头、瓦片不约而同地向船上扔去。仆人张三张开双臂，左遮右挡，掩护柳如是躲进船舱。钱谦益动作慢了半拍，头上中了一颗石子，突起好大一个包。

国难当头，独自偷欢的人难免要吃点苦头。钱谦益知道众怒难犯，就舍弃装饰一新的洞房，让婚船顺流而下，直接旅行去了。

钱谦益和柳如是激情燃烧的岁月，正是大明王朝垂死挣扎之时。1644年3月，当钱柳的激情消退，开始油米柴盐的日常生活时，李自成攻陷北京，崇祯皇帝上吊身亡，大明江山崩溃。随后，清兵入关，一路扫荡李自成和明朝余勇。天下大乱。

乱世出英雄。有文化的男人爱玩风流，更爱玩政治，钱谦益觉得自己东山再起的时候到了。此时，福王朱由崧在马士英、阮大铖等人扶持下，于南京登基，史称南明。柳如是对草草登场的南明王朝没什么好感，她认得那阮大铖，当年她红极秦淮河时，阮大铖是老熟客，刁钻酸溜还抠门，柳如是很是鄙视。钱谦益一听阮大铖是柳如是老友，心中大喜，央求柳如是走走阮大铖的后门。柳如是不怎么愿意，说："我宁愿陪伴夫君，过寻常百姓的小日子，官场太脏，咱们何必自寻没趣？"钱谦益说得慷慨激昂："国家兴亡，好男儿自当效犬马之力，为国尽忠，国家就像老婆，假如老婆你有难，老夫我要是甩手不管，那我就是遗臭万年的畜生呀老婆！"

国家如老婆的比喻，打动了柳如是，她答应陪阮大铖喝几杯酒。

为人之妻的柳如是，比风月场上更多了几分别具一格的妩媚，三杯酒就喝得阮大铖飘飘然呵呵傻笑。

拽着老婆的裙带，钱谦益重返政坛，官升一级，做了南明小朝廷的礼部尚书，虽然不能呼风唤雨，却也能钩心斗角了。

张是柳的命，柳是我的命

与钱谦益齐名的江左才子龚鼎孳，官拜兵部给事中。李自成打进北京，崇祯帝吊死煤山，明朝旧臣多有以死殉国者，龚鼎孳带着爱妾顾横波躲在一枯井中，被搜出来后，俯首受降，做了李自成的直指使，巡视北京城。每遇旧时同事，即再三申明，他与爱妾顾横波本来是要投井殉国的，无奈运气不好，投的是一口枯井；他想再找一口有水的井重新投过，却被爱妾死死拉住；大丈夫不能伤女人的心，他只好将错就错了。清军入关，龚鼎孳再次投降，名列《贰臣传》。

和龚鼎孳相比，钱谦益的遭遇更具有戏剧性。1645年春天，朱由崧的龙椅还没坐热，辫子军就呼啸而至，包围了南京城。抵抗是毫无意义的，破城只在旦夕之间，朱由崧弃城而逃，城中军民人心惶惶。钱谦益翻来覆去睡不着，柳如是抚弄着钱谦益的花发，说："夫君，城破之时，定然玉石俱焚，我们与其受辱，不如以身殉国。"

钱谦益一愣，说："老夫年逾花甲，死则死耳；贤妻你才二十几岁，风华正茂，不可轻言以身殉国。"

柳如是一笑，说："死在花样年华，是女人的运气；与忠烈夫君一起殉国，更是为妻的福气。"

柳如是视死如归的气概让钱谦益激动起来，与柳如是携手来到后院的湖边，相约投湖殉国。

夜深人静，残月如生锈的弯刀。夫妻俩说完黄泉路上如何如何、来世又如何如何的话，钱谦益大步走到湖边，正要一跃而下，却又蹲下身来，试了试湖水，说："贤妻，水太凉，要不，我们改日再来吧。"

柳如是说："湖水再冷也不如人间冷。夫君，为妻先走一步了。"说完，柳如是"咚"的一声，跳进湖中。

探花郎钱谦益手忙脚乱，高声呼救："来人啊！救命啊！"

一个黑影飞奔而至，投身湖中，把柳如是捞了上来。黑影是当年为柳如是挡砖头瓦片的仆人张三。

"妾不准"和"水太凉"，成了《贰臣传》上的经典笑话。

后来，钱谦益声称头皮发痒，剃掉头发，去北京做了清朝的礼部侍郎。

柳如是懒得去北京，留在虞山"我闻楼"看花开花落。无意之间，柳如是发现，那两次为她挺身而出的仆人张三，才是天下最有情有义的人。张三本是一穷酸书生，偶然读到柳如是的诗，看到柳如是的人，就有了痴心妄想，可怜囊中羞涩，连柳如是的门都进不得。得知柳如是要嫁给诗坛大佬钱谦益，张三黯然神伤，卖身至钱府为奴。既然此生无缘一亲美人芳泽，能为她做牛做马，也好。

张三的故事把柳如是感动得稀里哗啦，千言万语，不如以身相许，柳如是又一次坠入爱河。

钱谦益的儿子察觉柳如是与张三有异，时刻留心，终于把柳如是和张三拿了双，将张三送进官府，要置张三于死地。钱谦益得知消息，官也不做了，急巴巴从北京跑了回来，狠巴巴对儿子说："张是柳的命，柳是我的命，你要张的命就是要柳的命，要柳的命就是要我的命。赶紧让人把张三放了！"

探花郎钱谦益本来已丢光了老脸，这一番话说得倒是有趣，让他挽回了一点点面子。从此以后，柳如是死心塌地，陪伴钱谦益，直到他老死在床上。

◇◇◇

柳如是（1618-1664），本名杨爱，因爱慕辛弃疾的"我见青山多妩媚，料青山见我应如是"之句，自号如是。身世不明，幼年被卖至吴江为婢，十岁堕入青楼，二十三岁嫁与钱谦益为侧室。1664年，钱谦益去世后，为保证钱的家产不被其家族成员瓜分，柳如是自缢身亡。后世关于柳如是的著述甚多，以陈寅恪《柳如是别传》最负盛名。

顾炎武：
国破忠臣在

爱国志士的热血，
不过是为大明送葬的祭品

顺治二年（1645）五月，清兵攻陷南京，摧毁弘光南明小朝廷，横扫江南。七月初九，血洗昆山，四万平民惨遭屠戮。七月十八，攻占常熟，尸横遍野，喂肥了所有的野狗。

大明江山支离破碎，每一个角落都人心惶惶。在偏远的语濂径，一个世外桃源般的庄园里，王氏老太太也嗅到了空气中弥漫的血腥味。老太太知道大明没救了，她决定绝食，趁清兵未到之前，干干净净饿死在明朝的土地上。无论家人如何劝导，老太太只是不言不语、不吃不喝，十五天后，老太太弥留之际，拉着儿子的手，说："我虽妇人，身受国恩，与国俱亡，义也。汝无为异国臣子，无负世世国恩，无忘先祖遗训，则吾可以瞑目于地下矣。"

老太太的儿子叫顾炎武，明末清初一代大儒。有些人可能不知道他在中国思想史上有着怎样的影响，但一定知道他说过的八个字："国家兴亡，匹夫有责。"

明朝让老顾家发了财，具体到顾炎武，倒并没施给他什么特殊的恩惠。顾炎武十四岁考取秀才之后，又考了十多年，直考得心灰意冷，也没能扬眉吐气更上一层楼。顾炎武因此对科举制度深恶痛绝，大骂八股文如同"焚书坑儒"一般可怕，害惨了天下读书人。顾炎武三十岁那年，老顾家捐了一笔钱，给他买了一张国子监的入学通知书。那国子监如同现在的中央党校，从那里读完书出来，就能跻身官场，指点江山。很没趣的是，顾炎武刚参加完开学典礼，大明王朝就崩盘了。

明朝遗老遗少，有人尽忠报国，死而后已；有人见风使舵，继续风光。

见风使舵者多为政府官员，他们尝到了做官的甜头，想一辈子做官，就不惜卖身求荣。此等人现在叫"汉奸"，那时候叫"贰臣"。大清江山稳固以后，乾隆帝皮笑肉不笑，下旨编了一部《贰臣传》，收录著名贰臣一百五十七人，入选《贰臣传》者，十八代子孙都抬不起头来。

愤青顾炎武，匹夫顾炎武，却成了抗清志士。

在昆山县令杨永言的推荐下，顾炎武被南明弘光小朝廷任命为兵部司务。顾炎武雄心勃勃奔赴南京上任。悲摧的是，兵部司务顾炎武还没赶到南京，清兵就攻陷了南京。顾炎武只好就近参加抗清义军，保家卫国。

无奈大明气数已尽，爱国志士的热血，不过是为大明送葬的祭品。清兵很快就打到了顾炎武的老家昆山，杀了顾炎武的两个弟弟，又砍断了顾炎武生母的右臂。

绝食殉国的是顾炎武的嗣母（顾炎武自小被过继给堂伯顾同吉为嗣）。嗣母殉国，生母重伤，兄弟横死，铸就了顾炎武的家仇国恨，他注定和清人死扛到底。只是，大势已去，无论顾炎武们明刀明枪还是暗里折腾，大明王朝还是咽下了最后一口气。清朝辫子兵，牵引中国走进了新的时代。

有朝一日做主子，
这是每一个仆人的梦想

当顾炎武上蹿下跳，图谋重振大明河山之时，有人却在图谋他的财产。昆山有个大户叫叶方恒，年纪和顾炎武差不多，也是个读书人，中过明朝的举人，后来还中过清朝的进士；叶方恒为人做官，都有好名声，却因为田产买卖纠纷，一直和顾炎武过不去，明争暗斗十多年。

顾家有个老仆人叫陆恩，眼见顾家一天天没落，肉都不能随便吃了，就有心投靠叶方恒，在叶方恒面前说顾炎武的长短，说他多年来就没干过啥正经事儿，一直在暗中筹划反清复明的事儿，完全是瞎胡闹。

　　叶方恒听得目瞪口呆，说："这话可胡说不得，顾炎武要是真在干那种事儿，他老顾家可是要灭九族的！"

　　陆恩赌咒发誓，说："千真万确，我要说半句假话，天打雷劈！"

　　叶方恒说："口说无凭，你必须有顾炎武谋反的铁证，才能让他好看，不然，他反咬你一口，你就麻烦了。"

　　陆恩说："要证据也很简单，他和那些人常有书信往来，书信就锁在他书房的一个柜子里，我什么时候偷出来就是。"

　　叶方恒"呵呵"笑起来，说："你要能偷得那些书信出来，我保证让你做主子，他做仆人。"

　　有朝一日做主子，这是每一个仆人的梦想。陆恩当即决定，试一试。

　　顾炎武长年在外奔波，难得回家。顺治十二年（1655）春天，陆恩偷书信的那天晚上，顾炎武偏偏回来了，正好看见陆恩神色慌张地从书房溜出来。书房中已没什么值钱的宝贝，顾炎武以为陆恩只是偷几件小摆设去换点零花钱，并没有太在意。陆恩却扑通跪倒在地，磕头不已："老爷，老爷，我该死，这都是那叶方恒挑唆我干的！"

　　顾炎武一惊："叶方恒？"

　　陆恩从怀里掏出偷得的书信，说："叶方恒让我陷害老爷。"

　　与顾炎武一起回来的还有几个志同道合的反清斗士，一见陆恩掏出来的居然是性命攸关的书信，顿时大惊失色。陆恩看到了不该看的东西，他必须永远闭口！无需顾炎武吩咐，反清斗士就扼住了陆恩的喉咙。

　　顾家对外宣称，陆恩暴病身亡。陆家将信将疑。叶方恒坚决不信。

　　叶方恒联合陆恩的女婿，把顾炎武请到家中理论。叶方恒开门见山："老顾，你我都知道，陆恩是怎么死的，又是为什么而死的。我们也不报官了，自己解决吧。两条路，由你选择：第一，你拿出全部家产，算是买下陆恩的命；第二，你自裁为陆恩抵命！"

　　顾炎武知道叶方恒并没有抓住自己反清的把柄，而且，叶方恒虽然处处和自己过不去，却还是有一点书生意气，即使掌握了自己反清的证据，未必会用来报私仇。毕竟，这涉及大是大非的人格问题，每一个读书人都

得掂量掂量。摸准了叶方恒的脉，顾炎武说："我们还是痛快点，报官吧，或坐牢，或杀头，我都认。"

"你想痛快是吧？"叶方恒"嘿嘿"一笑，"我偏不让你痛快！"

七十老翁何所求？正欠一死！
若必相逼，则以身殉之矣

顾炎武私杀家奴、被叶方恒揪住软禁的消息，不胫而走，传遍了江南士林。一些有身份的文人绅士，穿梭般来到叶府游说，让叶方恒放顾炎武一把。叶方恒谁的面子都不给，也不要顾炎武的万贯家财了，一口咬定，正义必须伸张，顾炎武必须偿命！

顾炎武有个与他并肩反清的战友叫归庄，他想组织一帮反清力量，杀进叶府，强行"劫狱"。反清力量日渐式微，已不大可能撼动清朝根基，要荡平叶府，倒是易如反掌。顾炎武却坚决反对：既然叶方恒未以我反清相挟，我们就不能动用反清力量来打击他，免得落个仗势欺人的口实。

左右腾挪，归庄终于把顾炎武的案子弄到了松江府，只求公事公办，得到公平公正的判决。

只是，自古至今，打官司其实就是打关系，没人疏通关系，公平公正就只是一个梦。归庄想来想去，想到了文坛大佬钱谦益。钱做过明朝的礼部侍郎，也做过清朝的礼部侍郎，且写得一手好诗，是个举足轻重的人物，只要搬出他来，定能大事化小，小事化了。

此时，钱谦益正与爱妻柳如是隐居在老家常熟，归庄找上门去，钱谦益倒是乐意帮忙，"只是……"钱谦益捋着胡须说，"炎武与我非亲非故，我不好说话呀。他若拜我做老师，这关系疏通起来，才能顺理成章。"

钱谦益是诗坛老大，能做他的门生很有面子，何况，救人要紧，归庄当即替顾炎武答应下来，递上了门生帖。钱谦益呵呵直乐，说："炎武之事，包在老夫身上。"

顾炎武一听归庄替自己向钱谦益递了门生帖，急得在牢房里直跳，咆哮："我就是一头撞死在这牢房里，也不能拜那老东西做老师，赶紧把门生帖收回来！"

钱谦益虽然写得一手好诗，却没什么骨气，他和爱妻柳如是相约投湖殉国，来到湖边，却因为"水太凉"退了回来，摇身一变，成了清朝的官，入了《贰臣传》。做这等人的门生，让他来搭救自己，顾炎武宁愿立刻死去！

顾炎武让人去找钱谦益收回门生帖，钱谦益却怎么也不给，说："说出去的话，就像泼出去的水，如何收回去？我一定会对炎武负责的。"

顾炎武最怕钱谦益出面来搭救自己，不明不白落个骂名，只恨自己身陷囹圄，不能亲自前往钱府，揪住钱谦益的胡子，索回门生帖。顾炎武在牢房里转了一圈又一圈，写了许多大字报，申明自己与钱谦益没有任何关系，所作所为，无需钱谦益干涉。然后，让人把大字报贴满大街小巷，还特意贴了一张在钱谦益的大门上。

钱谦益老脸红了又红，叹息道："唉，炎武真是个急性子。"

如此这般一闹腾，士林内外，无不对顾炎武刮目相看，一些比钱谦益更有身份的人，也愿意帮顾炎武一把了。最后，顾炎武只因误杀有罪家仆，关了一年，就放了出来。

叶方恒很不甘心，在顾炎武出狱那一天，竟雇请杀手，要置顾炎武于死地。好在，那杀手敬顾炎武是个有血性的爷们，手下留情，只轻伤顾炎武，提了个醒，就呼啸而去。

顾炎武无心纠缠于个人恩怨之中，乃变卖家产，从此浪迹江湖，著书立说，终成一代宗师。

后来，康熙钦点顾炎武入朝，担纲编撰《明史》。顾炎武再三拒绝，说："七十老翁何所求？正欠一死！若必相逼，则以身殉之矣！"

不怕死的硬骨头，皇上也没办法，只好任由顾炎武笑傲天下、胡说八道。

◇◇◇

　　顾炎武（1613-1682），昆山人，杰出的思想家、经学家、史地学家和音韵学家，与黄宗羲、王夫之并称为明末清初"三大儒"。清兵入关后，顾炎武积极参与反清斗争，事败后专心著述，拒绝出山为清廷效力。1682年正月，顾炎武访友时失足落马，伤重身亡。顾炎武传世著作甚多，《日知录》为其代表作。

查伊璜、吴六奇：慷慨无绝路

只要你舍得卖力，
你一定会有吃不完的馒头

　　海宁查伊璜读破万卷书，读到三十三岁，考中了举人。贺喜之人络绎而来，查伊璜只觉得待在家里嘻嘻哈哈迎来送往，很没劲，就带了个书童，悄悄出门去散心。

　　离家不远有一座名山，名山里有一座名刹，查伊璜从不相信"佛法无边"，也就从没进过那寺院。这一天，却信步走了进去，想看看庙里的对联做得是不是有文化，字儿写得是不是有底气。和尚见来了个举人，眉开眼笑，敲木鱼都半眯着眼睛，看查伊璜往功德箱里随喜多少银子。查伊璜见和尚紧盯着书童背着的钱袋子，微微一笑，让书童取出一两银子来，"咕咚"一声丢进功德箱里。和尚见只是一两银子，还不知道成色如何，就把嘴里的"阿弥陀佛"咽了回去，木鱼敲得都没先前响了。查伊璜也不理会，转了一圈，没看到什么有趣的文字，就走出寺院，随便看看。

　　此正是春暖花开时节，漫山遍野生机勃勃，查伊璜心中却甚是萧瑟。内有闯贼折腾，外有清兵觊觎，大明江山正日渐没落，查伊璜哪有兴致游山玩水。正无情无绪在寺院后山徘徊，查伊璜看见一口废弃的大钟，扣在草地上。这锈迹斑斑的大钟，有一个耳环特别光滑，应该是被人摩挲而成，再看大钟边缘，也未被泥沙野草湮没，很明显，这大钟常常被掀起来。掀起来做什么呢？应该是藏东西。谁在这大钟下面藏什么呢？查伊璜好奇心顿起，和书童合力抓住耳环，想把钟掀起来看看，大钟却纹丝不动。查伊璜越发好奇，吩咐书童，找几个壮汉来，掀开钟看看，里面到底藏着啥宝贝。

　　书童很快找来四个壮汉，查伊璜说："我出一两银子，请你们掀开钟

来给我看看。"

崇祯年间的一两银子，相当于现在的五六百元人民币。举手之劳，就能得一两银子，壮汉们自然十分乐意，没想到，四个人齐心协力，直憋得脸红脖子粗，大钟兀自一动不动。四个人舍不得那一两银子，还待继续努力，查伊璜只怕谁不小心闪了腰，赶紧掏出一两银子来，打发他们走了。

黄昏时分，来了一个衣衫褴褛的小乞丐，他把手里的一盆馒头放在大钟旁边，半弯着腰，左手抓住耳环抬起大钟，右手一个接一个往里放馒头。那轻松自如的样子，就像是打开冰箱门往里装鸡蛋。

那乞丐看起来也就十五六岁的样子，竟能轻松掀开四个壮汉都不能撼动的大钟，查伊璜不由得击掌赞叹："好一个神勇少年！"

只剩最后一个馒头没放进大钟底下了，小乞丐放下大钟，咬一口馒头，说："先生休要取笑，一介乞丐，哪里配得上神勇二字。"

查伊璜说："你浑身是劲，随便找个活干都能糊口，何需乞讨？"

"我吃得太多，没人敢请我。"小乞丐羞赧一笑，一口吃掉剩下的大半个馒头，"像这种大馒头，寻常人两个就能吃饱，我呢，能吃十多个吧。"

查伊璜向书童要来钱袋子，掂一掂，约有五十来两，他把钱袋子塞在小乞丐手中，说："小弟兄，拿上这点盘缠，你投军去吧，把一身好力气卖给皇上，只要你舍得卖力，你一定会有吃不完的馒头。"

暴得横财和美人，
不兴奋而死，也要累死

十多年后，清兵打进山海关，横扫大明江山。查伊璜跟随鲁王朱以海，在绍兴树起抗清大旗，试图力挽狂澜。无奈明朝已从根基上腐朽，不是书生意气可以回天的，不久，清军攻陷绍兴，查伊璜化名逃亡。

在查伊璜四处漂泊的时候，清朝统治日渐稳固，大明只若隐若现存于遗老遗少的心中。清朝政府对曾经的反清义士倒也不怎么认真追究，只要你剃了头发，表示归顺，就可以安居乐业；前朝的举人进士，写一份愿意为新主子效劳的决心书，甚至可以继续当公务员作威作福。查伊璜无心当官，只想奋笔著史，让后人记住，他们的皇上姓朱，而不是什么爱新觉罗。为了搜集史料，查伊璜游历四方。

这一天，查伊璜游历到广东，在客栈登记住宿时，想想自己跟随鲁王抗清的事儿已过去多年，应该没什么事儿了，就如实报上名号：海宁查伊璜。

一夜无事。

第二天早上，查伊璜刚醒来，就有人敲门。查伊璜打开门，见是两个军士和一个将军，心中一怔，查伊璜到底落网了。

将军抱拳道："足下可是海宁查伊璜？"

查伊璜知道躲不过去了，坦然道："正是。"

将军道："在下潮州总兵吴六奇，二十年前，与先生有过一面之缘。昨夜巡查，偶然得知先生住在此店，本想立刻拜访，又怕半夜三更，惊扰先生，我就住在先生隔壁，听到您起来了，才敢来敲门。"

查伊璜的熟人中，没有叫吴六奇的人，更想不起二十年前如何见过此人，就说："恕老夫眼拙，实在想不起足下是谁了。"

吴六奇道："先生您且随我来，我慢慢为您道来。"

吴六奇把查伊璜扶上自己的坐骑，自己手牵缰绳在前引导。

查伊璜看吴六奇如此恭敬，放下心来，不管这吴六奇是谁，起码，他应该没有恶意。

吴六奇把查伊璜带到一处深宅大院，扶到中堂太师椅上坐好，倒头便拜，口称："恩师，且受弟子一拜！"

查伊璜越发糊涂，自己不懂武艺，怎么会教出来一个将军学生？

吴六奇说："恩师，我就是您二十年前点化过的那个小乞丐。"

小乞丐在大钟底下藏馒头的事儿，查伊璜倒是清楚记得，既然是那小乞丐，查伊璜就无所顾忌了，他长"哦"一声，直言道："我当初让你去当明朝的兵，你怎么做了清朝的总兵？"

吴六奇愣了一愣，满面羞惭，说："我本来是明朝的总兵，怎奈明朝气数已尽，我抵抗下去，无济于事，只是涂炭生灵而已。为了一方百姓平安，我就放弃抵抗，做了清朝的总兵。"

原来是明朝降将，查伊璜呵呵一笑，说："当谁的总兵无所谓，不鱼肉百姓就好。"

吴六奇也是呵呵一笑，绕过尴尬话题，只管好吃好喝地款待查伊璜。

查伊璜在吴六奇府上住了几日，秀才遇到兵，到底没多少共同语言，他就想告辞。

吴六奇捧上一本账簿，说："这几天，我盘点了家当，金银财宝，牛马房屋，全记在这账簿上了。没有恩师您的资助和点化，我可能还在做乞丐，所以，我的家当，包括我的妻妾丫环，理应有您的一半，请恩师不要推辞。"

查伊璜当然要推辞，他说："老夫习惯了平淡日子，暴得横财和美人，不兴奋而死，也要累死，吴将军你就饶了老夫一条老命吧。"

吴六奇急了，"咚"地跪下，说："恩师您要是不接受，我就跪死在这里。"

查伊璜也急了，也跪倒在地，说："吴将军你若是强迫我接受，我就跪死在这里。"

再三拉扯，也没什么意思，查伊璜就取了五十两银子，说："吴六奇所借银两已偿还，各人不得再提。"

自己骨子里是个反清逆贼，死则死耳

湖州南浔有个富豪叫庄子襄，喜欢读书著史，正当英年，却双目失明了。庄子襄想起眼盲著《左传》的左丘明，心潮澎湃：我要写一部《明史》！明天启年间的大学士朱国祯，也是南浔人，写过一部《明史辑略》，只是缺崇祯朝和南明史事。庄子襄从朱国祯后人手里高价买来《明史辑略》原稿，以千字三十两银子的高稿酬招募写手，增删一番，于顺治十二年续完全书。书成之后，庄子襄没等书刻印出版，即怆然病逝。五年后，庄父庄允诚为怀念早逝的儿子，将《明史辑略》出版了。

那时候出书，也和现在一样讲究名人效应，《明史辑略》校订者署有十八位江南才子的名字，其中就有查伊璜。《明史辑略》编撰粗糙，查伊璜不敢"掠美"，赶紧向主管文化教育的湖州学道申明，自己与此书和庄子襄没有任何关系。

查伊璜无论如何也没想到，自己看不上眼的一部书，会震惊朝野，最终酿成中国历史上最惨烈的文字狱。

《明史辑略》没太大学术价值，却充斥敏感字符，如直呼清太祖努尔哈赤为"奴酋"，称清兵为"奴兵""奴贼"。顺治十八年（1661），归安知县吴之荣向湖州知府告发，《明史辑略》乃大逆不道之书。知府收了庄允诚贿赂的几千两银子，本想压下不报，无奈吴之荣越级上告，事情越闹越大，终至不可收拾。其时，已是康熙年间，明朝灭亡已近二十年，以文人墨客为首的一干遗民，仍在怀念朱家王朝，不时胡言乱语，辅政大臣鳌拜早就想给无聊文人一点颜色看看了，遂下令严厉查处。

结果，与《明史辑略》有关的人员，包括借光署名者、刻板者、卖书者、藏书者等一千多号人，一个也没放过：十四人被凌迟处死，七十多人被斩首，其余各人或监禁或流放，各有各的不幸。查伊璜知道自己有点冤，却也坦然接受了，自己骨子里是个反清逆贼，死则死耳。

临刑之际，查伊璜却被无罪释放了。

查伊璜觉得，应该是他此前给湖州学道写的申明书让自己死里逃生的；天下读书人更传言，查伊璜给学道写的是告密信，让查伊璜郁闷了好久。

其实，把查伊璜从鬼门关救出来的是潮州总兵吴六奇。吴总兵倾家荡产，四处打点，用金子银子为查伊璜铺就了一条生路。

◇◇◇

查继佐（1601-1676），字伊璜，浙江海宁人。崇祯六年举人。南明鲁王时，曾任兵部职方主事，积极抗清。

吴六奇（1607-1665），梅州客家人。嗜酒好赌，浪迹粤闽江浙，经查伊璜资助后从军发迹，成为南明总兵，后降清。查伊璜曾著文否认自己与吴六奇的交往，但民间宁信其有。金庸在《鹿鼎记》中关于查伊璜和吴六奇的描写，更让他们的传奇故事深入人心。

于成龙：唱支山歌给清官听

于某不求温饱，但求无愧天理良心

崇祯十二年，二十三岁的于成龙中得副榜贡生，进入候补官员行列。可惜，于成龙运气太差，等了四年，等到崇祯皇帝上吊而死，大明江山崩溃了，他还没等到做官的机会。作为前朝遗民，于成龙屈居山西老家，低眉顺眼过了十多年。直到四十四岁那一年，才被选拔去广西罗城做县令。

罗城乃蛮荒之地，新近才归顺大清王朝，民风彪悍，朝廷先后派去两个县令，一个被打死，一个负伤而逃。想做官的人很多，但一听去罗城做官，都不免头皮发麻。于成龙之前，已有多人知难而退，这石头馅饼才"嘎嘣"落到成龙面前。亲朋好友都劝于成龙，此去罗城前途渺茫，凶多吉少，还是不去为妙。于成龙说："于某不求温饱，但求无愧天理良心。"毅然抛妻别子，领命南下。

于成龙带领五个随从，跋山涉水来到罗城。果然是凶险之地，但见城墙坍塌，街上野狗比人多，老鼠招摇过市，也无人喊打。茅草盖的县衙东倒西歪，显然不能住人了，于成龙只好偕随从走进关帝庙。

关帝庙里住着一个算命的盲大叔，正在数钱，听见有人进来，赶紧将钱袋子掖在屁股底下，把盲杖摸在手里，问道："来者何人？"

尽管盲大叔看不见，于成龙依然堆出满脸笑容，说："大叔，我是罗城新任县令于成龙，因县衙破败，欲借关帝庙栖身。"

盲大叔"哎呀"一声，说："万万不可，关帝庙乃山中强人来往歇脚之处，罗城县令要是被他们碰上，只怕很麻烦。"

"没关系，我不怕麻烦。"于成龙放下行李，"我正要找他们的麻烦。"

当夜，于成龙一行宿在关帝庙里。罗城县令于成龙躺在周仓塑像后面的稻草堆里，在老鼠的嬉闹声里，兴致勃勃地和盲大叔聊了大半夜。

于成龙出身士绅人家，过惯了丰衣足食的日子，上任县令的第一夜，就能坦然睡在破庙的稻草堆里，还能有什么过不去的坎呢？

跟随于成龙来到罗城的五个随从，本以为和县太爷在一起，能像公务员一般占尽百般风光，不料，竟栖身破庙，吃糠咽菜，对盗贼必须像秋风扫落叶，对百姓必须如春日暖洋洋。不到半年，便心灰意冷，溜走了四个。

于成龙在罗城待了六年多，大胆剿匪，小心抚民，很快就稳定了罗城局势，人民安居乐业，一派欣欣向荣气象。因政绩斐然，于成龙被两广总督举荐为"卓异"（优秀干部），升任四川合州知州。

罗城人民像许多中国人民一样，怕官仇官，对于成龙却另眼相看，知道他要走，百般不舍，纷纷送钱送物，表示心意。于成龙坚持一贯原则，百姓财物，一文不取。罗城人民有情有义，夹道相送，一路给于成龙唱山歌。

关帝庙里的盲大叔，此时已是于成龙的老朋友，他一眼"看"出了于成龙的尴尬，于成龙的俸禄，仅够日常开销，他主仆二人此去四川，只怕连盘缠都不够。盲大叔就跟在于成龙主仆身后，说："于大人，瞎子我也想去四川'看看'，我们就结伴而行吧。"

于成龙靠盲大叔一路为人算命赚几个钱，从广西走到了四川。于成龙感激不尽，要奉养盲大叔的后半生，盲大叔说："清官不可欠人情。"

到合州的第二天，盲大叔无病无痛，含笑而逝。

他用命在和自己赌博，
赌一个清官在盗匪心中有多重

康熙十三年，三藩之乱起，战火烧至湖南，岳州告急。其时，于成龙是武昌代理知府，奉命建造浮桥，供大军通行，驰援岳州。不料，山洪暴发，冲垮浮桥，于成龙被当场撤职。

于成龙的失职罪还没有得到进一步查办，黄州乱了，麻城人刘君孚伙

同黄州人黄金龙，呼啸山林，兴风作浪。官军前往清剿，居然一再败北。湖广巡抚慌了，想起被撤职的于成龙曾任职黄州，且剿匪有功，当即令他速往黄州剿匪，戴罪立功。

于成龙在黄州做过同知，多次化装成小贩、乞丐，深入匪穴，对黄州盗匪情形了然于胸。此次的清剿对象之一刘君孚，曾在于成龙手下当差，于成龙对他知根知底，有点江湖义气、容易头脑发热的一介莽夫而已。前往黄州的路上，于成龙就确定了征讨方案：攻心为上。

摆布好征讨大军，于成龙遍贴告示，晓谕盗匪："胁从者自首免罪，诬陷者即赴诉，过三日以从贼论。"大部分人呼应三藩之乱，不过是从众起哄，如今大军压境，眼见得就要玉石俱焚，一时人心涣散，下山投诚者数以千计。同时，于成龙通过内线得知，刘君孚患得患失，正在游离之间。于成龙有了主意。

贴出告示的第三日，一大早，于成龙率两名随从，走出中军大营。

两名随从走在前面，一名敲锣，一名高举帅字旗，于成龙骑着青骡，稳步向山上进发。秋风卷动帅字旗噼啪作响。

对垒的两军将士全都惊呆了。还没开战呢，主帅竟主动投身敌阵，什么情况？

敲锣的随从敲一记，喊一声："刘君孚，老主人来访，备好茶水侍候啰！"

守卫山门的匪兵剑拔弩张，于成龙一行全不畏惧，迎着刀枪来到山门前。敲锣的随从"哐"地一敲锣，吼道："告知你家大王，老主人来访，备好茶水侍候！"

匪兵给锣声吓得一哆嗦，情不自禁地拉开了山门栅栏。

上山的路步步惊险。于成龙是赫赫有名的剿匪名将，十多年来，剿匪无数，立在路旁的匪兵，每一个都是他的敌人，谁都可以一枪把他挑下青骡。

于成龙就像一个迷恋山水的行吟诗人，东看看西看看，怡然自得。他用命在和自己赌博，赌一个清官在盗匪心中有多重。

于成龙孤零零在外为官十几载，没回过一次家，没贪占一文钱，穿的是粗布棉衣，吃的是青菜豆腐，人称"于青菜"。前不久，于成龙的大儿子千里寻父到武昌，指望父亲为他找个工作。父亲却只领儿子去黄鹤楼读了一天名人题诗，就让他回家。总得让儿子带点什么回家呀，于成龙放眼寓所，只有一只腊鸭，值得带给家人尝一尝，就把鸭子剖开来，分了一半让儿子带走。于成龙因此多了一个外号"于半鸭"。于成龙美滋滋接受了"于青菜""于半鸭"之称，认为这是清官的光荣称号。

清官正气凛然，不可侵犯，即使是与官府为敌的盗贼，对清官也心怀敬畏。

于成龙赌赢了，平安上山。刘君孚自缚投诚。黄州之乱迎刃而解。

被撤职的武昌代理知府于成龙平叛有功，升为黄州知府。

朕一定要让天下人都知道，
做清官无限风光

三藩之乱期间，于成龙的继母去世，按规定，于成龙应回家丁忧三年，因多事之秋，用人之际，康熙未批准于成龙的丁忧申请。

康熙二十年冬，闹了八年的三藩之乱终于平息。此时，于成龙已官至直隶巡抚，突然想退休不干了。这一年，他六十四岁，已离家整整二十年了，继母还停柩在家，等他回去安葬呢。康熙视于成龙为"天下第一廉吏"，还需要他垂范百官，坚决不同意他退休，反而把他擢升为两江总督兼兵部尚书。于成龙只得到三个月假期，回乡葬母，休完假立即赴任。

办完请假手续，已是第二年春天。按于成龙的意思，自己回家葬母是私事，不必大张旗鼓，雇一匹毛驴，悄悄来去就行了。康熙不同意，说："爱卿是朝廷一品大员，国家重臣，岂能孤身犯险？再说，你是朝廷的人，一举一动，代表朝廷形象，刻意低调，反显得朕没有面子。朕一定要让天下人都知道，做清官无限风光！"说完，康熙赐于成龙白银一千两，御马一匹，让他衣锦还乡。

皇上的面子最重要，节俭、低调的于成龙，难得地出了一回风头，摆出一品大员的全套仪仗，骑着御赐白马，几十号人马，浩浩荡荡，回到了山西永宁老家。

远远地望见老家的炊烟，于成龙想起了自己当年赴罗城前说过的话，"不求温饱，但求无愧天理良心"，现在，他可以坦然面对列祖列宗和父老乡亲，说："我做到了。"

于成龙唯一觉得愧对的，是自己的妻子。整整二十一年，妻子独守空房，独自孝敬公婆，抚养儿女，满头青丝熬成了斑斑白发，其间经历了怎样的无奈和无助，那是名利场上的男人永远也无法想象的。

丈夫荣耀归来，于妻也百感交集。二十一年后，再次为丈夫梳头，于妻忍不住老泪纵横。

于成龙问："贤妻为何落泪？"

于妻说："当年为夫君梳头，青丝油光发亮，一把握不过来。如今，只剩下一小撮花发了，黯淡无光，怎不叫为妻伤怀。"

于成龙呵呵一笑，说："为夫头发越来越少，官却越做越大了。"

于妻嘀咕："官做得再大，却不能过人的生活，又有什么意思呢。"

于成龙想起自己"于青菜""于半鸭"的外号，一声叹息，说："委屈贤妻了，我知道自己欠你太多，下辈子再还你吧。皇上不同意我退休，我只有把这清官做到底了。"

于成龙休假的三个月里，他要出任两江总督的消息，早已传遍所辖地方，豪强是非之人，纷纷逃往别省。官员知道于成龙不喜绫罗绸缎，只穿布衣，纷纷添置粗布棉衣，致使两江地区飞涨。

康熙二十三年，于成龙死于两江总督任上。僚吏清点其遗物：床头，仅靴、带和绨袍一领；堂后，碎银三两，钱二千，粟米五六斗，盐豆豉数钵。

总督府后面的槐树，许多枝条光秃秃不见叶子。叶子被于成龙的仆人当成茶叶采摘，泡给总督大人喝掉了。

◇◇◇

　　于成龙（1617-1684），山西永宁（今吕梁）人。于成龙从罗城知县到两江总督，为官二十三载，清正廉洁，刚直不阿，三次被举"卓异"，康熙树其为"天下第一廉吏"。于成龙之后，清代难得再见廉吏，更无能望于成龙项背的廉吏。于成龙事见《清史稿·于成龙传》。

鲁亮侪：人在官场别多情

把贪官追得水尽山穷，
叫他子孙后代也做个穷人

　　鲁亮侪文能指点江山，武能驰骋疆场，却一直是个候补官员，屈居河南好几年。

　　候补官员最无聊，鲁亮侪常常只能一壶浊酒一卷书，骑着毛驴到开封城外游山玩水，写几首打油诗自娱自乐；运气好的时候，还能用石头打到一只兔子，就地烤了来吃。

　　那天早上，鲁亮侪正琢磨今天去哪里打发一天，总督田文镜派人来唤他。田总督是力挺雍正反腐败的左右手，河南官员最怕田总督有请，只怕一不小心在总督大人面前露出什么破绽来，落一个鸡飞蛋打。鲁亮侪却不怕，田总督日理万机，肯定没时间管一个候补官员喝酒打兔子的闲事儿。鲁亮侪坦坦荡荡来到总督府，田文镜板着脸，劈头就问："鲁亮侪，听说你天天在外面打兔子？"鲁亮侪一愣，说："属下没那么好的运气，隔三岔五能撞到一只不走运的兔子而已。"鲁亮侪话里有话，潜台词是：你不安排我工作，难道不许我偶尔郁闷一下？

　　田文镜似笑非笑，说："你闲得发慌是不？好吧，我给你找点事儿干干。经查实，中牟县令李子云挪用国库白银，你去中牟摘了他的大印，代行县令之职。要是让我听说你在中牟打兔子，我会怎么办，你懂的。中国缺能人，但从来不缺当官的人。"

　　鲁亮侪欢喜不尽："多谢田大人栽培，属下自当竭尽绵薄之力，不负重托。"

　　田文镜不想听鲁亮侪表忠心表决心，挥手让他退下。

雍正常常被史学专家描绘成冷酷无情的暴君，普通老百姓却一直对他心怀崇敬。因为，雍正爷敢于对贪官穷追猛打，他的名言"把贪官追得水尽山穷，叫他子孙后代也做个穷人"，至今说起来都大快人心，落在地上当当响。老百姓不懂太多大道理，却非常清楚，没有贪官立足之地的政府，肯定是好政府。"雍正一朝，无官不清。"那是雍正的霹雳手段扫荡出来的。中牟县令李子云挪用的只是二十两银子，相当于如今的人民币五千元，一部时髦手机而已，就被撤职查办了。

闲话少说，我们接着说鲁亮侪如何摘印的故事。

候补官员鲁亮侪候补太久了，终于守到了春暖花开的这一天，鲁亮侪走路都有点轻飘飘了。代理县令也是县令，河南的事儿，田文镜田大人说了算，只待雍正爷画一个圈儿，鲁亮侪就是堂堂正正的县太爷了。

鲁亮侪从总督府领命出来，心里盘算，此去中牟，要不要雇一个随从为自己背行李？以自己的俸银，请一个随从，似乎有点紧巴巴的哦；要不要雇一顶轿子去中牟呢？花费不少，一路还得供轿夫吃喝，划不来。把自己有限的银子掂量又掂量，鲁亮侪决定，不雇随从，不雇轿子，自个儿骑驴去中牟，说不定，路上还能顺手打一只兔子呢。

开封到中牟，不过七十多里，骑驴半天就能到。

不是自己的东西，中牟人不会要

中午时分，鲁亮侪鞭策毛驴，进入中牟县境。

颠簸半天，人和驴都饿了，累了。鲁亮侪看到官道旁的云来居饭店，就停了下来，把毛驴拴在饭店边上的牲口棚里，走进饭店。

饭店老板笑呵呵迎上来，圆滚滚的脸上一团和气，说："欢迎客官光临中牟。"

鲁亮侪是湖北麻城人，他"咦"一声："我还没开口说话呢，你咋知道我不是中牟人？"

老板说:"出门的人看天色,开饭店的人看脸色。这南来北往的客,我一眼看去,就能看出他来自哪里,是做什么的。"

鲁亮侪越发好奇:"你且说说我来自哪里,来干什么?"

老板安排鲁亮侪坐好,一边擦桌子一边说:"客官您一身正气,想必是官场中人;您只带少许行李,又从开封方向来,应该来自总督府,来中牟公干。"

老板不轻不重的马屁,拍得鲁亮侪很是舒坦,他打个哈哈,说:"老板你可以改行当算命先生了。给我来一盘红烧兔子,二两烧酒,给我的驴来两块豆饼。"

"好呢。"老板知趣地打住话头,转身忙碌去了。

红烧兔子味道很一般,鲁亮侪却吃得津津有味。吃完喝完,鲁亮侪要继续赶路,走出饭店,却"哎呀"一声:"我的驴让人偷了!"

老板应声出来,说:"不可能,不可能,中牟不可能有贼!"

老板的话比毛驴丢了更让鲁亮侪吃惊:"中牟不可能有贼?"

"那当然。"老板很自豪地说,"没人生来就是贼,或为生活所迫,或对官府怀恨,才不得不做贼,咱们中牟人如今安居乐业,又摊上个清正廉明的好县官,谁还愿意做贼呢。"

鲁亮侪觉得不可思议:"你是说,李子云是个清正廉明的好县官?"

"那当然。"老板再次自豪地说,随即又一声叹息,"可惜,老百姓爱戴的好官,往往官运不佳,李县令如今遭人陷害,要被罢官了。据说,中牟老百姓正商量去总督府请愿,恳求总督大人手下留情,留下中牟百姓的好县令呢。"

饭店里的食客也七嘴八舌说起李县令的好处来,忠诚厚道,爱民如子,疾恶如仇,两袖清风……戏文里夸赞忠臣的好词儿,全堆在李子云头上了。鲁亮侪听得目瞪口呆,自己来摘这么一个好官的大印,岂不是罪过?就转变话题,又回到毛驴身上,说:"中牟没有贼,为什么我的毛驴丢了呢?"

老板说:"客官您那公毛驴正发情呢,十有八九是被过路的漂亮母毛

驴勾引走了。您放心，丢不了。不是自己的东西，中牟人不会要。您写几张寻驴启事贴出去，谁见了您的驴就会给您送上门来的。"

鲁亮侪半信半疑，借老板的笔墨写了几张寻驴启事，请饭店伙计帮忙贴出去。

此处离县衙不过八九里路了，鲁亮侪从小练就一身轻功，不怕走路，当下背着包袱，大步向县衙赶去。

寻驴启事写着，有拾到毛驴者，请送至县衙对面的驿站。鲁亮侪今晚将入住驿站，且看毛驴能不能回来吧。

看您也像是勤政爱民之人，
何以做出挪用库银的糊涂事儿来

中牟县衙连个看门的都没有，鲁亮侪直接就走了进去。来往的三班衙役，见了鲁亮侪，也不吃惊，也不盘问，任由他一直走进去。鲁亮侪此前来过中牟，认识李子云，也知道他住哪儿，就穿过大堂，直接来到后院。

秋日午后，不冷不热的阳光穿过葡萄架，七零八落洒了一地。李子云正在给坐在葡萄架下的一个老太太掏耳朵，老太太一脸安详，已经睡去。鲁亮侪情不自禁停下脚步。

李子云给老太太掏完耳朵，抬头看到鲁亮侪，无声地一笑，把一条披巾轻轻搭在老太太身上，才向鲁亮侪拱拱手，把他让到客厅。

来到客厅，李子云才开口说话："鲁大人，我等您多时了。"

鲁亮侪也不客气，说："县衙怎么也不设个门岗，陌生人随随便便走进来，也没人把关？"

李子云微微一笑："我们来到中牟，是为老百姓服务的，为什么要把老百姓拒之门外呢？你把老百姓当贼一般提防，老百姓也会把你当贼的。"

鲁亮侪一怔，惭愧自己做官的境界远不如李子云，心中不知不觉多了几分敬意，说："李大人，看您也像是勤政爱民之人，何以做出挪用库银的糊涂事儿来？”

李子云长出一口气，说："都是我无能，我候补好几年，一直没有正式俸禄，生活费都是朋友接济的；头几年做县令的俸银，基本上都用来还债了。而母亲远在云南，我已经十多年没见了。母亲年事已高，我若再不尽孝，可能就来不及了。一时心急，我就挪用了库银二十两，请人到云南把母亲接来了，就是您刚才看到的那位。没想到，不到两个月，我挪用库银的事儿就被查出来了。唉，我触犯国法，理当受罚，只是苦了我的母亲，她若知道儿子为了和她团聚丢了官，还不知道要如何自责呢。"李子云说着说着哽咽起来，老泪纵横。

鲁亮侪小时候跟父亲在云南生活过，鲁亮侪现在还是个负债的候补官员，鲁亮侪也有好几年没见母亲了。李子云的悲惨遭遇，鲁亮侪感同身受，他只觉得身上如同爬满蚂蚁一般不自在，虚晃一枪："赶路累了，我先去驿站洗个澡，明天再说公事吧。"就转身去了驿站。

当晚，鲁亮侪睡在驿站，翻来覆去睡不着，恍惚间听见葡萄架下的老太太咬牙切齿："谁敢陷害我儿子，我做鬼都不放过他！"

鲁亮侪正被老太太追得走投无路，驿丞嘭嘭敲门，大声喊："李大人李大人，您看看这是您的驴不？"

鲁亮侪翻身坐起，天已大亮，院子里有驴嗷嗷叫。鲁亮侪出门一看，正是他昨天丢的驴，让一个老头送回来了。鲁亮侪很是高兴，摸出二钱银子给老头表示谢意。老头接过银子，抛在地上，哼一声，说："鲁亮侪，你这是侮辱我们中牟人！"说罢，昂然而去。

鲁亮侪正拍着毛驴感叹，李子云来了，捧上知县大印，说："鲁大人，请接印。"

鲁亮侪茫然地接过印，一愣，把大印如二钱银子一样掷在地上，说："鲁亮侪我是那冷酷无情的人吗？李子云，你这是侮辱我！"

当天，鲁亮侪骑驴返回总督府，向田文镜报告说："李子云是个大大的好官，我要是摘了他的印，那就是与百姓为敌，必定抱愧终生。"

可是，田文镜弹劾李子云的奏折，已发出五天，追不回来了。

两个月后，雍正派出的调查组抵达中牟，查实李子云贪污受贿白银一千余两。

云来居饭店老板、食客，送驴的老头，都是李子云买通了给鲁亮侪做戏的，葡萄架下的李妈妈，也是李子云雇来的一个乡下老太太。

李子云被处以极刑。他贪污受贿不能退赔的银两，由他的九族亲戚分摊偿还，一分都不能少。

候补官员鲁亮侪自此绝了当官的念头，一心钻研水利，为大清的防汛抗洪事业做出了重大贡献。

◇◇◇

鲁亮侪，未见正史记载，其事见袁枚《小苍山文集·书鲁亮侪事》：鲁亮侪奉命前往中牟摘李县令之印，到了中牟却发现，李县令其实是个好官，只是因为挪用库银尽孝而被摘印，鲁亮侪不忍好官被摘印，掷印而去。本文颠覆袁枚的故事，把李县令塑造成了狡诈的贪官，若历史上的李县令真是清官，谨此致歉。

石达开：
从前江湖多豪杰

你要给我一百两银子，还不如打我一百个耳光

广西贵县石达开，命中注定要做大佬。他八岁那年，父亲因病去世，作为家中唯一的男人，石达开成了一家之主，母亲和姐姐妹妹全得听他的。十八岁时，石达开已熟读《水浒传》，心中装满了江湖义气，人称"石相公"。石相公好结交来来往往的江湖好汉，家中时常聚集着一帮闲人，舞刀弄枪，跑马射箭。

离石达开家十余里，有一座大王山，山上有个王大刀，带着一帮是非之人，从事拦路打劫的勾当，过往行人无不胆战心惊。福建富商林豪方，要经过广西去广东，来到大王山下，闻听山上强人十分了得，掂着包袱中的银票，不由得双腿发软，心中暗暗叫苦，这可如何是好？徘徊半日，林豪方想起了江湖上传说的石相公，据说很是仗义，且去找他想想办法。

几乎没有人不知道石相公，林豪方一路打听，很轻松就找到了石家大院。

看石达开一脸稚气，胡子都没长出来，林豪方心中嘀咕，一个半大小子，能有多大能耐，靠得住吗？嘴里却说："久仰石相公少年英雄，果然名不虚传，一看就是条响当当的好汉。"

石达开呵呵一笑，说："先生一见面就拍马屁，是碰到麻烦事儿了吧？"

事已至此，林豪方也只有硬着头皮把石达开当粗腿抱了。他看一眼院子里玩耍枪棒的人，支支吾吾，说出了自己的难处，并表示，只要石相公护送他平安通过大王山，他愿出一百两银子请弟兄们喝酒。

石达开说："有困难，你不去找警察，而来找我，那是看得起我石达开，我理应竭力成全。你要给我一百两银子，还不如打我一百个耳光。"

林豪方的脸顿时红成一百元人民币的颜色，讪讪地说了一连串"惭愧，惭愧"。

当晚，林豪方住在石家大院。石达开写了几封信，连夜派人送出去，邀请各路高手，明天聚集石家大院，护送林豪方过大王山。

大王山耳目甚多，早有人将石达开要管闲事的消息报上山去。王大刀对石达开的仗义时有耳闻，虽未见面，心中已有三分敬重，从来没想打石家的主意。今天，石达开竟要与大王山过不去，有点过分。王大刀心里很是不爽，倒要看看石相公到底是何等人物，就点了一百多号人马，连夜杀下山去。

黎明时分，王大刀的人马悄悄包围了石家大院。

我用五千两银子，
买我的客人平安通过大王山

石家大院护院家丁从瞌睡中惊醒，一看大院四周黑压压全是拿刀拿枪之人，赶紧吹响牛角。

众家丁和一干食客惊慌失措，纷纷操刀拿枪，一时间杀气腾腾。

石达开提着灯笼上了房顶，大喊："我是石达开，来的是哪路好汉？"

像石达开这样提着灯笼站在明处，一箭射过去，必然应声而倒。黑暗中的王大刀，对石达开的坦荡不由得刮目相看，回答："大王山王大刀，来向石相公讨个说法。"

"王当家的驾到，有失远迎。"石达开吩咐家丁，"开门迎客！"

大门应声而开。

王大刀只需一挥手，众好汉一拥而入，顷刻间就能荡平石家大院。但王大刀没挥手，而是把手往下压，压住蠢蠢欲动的众好汉，只带着几个亲随，进入石家大院。

石达开迎着王大刀，双手一抱拳，说："久闻王当家的是个敢与官府

叫板的好汉，今日得见，不胜荣幸。"

"别说这些没用的废话。"王大刀一摆手，"你把那福建阔佬交出来，我即刻闪人！"

石达开面有难色，说："无论是谁，来到石家大院，就是我石达开的客人，我必须尽力款待，还必须保证他的安全。我要是把客人交给王当家的，江湖上的口水都能把我淹死呢。"

"可是，"王大刀弹一弹手中的大刀，"谁要是和我过不去，这把大刀也会和他过不去的。"

"好一把大刀。"石达开右手食指在王大刀的大刀上一弹。这一弹，竟把王大刀借以纵横江湖的大刀弹出一个缺口来，弹出的碎片"叮当"一声掉在地上。

王大刀大惊失色。石达开笑呵呵说："不好意思，弹坏了您的刀，改日我赔您一把吧。"

王大刀情知自己不是石达开的对手，面红耳赤，嗫嚅说："不用，不用。这刀太旧，早该换了。"

石达开唤出在后堂瑟瑟发抖的林豪方，问道："林兄身上带着多少银两？"

林豪方不知何意，迟疑片刻，说："五千两。"

石达开吩咐管家："去库房搬五千两银子来。"又转身对王大刀说，"王当家的，可否卖我一个面子？我用五千两银子，买我的客人平安通过大王山。"

此时，天已蒙蒙亮。王大刀正不知如何下台，见石达开为他铺好了台阶，赶紧说："石相公果然义薄云天，您的客人就是我的客人，我断不敢胡思乱想，更不敢要您一两银子。客人我们负责送过大王山，不动他一文钱。"

石达开大喜，当下吩咐杀猪宰羊，款待大王山好汉。

推杯换盏之间，宾主相谈甚欢。说起清朝政府的腐败，说起贪官污吏的丑恶，说起老百姓走投无路，不得不坑蒙拐骗、男盗女娼，更是热血沸腾、慷慨激昂。

吃好喝好，福建客人要上路了，大王山好汉也要回山了。石达开指着管家早就准备好的五千两银子，对王大刀说："王当家的万勿推辞，这五千两银子，不是买路钱，权当你我相识的见面礼，也算是赔偿您的大刀钱。"

王大刀急得双手乱摇，再三推辞，偏又说不过石达开一张利嘴，只得满面羞惭，答应收下一半。石达开还是坚持让他全数收下，王大刀把那缺口大刀横在脖子上，说："石相公莫要太过分，王大刀我宁愿自刎而死，也不要那另一半银子。"石达开这才作罢。

临去之际，王大刀郑重许诺："石相公有用得着王大刀之处，招呼一声，王大刀赴汤蹈火，万死不辞！"

狗官你要是与石相公过不去，
我做鬼都不放过你

王大刀收了石达开两千五百两银子，越想越后悔，只想有个机会好好回报石达开。但石达开家境殷实，不缺钱粮，不需要王大刀救济；石相公一身正气，宵小之人不敢侵犯，也不需要王大刀拔刀相助。王大刀绞尽脑汁，也想不出回报石达开的好办法，整天唉声叹气。

有一天，王大刀得知，二月初一是石达开生日，就早早做了准备。

二月初一这一天，王大刀早早起来，收拾山寨里最贵重的珠宝古玩，让两个喽啰挑着，直奔石家大院而去。

这一天，石达开满十九岁。这个未及弱冠的年轻人，早已名满贵县，慕名前来为他祝寿的人络绎不绝。

贵县县令丁柏堂，曾有心栽培石达开。可是，石达开满腹文章，却从不参加秀才选拔考试，丁柏堂想送他一个秀才人情都没有机会。有一次，丁柏堂亲临石家大院，想看看石达开如何了得，石达开明明在家，家丁却懒洋洋地说石相公不在，连门都不让丁柏堂进。丁柏堂自此耿耿于怀，既然此人不能为我所用，就干脆灭掉他。

得知王大刀下山为石达开祝寿，丁柏堂一声冷笑。机会终于来了，石达开暗通大王山土匪，那是杀头之罪！

中午时分，石达开正与客人把酒笑谈天下，丁柏堂率领官军奔突而至，把石家大院团团围住。丁柏堂大喝一声："不要走了大王山土匪！"众官兵也一齐吆喝："不要走了大王山土匪！"

喜气洋洋的生日宴，顿时鸡飞狗跳。

王大刀站起身来，说："丁大人，大王山土匪在此。我这就跟你走，请不要搅扰了石相公的生日宴。"

丁柏堂一挥手，官兵一拥上前，七手八脚抓住了王大刀。

石达开一时不知所措，王大刀的确是土匪，的确该抓，只是，不该在他的生日宴上被抓。愣了片刻，石达开走到王大刀面前，说："王大哥，你因为我被抓，我要是不救出你来，你坐牢我陪你坐牢，你杀头我陪你杀头！"

丁柏堂又一挥手："石达开暗通土匪，一并拿下！"

官兵就又抓住了石达开。

王大刀急了，大叫："狗官，我因为敬佩石相公为人，才前来为他祝寿。我以性命担保，石相公一清二白，没有任何通匪行为。狗官你要是与石相公过不去，我做鬼都不放过你！"王大刀说完，奋力一挣，把按住他的四个官兵掀翻在地，随后，一头撞在井台上，脑浆迸溅。

王大刀的性命，没能证明石达开的清白，他还是因通匪罪被打入死牢，只待秋后问斩。

石达开有个好朋友叫杨秀清，亦非等闲之辈，他得知石达开正在大牢里等死，带人冲进贵县县衙，一刀劈了丁柏堂，救出了石达开。轰轰烈烈的太平天国运动自此拉开序幕。

后来，大王山土匪全部成了太平军战士。福建富商林豪方卖光家产，跟随石达开南征北战。

后来，石达开成了太平军赫赫有名的翼王，横扫清军十多年，有一回还把湘军老大曾国藩扫进长江，差点淹死。

石达开三十二岁那一年，兵败大渡河，被俘，被判处凌迟酷刑。刽子手一丝一缕剜割石达开的肉，石达开眉头都没有皱一皱，也没有哼一声，把四川总督骆秉章吓出一身毛病，没几年就死掉了。

◇ ◇ ◇

石达开（1831-1863），广西贵县人，太平天国名将，封翼王称五千岁。石达开勇冠三军，诗文亦可圈可点，傲视天下的梁启超在《饮冰室合集》中收入了石达开的几首诗。石达开最为人称道的是他为理发店写的对联：磨砺以须，问天下头颅几许；及锋而试，看老子手段如何。

张百熙：被骂死的中国大学之父

你可以毁掉我们的大学堂，却灭不掉我们的书生意气

德龄公主在《紫禁城两年》中回忆说：慈禧老太太觉得自己是史上最聪明的女人，英国维多利亚女王都不在话下，如果不是1900年拳匪作乱，她领导下的大清帝国，有一天一定能让全世界大吃一惊。提起拳匪，慈禧老太太老泪纵横，她说，相信拳匪刀枪不入能"扶清灭洋"，是她此生犯下的唯一错误。

义和团好汉其实和如今流行的"大师"一样，只会玩一些民间杂耍。不一样的是，今天的"大师"忽悠的只是头脑简单的饮食男女，而义和团好汉玩弄的却是史上最聪明的女人。

玩杂耍的"大师"，招来的只是网民的"板砖"；玩杂耍的义和团，则招来了洋人的洋枪洋炮，把大清帝国打得大吃一惊。

当八国联军杀奔北京而来，慈禧挟裹光绪和一干大臣，仓皇西逃。

礼部侍郎张百熙，也在随驾"西巡"的大臣名单中。他接到圣旨，身着全套朝服，急匆匆赶到皇宫，却被李总管李莲英一把拉住，低声说："张大人穿得如此隆重，您真以为是去西巡呀，我们这是逃命，越低调越好，老佛爷和皇上穿的都是平民行头。您赶紧换一套寻常衣服去。"

张百熙急忙去找太监换寻常衣服，无奈，太监们的衣服几乎都很不寻常，要么就是不合身，跟在太后和皇上身边，不能穿正式朝服，至少也要大大方方。等张百熙终于找到得体的衣服出来，"西巡"队伍已经开拔，不见踪影了。

张百熙知道"西巡"大致路线是经昌平、怀来入山西，想骑马追上

去，却只在御膳房找到一头拉菜的毛驴，也只好将就着骑上去，"得儿得儿"去追赶。

此时，北京城里已乱成一锅粥，四处都在打枪打炮，喊打喊杀。义和团团民、大清兵勇还有不知所措的百姓，呼啦一下跑到东，呼啦一下又跑到西。看着山河破碎的凄惶景象，张百熙不胜悲凉。

洋兵突然出现在街头，义和团好汉大声念着咒语"弟子在红尘，闭住枪炮门。枪炮一齐响，沙子两边分"，奋勇向前。洋兵笑嘻嘻不慌不忙，举枪、瞄准、射击，义和团"刀枪不入"的神话即刻破灭，纷纷中弹倒地翻滚，可笑地死去。

街上顿时鬼哭狼嚎，张百熙牵着毛驴，随着逃难的人流，跑进一条小巷。

从小巷里出来，是京师大学堂，洋兵正把学堂里的桌椅、书籍搬到院子里，烧火做饭。进士出身的张百熙爱书就像爱父母，眼看大堆好书化为一炬，心如刀绞，不知不觉停下逃命的脚步。当"京师大学堂"的牌匾被洋兵摘下来，也要扔进火中时，张百熙冲了上去。

京师大学堂是戊戌变法的成果之一，是唯一没有被慈禧废除的新政，被洋兵如此践踏，新党余孽张百熙当然不甘心。

突然冲出来的老头，把正做饭的洋兵吓了一跳，一个洋兵端起枪，刺刀顶着张百熙的胸膛，"哇啦哇啦"地叫。张百熙知道对洋人说什么都是对牛弹琴，就指指"京师大学堂"的牌匾，又指指自己，同时，掏出身上仅有的二两银子。

洋兵明白了张百熙的意思，接过银子，却不给他牌匾，还要往火里扔。

湖南人张百熙急得花白胡子直哆嗦，"咚"地跪下了。

1900 年 8 月，八国联军在北京杀人如麻。张百熙为"京师大学堂"的牌匾挺身而出，意在赴死，他只想以自己的死告诉洋人，你可以毁掉我们的大学堂，却灭不掉我们的书生意气。不想，他出其不意的一跪，让洋兵肃然起敬，就没有把他怎么样，且把牌匾给了他，二两银子也还给了他。

牌子就是种子，就是开花结果的根本，
比牌子更重要的是人

1901 年 11 月，已是吏部尚书的张百熙随"西巡"大军回到北京。

一回北京，张百熙就献上五条革新大计：增改官制，整理财政，变通科举，广建学堂，创立报馆。

慈禧老太太懒洋洋翻着张百熙的奏折，长叹一口气，改就改吧，就从京师大学堂开始吧。当即下旨：吏部尚书张百熙兼任管学大臣，负责重建京师大学堂。

此时，京师大学堂的院子里长满长长短短的荒草，老鼠在梁上追逐嬉戏，一不小心掉下来，扑腾起满屋灰尘。

张百熙取回寄存在友人家的"京师大学堂"牌匾，亲手擦干净，重新描漆，端端正正挂在京师大学堂的大门口。废墟中，牌匾发出焕然一新的光芒。

牌子就是种子，就是开花结果的根本。

比牌子更重要的是总教习。张百熙瞄准了安徽人吴汝纶。

吴汝纶，字挚甫，桐城派大家，曾国藩、李鸿章都对他刮目相看，他本可以在仕途上飞黄腾达，可他偏偏只爱教书育人。1888 年，吴汝纶在冀州知州任上突然辞职，去保定做了莲池书院院长，一做就是十多年。吴汝纶主持的莲池书院与时俱进，号称清末书院之首，连日本人都不远万里来求学。

此时，吴汝纶正在北京替李鸿章整理遗稿，只要请得他做了总教习，以他的影响力，京师大学堂的牌子就算真正树起来了。

张百熙身着便服，不带随从，叫了一辆黄包车，来到吴汝纶的住处。

吴汝纶长张百熙几岁，又早几年进士及第，说话自然十分随便："恭喜张大人官越做越大。"

张百熙呵呵一笑，说："官越做越大，不如挚甫兄文章越做越好。"

吴汝纶自负文章做得好，却不习惯别人当面夸他，漫应道："不敢当，不敢当。"

张百熙继续吹捧："更难得的是，挚甫兄教出来的学生，也出了不少大手笔。"

提起自己的学生，吴汝纶立刻眉飞色舞："学生中倒真有几个有天分的，有个叫刘春霖的，尤其非同一般，日后必成大器。"吴汝纶的得意门生刘春霖，日后果然了得，成了中国最后一个状元。

张百熙话锋一转："挚甫兄想不想带出更多的好学生，桃李满天下？"

吴汝纶一愣："此话怎讲？"

张百熙就把京师大学堂介绍了一番，说出了要请吴汝纶做总教习的意思。

没想到，吴汝纶听罢，连连摇头："我敬重张大人为京师大学堂的牌匾不惜下跪的壮举，这学校若是张大人你个人的，吴某我自当竭力相助；这官办的皇家学校嘛，收的无非是官宦人家的纨绔子弟，最好不要和我扯上关系。"

一看吴汝纶对官办学校有想法，张百熙急忙辩解，说了一通官办大学堂的必要性重要性，最后，张百熙一不小心说出了吴汝纶最不爱听的话："挚甫兄，官办大学堂不仅能保证最优秀的生源，还将提高教师的政治地位，总教习，至少是正五品待遇。"

吴汝纶哈哈一笑，说："张大人，我十四年前就是正五品知州，为了辞去这正五品的官儿，去做教书匠，我可是走了直隶总督李鸿章李大人的后门哦。"

张百熙知道自己说错了话，满面羞惭，告辞而去。

我不为朝廷，不为皇上，也不为自己的功名利禄

张百熙闭门三天，修改《京师大学堂章程》。

第四天，张百熙穿上正二品大臣的官服，带着全班仪仗，坐着八抬大

轿，再访吴汝纶。

一见面，张百熙递上新修改的《京师大学堂章程》，说："日前与挚甫兄晤谈，受益匪浅，这是我修改过的《京师大学堂章程》，还望挚甫兄赐教。"

张百熙精心打造的《京师大学堂章程》，宗旨是"激发忠爱，开通智慧，振兴实业"，所定章程，所设科目，一反传统书院旧例，已具现代大学的雏形。因此，张百熙后来被人称为中国大学之父。

吴汝纶认真读完了《京师大学堂章程》，并认真提出了自己的看法，但还是不答应就任总教习一职。

张百熙站起来，郑重地抻一抻袖子，拎起官袍下摆，"咚"的一声，跪下了。

"挚甫先生，中国落后西方列强，屡遭凌辱，根本原因就在于我们的教育模式僵化，培养不出强国富民需要的人才。挚甫先生，您是中国教师的杰出代表，我代表中国万千学子，拜请您出任京师大学堂总教习一职。"

张百熙一跪"京师大学堂"牌匾，再跪平民教师，让吴汝纶震惊不已，赶紧扶起张百熙，说："张大人忠心可鉴，可惜，大清腐朽不堪，气数已尽呀。"

张百熙拭一把老泪，说："张百熙我不为朝廷，不为皇上，也不为自己的功名利禄，只为中华民族子子孙孙知书达理，有勇有谋有担当，不被人欺侮。"

"好！"吴汝纶也激动起来，"就冲张大人这一席话，我答应了！"

吴汝纶答应就任京师大学堂总教习后，先去日本考察了三个月大学制度，归国后，因身体不适，直接回了安徽老家。卧病期间，吴汝纶撰写《东游丛录》，寄给张百熙。1903 年春天，还来不及上任的京师大学堂总教习吴汝纶病逝。

1904 年 2 月，日本和俄国为争夺中国东北，在辽东半岛打起了"日俄战争"，史上最聪明的女人居然一声不吭，宣布中立。京师大学堂学生热血沸腾，"伏阙上书"，要求政府维护自己的主权。慈禧老太太勃然大怒，训斥张百熙管束学生不力。张百熙一声长叹，黯然辞去管学大臣之职。

1907 年，张百熙在官场斗争中失利，遭"申斥"。"申斥"是很有女人特色的惩戒手段，执行"申斥"的是太监。太监在宣旨后，就对被"申斥"的官员破口大骂，怎么难听怎么恶毒就怎么骂。有那知趣的，及时打点银子，太监就只是不痛不痒骂几句。张百熙天生不知趣，足足被臭骂了半个时辰。太监骂完后，跪在地上"领旨"的张百熙已经站不起来了。几天后，大学之父张百熙吐血而亡，时年六十岁。

1912 年，京师大学堂更名为北京大学。

◇◇◇

张百熙（1847-1907），湖南长沙人。清末大臣，著名教育家。张百熙为官清廉，没攒下多少银两，所以才舍不得花钱买太监住口，以至被活活骂死。张百熙死后，其学生拼凑七千两银子，本拟在京师大学堂内为其立铜像，见老师身后萧条，遂把银两存在北京商号义善源，以图生息供养老师遗属。不料义善源后来倒闭，七千两银子也没了。

寇连才：
太监中的大丈夫

"煲粥"还是"报仇"

寇连才没赶上寇家的光辉岁月，无限风光的寇准家族，传到寇连才这一代，只剩下一个"帅"字。

小帅哥寇连才出生时，寇家仅有两亩薄田，可怜巴巴地趴在昌平州的一个角落里。像古往今来所有的农民一样，寇家的日子过得战战兢兢。喝一口稀粥，咬一口萝卜干，寇连才暗暗发誓，发愤读书，像先祖寇准一样，十九岁中进士，三十一岁拜相，扬名天下，光宗耀祖。

光绪十九年，寇连才刚满十五岁，还没来得及考取秀才，寇家就摊上了大事。寇连才的读书出头梦戛然而止。

一个土豪看上了寇家的两亩薄田，今天多挖几锄，明天多犁一行，逐步蚕食。寇连才的父亲扬着地契与土豪讲理，土豪懒得讲理，夺过地契，撕得粉碎，丢在风中。寇父以为政府是讲理的地方，就到州衙击鼓告状，昌平知州早已被土豪买通，他把地契残片掷在寇父脸上，吼一声"刁民休得胡闹"，打了寇父四十大板。寇连才和哥哥把父亲抬回家来，寇父一手拉着一个儿子，想说什么却说不出来，含糊吐出几个字和几口鲜血，瞪直眼睛死去。

父亲模糊的临终遗言，大儿子听成了"给我煲粥"，小儿子寇连才听成了"给我报仇"。

寇连才拎着菜刀，直奔土豪家，要与土豪拼命。

土豪由两个保镖护着，冷笑一声，说："凭你那几根贱骨头，也配跟我拼命？"

寇连才一言不发，手持菜刀扑上前。两个保镖不慌不忙，同时飞起一脚，一个踢头，一个踢胸，把寇连才踢翻在地。

土豪朝寇连才吐一口唾沫，说："小兔崽子，滚，要是再敢来骚扰，割下你的小鸡鸡喂狗！"

寇连才爬起身来，吐出嘴里的一口血水，朝天哭喊："父亲，儿子不能给您报仇，枉为男人啊！"喊罢，寇连才解开裤子，挥刀切下了命根子。

土豪和保镖目瞪口呆。

寇连才用菜刀指点着土豪，说："不报此仇，誓不为人！"说完，丢下菜刀，扬长而去。

报仇的计划是土豪扬言要割下寇连才的鸡鸡时突然冒出来的。寇家无钱无势，寇连才也只读了半肚子书，要出人头地报仇雪恨，似乎是不可能的事。有一条路，崎岖凶险，一旦走通了，则可呼风唤雨，除掉一个乡村土豪，易如反掌。

那是一条非同寻常的路，进宫做太监。

昌平离京城不远，时常可见太监跟在皇子皇孙身后耀武扬威。做太监，是走投无路的人最后的选择。寇连才就是那走投无路的人，他不甘心像大哥一样把"报仇"听成"煲粥"，为了报仇，他不怕走绝路。

寇连才挥刀"自宫"的壮举，轰动昌平。当天就有为宫里招募太监的人找上门来，看寇连才眉清目秀，且粗通文墨，正是做太监的好坯子，当下欢喜不尽，为寇连才做了正式的净身手术。

养好伤，又学了些做太监的基本规矩，寇连才顺利进宫，做了太监。

寇连才低眉顺眼从小门走进皇宫的那一刻，想起了先祖寇准，不胜凄凉。大宋宰相寇大人当年出入皇宫，为的是国计民生，自己却是做太监来了，鸣冤来了。

不做奴才只做臣

寇连才生得俊俏伶俐，举手投足间透出几分读书人的斯文，又是大宋

241

贤相寇准之后，慈禧老佛爷越看越喜欢，就让他做了自己的梳头太监。

老佛爷身边的人，报仇就像摆弄头发一样简单。慈禧很快就知道了寇连才的冤屈，她摸着寇连才的头，叹息不已，说："可怜见的，难得一个有情有义的娃。"随后，慈禧的特使去了昌平，罢免昌平知州，立斩土豪，罚没土豪万贯家财，全家流放琼州。

大仇已报，寇连才告假回家。跪在父亲的坟前，寇连才没有如释重负的快感，也哭不出来。父亲泉下有灵，知道儿子舍下命根子，为父亲报了仇，他会快乐吗？寇连才恍惚觉得，父亲当初说的也许真是"给我煲粥"，他清早出门，傍晚才回家，饿了一天，想喝粥也在情理之中。

在父亲的坟前跪了一个下午，寇连才又回到了宫里。书生意气再次在寇连才身上焕发，既然做了太监，就做他一个顶天立地的太监。

其时，正是大清国的多事之秋。大清国和日本国打起了甲午战争，一败涂地，北洋舰队全军覆灭，还不得不屈辱地割地赔款。朝野上下，一片哀鸿。堂堂大清帝国怎么了，居然败给了小小的东洋岛国？

慈禧此时已不再垂帘听政，王公大臣却依旧只看太后的脸色行事。寇连才侍立慈禧身后，从来来往往的大臣言谈中，慢慢地知道了什么是政治，慢慢地有了自己的想法。有想法，就想表达出来，给慈禧梳头时，就难免说些闲话。比如："老佛爷，看把您累的，有皇上和一干大臣为国操劳，您就安心颐养天年，少操心劳神吧。"慈禧不快："小寇子，你是说，我老了，不中用了？"寇连才赶紧跪下："老佛爷青春永驻，万寿无疆，永远是大清国的中流砥柱，奴才只是心疼老佛爷太劳累呀。""中流砥柱"几个字很中听，慈禧露出几分笑容："看你油嘴滑舌的，明明是嫌我老了多管闲事，说出来倒真像多心疼我一般。"寇连才连连磕头："奴才不敢，奴才不敢。"心里却想："知道了你为什么还不放手呢。"

类似闲话说多了，慈禧就有些烦小寇子，便打发他去侍候光绪，一是摆脱他的闲话，二是在光绪身边多安插一颗钉子。

在光绪身边，寇连才常常有机会读到一些大臣奏折，读到慷慨激昂处，即刻热血沸腾，先祖寇准的英灵，似乎借寇连才复活了。

寇连才像忧国忧民的政治家一般紧锁双眉。老佛爷担心，这娃儿是不是出了啥问题，问他皇上最近在干啥，也是前言不搭后语的。

寇连才在酝酿一件大事。他回了一趟家，在父亲坟前磕了几个响头，把自己写的《宫廷见闻录》和积攒的一笔钱交给哥哥。哥哥有一种不祥的预感，说："兄弟，老佛爷待你不薄，你可千万别干什么糊涂事儿。"寇连才说："大丈夫有所为有所不为。"哥哥暗暗叹息，可怜的弟弟，做了太监，还口口声声称大丈夫做什么呀。

回宫后，寇连才把自己值钱的东西分发给相好的几个兄弟，有人奇怪："你这是什么意思？"寇连才说："我要回家了。"

光绪二十二年（1896），初春的一天早晨，寇连才突然跪在慈禧面前，双手奉上奏折，说："老佛爷，臣有本要奏！"

慈禧吃了一惊，这小太监不称"奴才"而称"臣"，还有本要奏，什么情况？

大丈夫从不后悔

寇连才的奏折共十一条：请勿干扰皇上施政；请勿虐待珍妃、瑾妃；请废以军费修建的颐和园；请勿宫中演戏；请查办卖国贼李鸿章；请废除科举；请兴办新式学堂；请广开言路；请与日本国决战；请严厉惩治腐败官员。最后一条居然想颠覆爱新觉罗的江山：皇上未生子，请效法尧舜，择贤德者为皇太子。

奏折章法似是而非，文句似通不通，却字字实在。慈禧有点纳闷，寇连才刚满十八岁，为什么竟有如此见识，莫非是受人唆使？

慈禧心里气得发抖，却面带三分笑容，说："小寇子，你一向乖巧，断不会做出这般大逆不道之事。只要你告诉我，是谁指使你干的，我就不追究你。"

寇连才说："不与任何人相干，都是臣自己的主意。"

慈禧变了脸，说："大胆，你也配称'臣'吗？"

寇连才不伦不类吟出一句陆游的诗："位卑未敢忘忧国。"

慈禧还是不信奏折是寇连才写的，就让他把奏折内容说来听听。寇连才一字不差把一千多字的奏折背了出来。太监中难得有能舞文弄墨的，慈禧益发心生怜爱，说："小寇子，内监不得问国事，你就不怕杀头吗？"

寇连才这时如果磕头叫"老佛爷饶命"，慈禧可能就放了他。可寇连才就像读书人一般倔，他说："臣既然敢上奏折，早就把生死置之度外了。"

慈禧勃然大怒："你再敢阴阳怪气地称'臣'，我立刻杀了你！"

寇连才说："天下百姓，都是大清臣民。臣不想一辈子做奴才，只想堂堂正正做一回为民请命的大清忠臣！如果臣的卑贱之命，能成为大清国富强路上一粒铺路石，臣，知足了！"

慈禧冷冷地说："那我就成全你吧。送刑部！"

刑部的判决很快就下来了：斩立决。

来到宣武门外的菜市口刑场，寇连才把一只金表送给来送行的太监兄弟，又把最后一只碧玉戒指送给行刑的刽子手，笑微微地说："拜托大哥利落一点儿。"

最后时刻，监斩的内务府大臣怀塔布对寇连才说："小寇子，老佛爷有旨，你要是后悔了，现在还来得及。"

寇连才咬着碗边喝下壮行酒，说："大丈夫从不后悔！"

怀塔布一声叹息，一摆头。

刽子手高举鬼头刀。

寇连才十八岁的热血，喷洒在大清国晦暗的尘埃里，鲜红鲜红。

寇连才的鲜血，没能让慈禧老佛爷变得慈悲一点。两年后，1898年，在寇连才倒下的地方，戊戌六君子喋血变法之路。慈禧太后再一次从幕后走向前台，带领大清帝国走向末路。

◇◇◇

　　寇连才（1876－1896），北京昌平人，清朝唯一大胆言政的太监。传说，寇连才被杀之后，阴魂不散。某日，颐和园戏台上正演戏，一演员突然发出寇连才的声音，哭谏停止颐和园演戏。"其忠魂毅魄，令人愧敬。"颐和园的戏不得不停演一天。寇连才之死，轰动一时，当时文人多有著述，梁启超亦为之立传。

李钟岳：悔不当初逞英雄

革命乃正大光明之事，
岂能鬼鬼祟祟在私宅中杀人

安徽巡警学堂第三期学员要毕业了，恰逢巡警学堂成立一周年，校方准备弄个隆重的庆典，请安徽巡抚恩铭来露个脸，讲几句话。社会越来越复杂，警察越来越重要，巡警学堂的事儿，恩铭自然十分重视，一口答应下来。庆典时间定在7月8日。7月5日那天，恩铭突然想起，7月8日乃小妾生日，要是不把她全天候侍候好，只怕三天都得不到一个笑脸，就让人通知巡警学堂，庆典提前到7月6日搞吧。

巡警学堂手忙脚乱调整一番，回复恩铭：行，巡抚大人说什么时候搞就什么时候搞。

7月6日这一天，恩铭睡了个回笼觉，醒来已是上午十点钟。慢悠悠喝燕窝汤时，恩铭突然想起巡警学堂的庆典，就把口中的燕窝汤吐回碗中，吩咐侍卫，摆驾安徽巡警学堂。坐在八抬大轿中，恩铭才发现忘了让幕僚准备讲话稿，只好自己在心里打腹稿：专制没那么可怕，你说东我说西，总得有一个说话算数的嘛！贪官也没那么可怕，他贪污的银子，总得要花出来，花出来还是大家的嘛！可怕的是那些胡言乱语、心狠手辣的革命党，皇上花钱栽培你们做警察，为的就是杀革命党！

巡抚驾临巡警学堂，师生早已列队完毕，静静地在烈日下冒汗，只等巡抚大人检阅。一见巡抚的八抬大轿，师生一齐鼓掌。恩铭心中很是受用，面带微笑，一路挥手，走上主席台。

恩铭等一干文武大员在主席台上坐定，安徽巡警尹兼巡警学堂会办徐锡麟小跑上前。看着徐锡麟精明干练的样子，恩铭赞许地点点头，他很为自己的这个心腹爱将得意，正准备用心栽培，委以重任。徐锡麟跑到恩铭面前，敬了一个礼，大声报告："巡抚大人，今天有人要造反！"

恩铭一边想着马上要开始的训话，一边习惯性地点着头，突然一愣："谁要造反？"

徐锡麟说："我！"

恩铭还来不及吃惊，徐锡麟已掏出手枪，对着他连连扣动扳机。

光复会员徐锡麟等待这一天已经三个月了。他原定的日期是1907年7月8日，趁安徽巡抚恩铭参加巡警学堂庆典之机，皖、浙两省同时起义，没想到，恩铭竟临时将巡警学堂庆典提前了两天！机会难得，徐锡麟也只好将起义时间提前。

因为计划改变，各个环节全部乱套，徐锡麟发起的安庆起义，在四个小时后即被平息。如果恩铭的小妾不是7月8日过生日，安庆起义说不定就取代了四年后的武昌起义。

徐锡麟兵败被俘之时，问审讯他的官员："大帅安好？"

恩铭身中六枪，早已身亡。官员"呸"一声，说："畜生，大帅待你如同再生父母，你何以下得毒手？"

徐锡麟说："问安大帅，乃是私谊；枪杀恩铭，乃是公义。一码归一码。"

官员说："你时常出入大帅府，为何不在私宅中下手，偏偏选在今天，大庭广众之下？"

徐锡麟说："革命乃正大光明之事，岂能鬼鬼祟祟在私宅中杀人？"

次日，三十四岁的徐锡麟被凌迟处死，恩铭的侍卫分吃了他的心肝。

女人尚有男人胸怀，
尔等男人为什么不能更男人一点呢

安庆起义，震惊全国。余波所及，又引发了另外一个故事。

徐锡麟枪杀恩铭的消息传到浙江绍兴，吓坏了绍兴知府贵福。徐锡麟就是绍兴人，在山阴创办了个大通师范学堂，贵福还曾到学堂视察，以示关心教育。现在想起来，那学堂师生似乎个个贼眉鼠眼，全是乱党。贵福当即向浙江巡抚张曾扬请示，大通学堂为反贼徐锡麟创办，疑为乱党匪窝，是否查封？张曾扬回复：赶紧查封。贵福立刻通知山阴县令李钟岳，查封大通学堂，捉拿全体师生！

山阴县令李钟岳大吃一惊。山东大汉李钟岳到山阴上任不过半年，还不怎么熟悉山阴，倒是比较熟悉那大通学堂。来山阴之前，李钟岳就知道山阴有个女汉子叫秋瑾，自号"鉴湖女侠"，像真男人一样喜欢骑马击剑，像真男人一样眼睛里容不得沙子，丈夫嫖了一次娼，她竟然提出离婚，要知道，从古以来，中国只有丈夫休妻的，没有妻子休夫的。李钟岳喜欢敢作敢为的人，尤其喜欢敢作敢为的女人，何况秋瑾还写得一手好诗，读到她"驰驱戎马中原梦，破碎山河故国羞"的句子，李钟岳击节赞叹，对儿子说："看看，好好看看，女人尚有男人胸怀，尔等男人为什么不能更男人一点呢！"李钟岳来到山阴后，知道秋瑾在大通学堂做督办，曾前往拜访，交流了一回写诗心得。假以时日，李钟岳和秋瑾或许能成为好朋友。

现在，朝廷命官和革命党自然做不成朋友了。

秋瑾真是革命党吗？当然是，革命党就应该是秋瑾这样子，没什么不敢做的。李钟岳宁愿相信秋瑾不是革命党，此等优秀人物，若因为革命而落在我李钟岳的手里掉了脑袋，我必将抱愧终生啊。时值暑假，李钟岳只愿学堂人去楼空。他暗暗跑到大通察看，却见秋瑾正领着十来个学生操练。这可如何是好？

李钟岳掂量再三，先集合衙役开会："据可靠消息，大通学堂有革命党出入，请大家务必留心。"开完会，李钟岳坐轿来到知府衙门，对贵福说："据卑职所知，大通学堂并无越轨行为，冒昧查封拿人，惹动民怨，你我只怕难以下台。而且，正值暑假，学堂只有几个无关紧要的看门人，也拿不到关键人物。且容卑职暗中侦查，先掌握铁证，待开学后，再将他们一网打尽。"

李钟岳的算盘是，先开会放风（任何机密，让衙役知道就不是机密了），再以侦查拖延，在秋瑾他们听到风声跑掉后，再放马后炮。贵福没什么主见，见李钟岳所言似乎有理，就同意让他先侦查。

遗憾的是，李钟岳的计划来不及展开了。第二天，贵福接到密报，大通学堂乃光复会秘密基地，其骨干分子未放暑假，仍在继续活动。贵福当即调拨几百官兵，开赴山阴，围剿大通学堂。李钟岳无奈，只好骑马走在队伍前面，他只能祈求，秋瑾他们已听到风声跑掉。如果没有跑掉呢？李钟岳吩咐官兵："切不可向女人开枪！"

偏偏秋瑾没有跑掉，偏偏秋瑾爱着男装。结果，秋瑾与八名学生在毫无意义的抵抗之后，被官兵拿获。

我看见这种酸溜溜的
歪诗就恶心，就想拔刀杀人

秋瑾被押至绍兴府，由贵福连夜审讯，深挖余党。官军围剿时，秋瑾在房顶向官兵跳跃射击，弹尽被俘，仅此一条，已是死罪。秋瑾自知难逃一死，无论贵福如何咆哮，只是不理不睬。贵福气得发抖，叫喊大刑侍候。李钟岳说："此人底细，卑职略知一二，且容卑职带回去细细审问吧。"贵福见秋瑾态度强硬，再审下去也问不出什么来，自讨其辱而已，就顺水推舟，让李钟岳把秋瑾带回山阴审讯。

鉴湖女侠到底落在自己手中，李钟岳很是难堪，他现在唯一能做的是，不让秋瑾太受苦。

回到山阴县衙，李钟岳亲自取下秋瑾的枷锁，吩咐狱卒，不许难为秋瑾，务必让她吃好喝好睡好。

第二天，李钟岳提审秋瑾，他屏退左右，然后奉上好茶，亲自磨墨，铺开纸张，让秋瑾自己写。

秋瑾说："写什么呢？"

李钟岳说："你随便写。"

时值酷暑，烈日当空，蝉鸣阵阵，秋瑾却只觉得彻骨般寒冷，就随手写下几个字："秋风秋雨愁煞人。"

李钟岳拊掌赞叹："好诗。好字。鉴湖女侠果然出手不凡。"

听得出来，这是李钟岳发自内心的赞叹，秋瑾不由得客气起来："阶下之囚，信手涂鸦，当不得好字，若是寻常往来，倒可以和李大人唱和几句。"

李钟岳说："我只当你是我请来的客人，你尽管随便。"说着，李钟岳吩咐上酒上小菜。审讯者和被审讯者相对而坐，如同两个文学爱好者，说起诗文来。

就在这时，贵福闯了进来，一见二人相谈甚欢，沉下脸来，说："李大人，审讯不是请客吃饭，堂堂朝廷命官，竟与乱臣贼子谈笑风生，成何体统！对这种死硬分子，必须往死里打，用板子撬开她的嘴巴！"

李钟岳长叹一声，说："大家都是读书之人，且秋瑾已为人母，强行用刑，有悖人道，有辱斯文啊。"

贵福冷笑一声，戳点着秋瑾写的"秋风秋雨愁煞人"，说："什么人道？什么斯文？我看见这种酸溜溜的歪诗就恶心，就想拔刀杀人！"

李钟岳把秋瑾写的诗小心折好，藏在怀里，说："这可不是歪诗，它一定是比你我命长的名句。"

"秋风秋雨愁煞人"，是秋瑾留在人间的最后诗句，诚如李钟岳所言，一百多年过去，它依然在秋瑾的故事里生机勃勃。

浙江巡抚张曾扬懒得挖秋瑾的口供了，下令将秋瑾就地正法。贵福对李钟岳说："既然你和秋瑾投缘，你就做监斩官，让秋瑾和她的狗屁诗见鬼去吧。"

李钟岳最终没能救下秋瑾，他只能尽量让她死得体面一点，有尊严一点。

1907 年 7 月 16 日，安庆起义后第十天，秋瑾就义，年仅三十岁。

三天后，李钟岳被免职。

后来的两个多月里，李钟岳一直在愧疚和悔恨中煎熬，如果我真想救秋瑾，我为什么不在接到贵福命令的那一天，直接通知秋瑾逃走呢？如果我是个真男人，我为什么不干脆像徐锡麟一般，干掉知府贵福，干掉巡抚张曾扬，轰轰烈烈大干一场呢？煎熬至最后，李钟岳彻底崩溃，于杭州寓所上吊自尽。

◇◇◇

李钟岳（1855-1907），山东安丘人。1898 年中进士，1907 年正月出任山阴县令。李钟岳因愧杀秋瑾自尽后，时人为之唏嘘。1912 年，浙江革命先贤和秋瑾生前好友在西子湖畔建秋瑾墓和鉴湖女侠祠时，因李钟岳有德于秋瑾，特将其神位供在祠中。

赵彩云：风月无边赛金花

如果令慈大人知道宰相阁下
居然不知道怎样尊重女人，她一定会死不瞑目的

赵彩云几岁就没了娘，跟着做小生意的父亲从徽州搬到了苏州。大约是因为娘没活够，把来不及绽放的美丽都给了女儿，小彩云出落得分外俏丽，走在街上，免不了让一干臭男人想入非非。彩云好玩好吃，加之继母管束不严，十三岁那一年，彩云就给人忽悠上了花船。随便给男人们唱几支小曲，说几个笑话，就有吃有喝，还能得一两二两银子，且来往的还都是有钱有趣之人，赵彩云觉得没什么丢人的，就干脆正式上船，做了卖艺不卖身的清倌人。

彩云十四岁的时候，碰到了来船上吃花酒的状元郎洪钧。洪状元四十八岁了，早已不帅，一撮山羊胡子似灰非灰，而且，他回苏州来是为母亲守孝的，重孝在身，却来船上吃花酒；家中已有一妻一妾，那双眼睛还如狼似虎，像要把人吃掉。种种不顺眼，让彩云觉得此人不地道，对他爱理不理，话语之间，还不免带些讥诮。臭男人就是那么贱，那洪状元见过彩云之后，竟失魂落魄，想彩云想得睡不着觉，就不顾自己正在守孝，托人来说合，要纳彩云为妾。小彩云想起自己成了洪状元的小妾，就得任他那张油腻腻似乎没洗干净的脸，在自己身上乱蹭乱啃，不由得泛起一层鸡皮疙瘩，以守孝之人不可婚嫁搪塞。众人七嘴八舌地劝彩云，状元乃天上文曲星，不必忌讳地上的规矩云云。彩云他爸也贪那洪钧是个状元，收了人家的彩礼。全世界的人都觉得，状元郎看上卖笑女子，那是她的福气，她理当受宠若惊，若支支吾吾，那就是不识抬举、大逆不道。在公认的幸福面前，小彩云别无选择，做了洪钧的第二个姨太太。洪钧对二姨太

宠爱有加，给她取了个新名字——洪梦鸾，青楼女子赵彩云一跃成为状元夫人洪梦鸾，好运似乎就这么降临了。

不久，洪钧奉旨进京，成为大清帝国公使，出使俄罗斯、德国、奥地利、荷兰四国。公使需偕夫人同行，可洪钧原配王氏夫人畏惧洋人风俗，不敢随行，大姨太太长年抱病，只怕在船上颠簸而死，于是，二姨太洪梦鸾成了理所当然的公使夫人，穿着王氏夫人借给她的诰命夫人服饰，登上了开往西洋的客船。

年近五十的清国公使，带着个十五岁的小脚夫人，行走俄、德、奥、荷四国，即刻成为轰动欧洲的新闻。连德国铁血宰相俾斯麦都忍不住好奇之心，特意接见清国公使及夫人，要看一看一双小脚的公使夫人是如何摇曳多姿的。俾斯麦知道洪钧不懂德语，接见过程中，一边心不在焉地通过翻译与洪钧说着官场废话，一边与随员对公使夫人评头品足，言语间甚是轻薄。到欧洲还不到一年的洪梦鸾忽然以德语问俾斯麦："宰相阁下，请问令慈大人身体好吗？"年逾古稀的俾斯麦一听洪梦鸾居然懂德语，尴尬不已，他不知道问候母亲的话，翻译成中文是"你妈的"，恭恭敬敬地回答说："多谢公使夫人问候，我母亲已去世多年了。"洪梦鸾说："如果令慈大人知道宰相阁下居然不知道怎样尊重女人，她一定会死不瞑目的。"俾斯麦大窘，因为自己失礼在先，又不好发作，赶紧道歉："对不起，公使夫人。我保证，从此以后，您会得到全德国的尊重。"

宁做婊子快活半生，
不做节妇荣耀千年

1892 年底，洪钧任满回国，改任兵部左侍郎。不到一年，洪钧病逝。

那一年，洪梦鸾十九岁。作为洪钧的未亡人，洪梦鸾应该为他守寡终身，帅哥在前，不多看一眼，夜半被冷，也不做春梦，然后，众人就会交口称赞她的节烈，若感动了皇上，还可能赐她一座贞节牌坊，让她成为全中国妇女的榜样。见过了欧洲的大世面，洪梦鸾才不在乎那贞节牌坊，她宁可做婊子快活半生，也不愿做节妇荣耀千年。跟随洪钧的这几年，洪梦鸾一直努力要做一个高贵的夫人，为此，她苦学德语、俄语和社交礼仪，并赢得了洋人的尊重。可是，当她回到中国，无论她举止如何中规中矩，在客客气气的礼尚往来中，她还是嗅出了对"婊子"的鄙视。洪钧一死，洪梦鸾就十分清楚地看到了自己的下场，就算她守身如玉，得到了皇上恩赐的贞节牌坊，在世人的眼中，她依然是一个婊子。所以，洪梦鸾早就盘算好了，与其顶着婊子之名，行节妇之实，还不如明明白白做一个婊子。

把洪钧的棺椁护送回苏州，洪梦鸾连洪家的门都没进，就掉头而去，带着自己攒的私房钱去了上海。

洪梦鸾先把自己的名字改成了曹梦兰，然后租了一套房子，买了两个姑娘，大张旗鼓地做起了婊子生意。

状元夫人的天生丽质，公使夫人的机智伶俐，让曹梦兰迅速名扬上海滩，成为红极一时的花榜状元，连不苟言笑的李鸿章李中堂也微服前来，喝了半天茶，说了半天体己话儿。

洪钧的大姨太陆氏，父亲陆润庠也是个状元，眼见得女婿洪钧的状元英名竟然成了妓女揽客的金字招牌，气得胡子乱抖，就串通上海知府，找了个由头，把曹梦兰赶出了上海。

曹梦兰无奈，北上天津，改名为赛金花，再次租房找姑娘，组建"金花班"。皇城边上，状元夫人和公使夫人的招牌更好使，连王公贵族、封疆大臣都来捧场，金花班如鱼得水，迅速发展壮大，于1899年进军首都北京，名噪八大胡同。赛金花春风得意，常着男儿装，混迹于男人中间，与京城大佬卢玉舫拜为兄弟，因排行老二，且豪气不输男人，江湖人称"赛二爷"。

第二年，八国联军打进北京城，慈禧太后与光绪爷仓皇西逃。八大胡同的姑娘们也人心惶惶，一哄而散，只有金花班不慌不忙，照常开门营业。赛二爷说："洋人虽然可恶，却比中国男人懂得尊重女人。再说，国难当头，如果女人注定要遭蹂躏，咱们青楼女子也当牺牲在良家妇女之前。"

山河破碎，百姓遭殃。北京沦陷之初，八国联军官兵四处撒野，尽显

虎狼本色。一天，几个德军大兵闯进石头胡同的金花班耍流氓，姑娘们吓得笑得比哭还难看。赛二爷听对方说德语，用德语说道："你们老宰相答应我，我会得到全德国的尊重。如今，老宰相尸骨未寒，你们居然跑到中国来欺负我，你们德国人就是这样尊重女人的？"

德国大兵一听这身着男装的中国女人会说德语，似乎还是已故老宰相俾斯麦尊敬的女人，就收敛了七分，闲聊几句，德国大兵更吃惊地发现，她竟然是八国联军总司令瓦德西的老朋友！德国大兵顿时多了几分恭敬，为自己的鲁莽连连道歉，也不像日本兵一样到八大胡同吃"霸王餐"，主动按行价付了双倍钱。

赛二爷的义举，
于国有功，于民有益，必有善报

传说，赛金花还是公使夫人的时候，瓦德西就对她暗生倾慕，只因为洪钧看得紧，直到他们离开德国，瓦德西都没能找到翻墙的机会。此次来华，瓦德西是来杀人放火的，根本就没想到会有机会和公使夫人风花雪月，听手下士兵说，赛金花如今居然在石头胡同做妓院鸨母，瓦德西且惊且喜，当即策马来到石头胡同金花班。

传说，瓦德西与赛金花久别重逢，相见甚欢，从此以后，赛金花时常出入瓦德西的司令部，二人还公然在大街上并辔而行，眉来眼去。

传说，赛金花说话比和谈大臣李鸿章还管用，人称"议和大臣赛二爷"。因为德国公使克林德被义和团杀死，克林德夫人一定要慈禧老太婆抵命，使和谈陷入僵局，是赛二爷巧舌如簧，感动了克林德夫人，德国人才饶了慈禧一条老命，使和谈得以顺利进行，北京才没有进一步血流成河。

传说里的赛二爷英姿飒爽，没什么摆不平的事儿，洋人见了她都得点头哈腰；现实里的赛金花只是一个会见风使舵的妓院鸨母，为德国人采购军粮赚了点小钱，碰到点风吹草动，幸福生活即刻崩盘。

1902 年，赛金花参加了克林德碑的揭牌仪式，以说怪话著称的名流辜鸿铭对赛金花说了句很正经的话："赛二爷的义举，于国有功，于民有益，必有善报。"然而，辜鸿铭说过此话后不久，赛金花就开始走霉运，江河日下。

1903 年，金花班的一个姑娘不堪淫乱之苦，服鸦片自尽，鸨母赛金花被捕入狱。赛金花四下打点，出得狱来，已耗尽家底，苦心经营多年的金花班风流云散。赛金花黯然离京去上海，从头再来，挂牌接客。

1911 年，赛金花嫁与沪宁铁路段稽查曹瑞忠为妾，只想从此正经过小女人的日子，不料，不到一年，曹瑞忠暴病身亡，赛金花又一次走进青楼。

1918 年，赛金花不信自己的克夫之命，斗胆嫁给参议院议员魏斯炅。三年后，魏斯炅又被"克"死了。

"克"死三个男人之后，赛金花再也不想嫁人了。人老珠黄，也不好意思再做妓女，只靠旧日友好接济度日。

1936 年底，赛金花贫病而死，享年六十三岁。京城名士凑份子为她办了后事，还给她写了一副挽联，发表在报纸上：

救生灵于涂炭，救国家于沉沦，不得已牺牲色相，其功可歌，其德可颂；

乏负廓之田园，乏立锥之庐舍，到如今穷愁病死，无儿来哭，无女来啼。

赛金花与胡适是徽州老乡，今天你若去黄山，会发现赛金花故居比胡适故居热闹多了。

◇ ◇ ◇

赵彩云（1873－1936），安徽黟县人，晚清名妓，人称赛金花。北大教授刘半农与商鸿逵合作，为赛金花写传记《赛金花本事》，其名句曰："中国有两个'宝贝'，慈禧与赛金花，一个在朝，一个在野；一个卖国，一个卖身；一个可恨，一个可怜。"

陈璧君：我丈夫是个美男子

被你抱过了，
我就是你的人了哦

帅哥汪兆铭四处奔走，撒播革命火种。所到之处，汪帅哥振臂一呼，犹如春雷滚滚，震撼人心，无论男女，即刻目瞪口呆："哎哟，这小子好帅啊！"连斯文帅哥胡适之都私下慨叹："汪兆铭帅呆了，我要是女人，一定要奋不顾身嫁给他！"

1907年春天，汪兆铭远赴马来西亚，来到槟州（槟州，亦称槟榔屿槟州，是马来西亚十三个联邦州之一，在马来西亚半岛西北侧）的乔治市。这里华人富商云集，革命党人需要他们贡献银子，买枪买炮，革清朝的命。革命党人先在街边搭了一个戏台，敲锣打鼓，过往华人只以为要唱戏，慢慢聚集。人聚得差不多了，台上出来一个英俊小生，却不穿戏服，也不唱戏，只滔滔不绝地宣讲革命道理。戏迷们发觉上当，不欢而去，爱国热血男女却越聚越多。英俊小生就是汪兆铭，他越讲越兴奋，高声呼喊同盟会口号："驱除鞑虏！恢复中华！创立民国！平均地权！"汪兆铭喊一句，台下听众跟着喊一句。其中一个十六七岁的女子，喊得声嘶力竭，喊破了嗓子也不顾。喊着喊着，女子突然喊不出声音来，晕倒在地。

汪兆铭一跃下台，把女子抱在怀中，掐住她的人中穴。女子悠悠醒来，睁开眼，定定地看着汪兆铭说："四哥，你真帅。"

女子叫陈璧君，十六岁，富商之女，已在孙中山引领下秘密加入同盟会。因常读汪兆铭的文章，陈璧君对他很是仰慕，听说他到了槟城，特意来捧场，没想到，激动过度，当场晕倒。

　　陈璧君早已私下里探得汪兆铭的底细，知道他排行第四，就脱口叫起了"四哥"。

　　谈革命，汪兆铭口若悬河，面对火辣辣的姑娘，倒有点不知所措。陈璧君的一声"四哥，你真帅"，当即让他红了脸，他抱着陈璧君，放也不是，不放也不是。

　　陈璧君"嘻嘻"一笑，说："四哥，被你抱过了，我就是你的人了哦。"

　　汪兆铭赶紧放手，却再也放不下了。此后的日子里，陈璧君步步紧跟汪兆铭，挑明了要嫁给他。汪兆铭时年二十四岁，已按老规矩在老家订了一门亲，就说："对不起，我已是有老婆的人了。"陈璧君说："我打听过了，你只是订了婚而已。就算是你结了婚，也没关系，我给你做妾，也可以的。谁叫我被你抱了呢。"

　　汪兆铭一声苦笑。革命路上，汪兆铭碰到过许多痴迷帅哥的女子，让他一直很郁闷。汪兆铭不仅仅是个帅哥，他是正经中过秀才的人，壬寅年广州府第一名秀才，一肚子的大好学问，要是不造反，中举中进士，也是不在话下的。让汪兆铭稍觉欣慰的是，陈璧君不是个简单的花痴，她还读书，欣赏汪兆铭写的每一个字。汪兆铭不喜欢人夸自己帅，却喜欢人夸自己文章写得漂亮。所以，虽然他没有立刻接受"女汉子"陈璧君赤裸裸的爱，却也没有把她冷冷地推开。

　　其时，陈璧君已与一个"富二代"订婚，结识汪兆铭之后，陈璧君只觉得未婚夫浑身透着俗气，越看越不顺眼，要悔婚。陈父坚决不同意，姓汪的是有老婆的人，还是个革命党，时刻可能掉脑袋，跟着他有什么好处，帅能当饭吃？陈母倒是开明，悄悄和陈璧君去相看汪兆铭，听他讲了一番革命道理。一见一闻，陈母对女儿说："女儿你随他去吧，要是真能嫁得此人，那是你的福气。"为了表示对女儿的支持，陈母自己也加入了同盟会，还卖掉首饰，拿出私房钱，资助陈璧君跟随汪兆铭出生入死。

我把自己送给你，让你在赴义之前做一回男人吧

从新加坡到日本，陈璧君与汪兆铭形影不离。三年过去，陈璧君成了一个能玩弄刀剑的职业革命者，和汪兆铭成了合作默契的战友，他们的爱情却一直没能开花结果。汪兆铭说："革命不成功，我没心思谈情说爱。"

清朝末年，以孙中山为首的革命党人，发起了一次又一次起义，均以失败告终。除了起义，革命党人还热衷于暗杀，上至王公大臣，下至府县官吏，逮住机会就杀。虽然不能翻云覆雨，也能大快人心。汪兆铭乃《民报》主编，同盟会一支笔，主要负责造声势和筹集革命经费，孙中山并不需要他冲锋陷阵。只因有人讥诮他是个只会空谈的口头革命者，他才拍案而起，要干一件大事。他要干掉当时中国的第一号重要人物——小皇上宣统他爸、摄政王载沣，让全中国知道，汪兆铭能说会写，还能真的革人之命。杀掉载沣，激起全国革命者的斗志，革命也就成功了一半。

陈璧君一听汪兆铭要去刺杀摄政王，兴奋得两眼放光，说："四哥你真是一条好汉，我跟你一起去！"

汪兆铭说："这一去，就回不来了。你去做什么呢？"

陈璧君流下泪来，哽咽着说："我去为你送行，我去为你收尸。"

汪兆铭推却不过，带着暗杀团成员黄复生、罗世勋以及陈璧君，赶赴北京。他们在载沣上朝的必经之路上，开了一个照相馆，借此掩护，窥探载沣出没规律。

掌握载沣的活动规律后，汪兆铭确定了行动计划，先由黄、罗二人在载沣必经的什刹海银锭桥边埋好炸药，再由汪在载沣经过之时，引爆炸药，与载沣同归于尽。

埋炸药的黄复生和罗世勋趁着夜色出发了。陈璧君说："四哥，很惭愧我不能为你做什么。我把自己送给你，让你在赴义之前做一回男人吧。"说着，陈璧君抱住了汪兆铭。

汪兆铭做过许多为人不齿之事，却从不好色，与陈璧君朝夕共处三年，他一丝邪念都没动过，一直保持着坐怀不乱的君子风度。生离死别之

际，看着陈璧君眼中闪烁舍身上祭坛的圣洁光芒，汪兆铭找到了将就的理由，拒绝深爱自己的女子，可能是更冷酷的伤害。战士汪兆铭的心即刻激动起来，抱住了陈璧君。

汪、陈二人行完悲壮的"告别仪式"，黄复生和罗世勋沮丧地回来了。他们正在埋炸药的时候，巡警过来了，要不是跑得快，他们就被逮住了。

汪兆铭一声长叹。陈璧君则长出一口气，难道，这就是天意？

就这么溜回日本，汪兆铭必将成为笑柄，他不甘心。好汉行事，必须水落石出。汪兆铭决定，重新开始：陈璧君和罗世勋回日本，筹集经费再弄炸药；自己和黄复生留守照相馆，相机而行。

汪兆铭左右思量，觉得巡警只发现了炸药，没抓住埋炸药的人，他们应该没有暴露。没料到，侦探从装炸药的铁箱子上嗅出了蛛丝马迹。几天后，官兵包围照相馆，汪兆铭和黄复生被逮捕。

回到日本的陈璧君得知汪兆铭被捕，只觉得魂飞魄散。汪兆铭倒是坦然，在监狱里诗兴大发，写下了流传至今的名句："慷慨歌燕市，从容作楚囚。引刀成一快，不负少年头。"

要我认罪，我宁愿把牢底坐穿

陈璧君赶回北京，只恨自己不是身怀绝技的女侠，出入刑部大狱如进厨房，救出汪兆铭来。她使尽浑身解数，只能做到买通狱卒，在鸡蛋中混进一封情书，送给汪兆铭。"四哥如面：千里重来，固同志之情，亦儿女之情也。妹之爱兄，已非一日，天荒地老，此情不渝。但此生已无望于同衾，但望死后得同穴，于愿已足。赐我婚约，以为他年作君家妇之证。忍死须臾以待之，其当字覆许我也。"

身陷死牢的汪兆铭读罢情书，泪如雨下，回了一首《金缕曲》："别后平安否？便相逢，凄凉万事，不堪回首。国破家亡无穷恨，禁得此生消受。又添了离愁万斗。眼底心头如昨日，诉心期夜夜常携手。一腔血，为君剖。泪痕料渍云笺透，倚寒衾循环细续，残灯如豆。留此余生成底事，空令故人潺愁。愧戴却头颅如旧。跋涉关河知不易，愿孤魂缭护车前后。肠已断，歌难又。"

对于陈璧君"赐我婚约，以为他年作君家妇之证"的要求，汪兆铭咬破手指，写下一个红色大字"诺"。

如果汪兆铭就此死去，他和陈璧君的这一段生死恋，必将成为中国革命史上最绚丽的篇章。可惜，该死的汪兆铭没有死。为了不激怒革命党，收买人心，载沣没让汪兆铭死，只判了他终身监禁。

第二年，武昌起义成功，大清王朝崩溃。汪兆铭荣耀出狱，和陈璧君隆重结婚。

此后的二十多年里，汪兆铭飞黄腾达，成了地位仅次于蒋介石的中国第二号人物。蒋介石为了与革命前辈搞好关系，要与汪兆铭拜把子。陈璧君一向看不起蒋介石，她把蒋介石的帖子扔在地上，说："你愿做他的把兄，我可不愿意做他的把嫂！"

日军入侵中国后，汪兆铭与蒋介石的矛盾日渐激化。1938 年，汪兆铭接受日本人递出的"橄榄枝"，偕陈璧君及亲信逃往南京，"曲线救国"。从此，人们渐渐淡忘英雄汪兆铭，只认定他是汉奸汪精卫。

1944 年，汪精卫病死东京。

抗战胜利后，汉奸陈璧君被逮捕。在审判台上，陈璧君拒不认罪，并竭力为汪精卫辩护：没有一寸国土是汪先生断送的，汪先生倡导和平运动，赤手收回沦陷区，如今完璧归还国家，无罪有功。

1946 年 4 月，汉奸陈璧君被判处无期徒刑。

据说，在新中国成立后，宋庆龄和何香凝向毛泽东求情，要求特赦陈璧君。毛泽东说，她认个罪，就放了她。陈璧君说："我固守受审时的立场，对日本的和与战都为救国，殊途同归，无罪可言，无罪可悔。要我认罪，我宁愿把牢底坐穿！"

1958 年 6 月 17 日，陈璧君病死狱中。临死前，她微笑着对围在身边的人说："我丈夫是个美男子！"

◇◇◇

陈璧君（1891-1959），出生于马来西亚槟榔屿乔治市，南洋巨富陈耕基之女，汪精卫之妻，中国同盟会会员。1959 年 5 月 19 日，狱中的陈璧君病重住院，给海外子女写了一封信：

诸儿同阅：我于本月 2 日因病蒙人民政府在革命人道主义待遇下送入医院，现由中西医会诊处方，年近七旬加上病魔纠缠，病况较为严重，万一不幸与诸儿永别，则盼诸儿早日回归祖国怀抱，以加倍努力工作以报答人民政府挽救我之深厚恩情，吾死别无所念，因你等均已达而立之年，遗憾者未能目睹祖国进入社会主义社会。

揪住宋教仁的小胡子，
劈头盖脸打了十几个耳光

一百多年来，沈佩贞的名声一直不怎么好，当年和她一同热血沸腾的姐妹们成了革命先烈革命家，名垂青史，她却成了青史的花边，不时被人翻出来，眉飞色舞地说道一番，常见关键词是"女流氓""政治宝贝"。

没有人在意沈佩贞的来龙去脉，如今，已说不清楚沈佩贞为何方（或说广东，或说广西，或说浙江绍兴）人氏，难考其生卒年月，我们只知道她和大名鼎鼎的秋瑾、何香凝、唐群英同为革命元勋，经历也差不多，留学日本，加入同盟会，回国闹革命。

辛亥革命期间，沈佩贞在上海组织女子敢死队，招募非凡女子五百名，练就一身拳脚和敢于牺牲的赤胆忠心，誓要打爆大清王朝的头。可怜的清朝政府，不等沈佩贞把它打爆，自己弱爆了。

沈佩贞参加同盟会闹革命，是冲着《同盟会纲领》中的"男女平权"四个字而去的。革命成功，革命同志各有所得，最不济的也成了万众敬仰的革命烈士，可是，中华民国临时参议院制定的《中华民国临时约法》中却不见了"男女平权"。那时候，中国女人还缠着裹脚布，连路都走不稳，逃过缠脚之劫的"大脚婆"还嫁不出去，如此这般，居然要求"男女平权"，男人们想一想都觉得好笑，就把那四个字顺手删掉了。同时明文规定，选举权与被选举权只属于男人，女人与精神病患者、吸食鸦片者、一字不识者等，不能享受上述权利。唐群英、沈佩贞、张汉英、林宗素、张昭汉、吴木兰等中国女权运动的先驱愤怒了，联合上海女子参政同志会、女子后援会、尚武会、金陵女子同盟会、湖南女国民会等女性团体，成立了女子参政同盟会，誓要与自以为是的男人们平分秋色。

1912 年 8 月 6 日，唐群英率沈佩贞等六十多个女子代表，来到北京，与参议院诸公理论，要求女子参政权。众男人只是打哈哈，支支吾吾。第二天下午，众女子又一次来到参议院，只想要男人们把话说清楚：女子参政，行也不行？参议院却大门紧闭，不让她们进去。沈佩贞大怒，一拳击碎窗户玻璃，粉拳因此流血。一个保安闻声出来吆喝，手持警棍指指点点，要沈佩贞赔玻璃。沈佩贞最烦男人对她吆喝，就一脚踢倒了保安。这一脚，踢得全中国男人坐立不安，多年以后，旗手鲁迅还为此喋喋不休，说那保安应该不是沈佩贞一脚踢倒的，而是自己不小心滑倒的。

1912 年 8 月 25 日，同盟会骨干与其他几个党派主要成员汇聚湖广会馆，庆贺他们联合组成的新政党——国民党成立。秘书长宋教仁在主席台上一条一条地念党章，唐群英和沈佩贞从头听到尾也没听到"男女平权"，只听到刺耳的"不接受任何女性加入"，唐群英当即站起来质问："这是什么狗屁章程，为什么不准女性加入？"唐群英比宋教仁大了十来岁，且是同盟会元老，宋教仁对她一向很客气，说："唐大姐，党章是经大家研究讨论后确定的，请遵守会场秩序好吗？"

沈佩贞拉着唐群英，冲上主席台，一把抢过宋教仁手中的党章，撕个粉碎。宋教仁目瞪口呆，嗫嚅道："这，这，成何体统。"沈、唐二人二话不说，揪住宋教仁的小胡子，劈头盖脸打了十几个耳光，把宋教仁的体统打得片甲不留。

女人也可以堂堂正正做官，顶天立地做人

打完了宋教仁，沈、唐二人去向孙中山哭诉，孙中山说："你们大闹会场的行为，充分说明，妇女参政的确不是时候，你们还不如去办女子学校，先提高妇女基本素质，再来说男女平权之事。"

大总统袁世凯更觉得"女子参政"纯属扯淡，下令解散女子参政同

盟，还扬言要抓人。唐群英见势不妙，回湖南老家办报办学校，从事女子教育去了。沈佩贞不甘心，不能让全中国两亿女性同胞与男人们同起同坐，她至少要让男人们对自己刮目相看。

官场上讲究混背景，沈佩贞没背景，只拿着"大总统门生沈佩贞"的名片笑傲江湖。袁世凯是北洋学堂的创始人，沈佩贞年少时曾就读该校，因此扯上师生关系，纯属娱乐，图个好玩。不好玩的男人们却因为这张名片笑话沈佩贞为趋炎附势之人，甚至还编排出她想卖身给袁大头做妃子的绯闻。

不管男人们如何不屑一顾，"大总统门生沈佩贞"还是脱颖而出，成了总统府顾问。

作为总统府顾问，沈佩贞做了些什么，如今已无从查考，人们津津乐道的只是沈佩贞脚踢保安、掌掴宋教仁之类的轶闻，我们只知道她得罪了许多人，谁都敢得罪。比如有一晚，她指挥警察抓赌，居然抓了一个部长三个副部长。部长和副部长们狂叫"我是×××"，她也不买账，硬把人关了一个多小时，按规定处罚之后才放人。

沈佩贞只想告诉男人们，女人也可以堂堂正正做官，顶天立地做人，可是，男人们宁愿她是一个可以亵玩的可爱宝贝。于是，莫须有的脏水不断地泼向沈佩贞。

1915年6月初，上海《神州报》连续三天刊登沈佩贞的香艳八卦，称她在醒春居酒楼与步军统领江朝宗"划拳喝酒嗅脚"。嗅女人臭脚，是从前变态男人的不雅游戏，总统府顾问沈佩贞的脚被男人嗅来嗅去，立刻让全中国的臭男人兴奋起来。嗅脚男主角若是器宇轩昂的英雄人物也还罢了，那江朝宗乃一有奶便是娘的吕布式猥琐角色，后来，日本人全面入侵，他还扬扬得意做了汉奸。沈佩贞不能不愤怒，其时她尚待字闺中，诬她一双脚被年过半百的老男人气喘吁吁地猛嗅，让她以后如何嫁人？

沈佩贞行事孟浪，骨子里却还是传统女子，太在乎自己的名声，她知道《神州报》的主编汪彭年此时正在北京活动做议员，就放出话来，让汪彭年摆酒请客，登报道歉，还她清白。汪彭年是有背景、有身份的人，不肯就范。沈佩贞就带着一帮爱凑热闹的女子闹上门去，要与汪彭年对话，

汪彭年知道沈佩贞的厉害，悄悄从后门溜了，打发姨太太前去抵挡。众女子见汪彭年不出来，不免喧哗。客居在汪彭年家中的众议员郭同就开门出来和众女子讲道理。众女子只以为他就是汪彭年，不由分说，花拳绣腿一齐上，把郭同打得落花流水，顺便还砸烂了汪家的锅碗瓢盆。

中国人讲究君子动口不动手，《神州报》胡言乱语污人清白没什么，总统府顾问沈佩贞打人，打的还是众议员郭同，那就什么都有了。一时间，大小报纸一齐鼓噪，把女权运动急先锋沈佩贞活生生炒焦，直至臭不可闻。众议员郭同趁机"拳打脚踢"，把沈佩贞告上法庭。于是，孤身挑战全中国男人的沈佩贞得到了应有的惩罚，被判入狱三个月。

貌似公正的法律，又一次扇了沈佩贞一个耳光

沈佩贞出狱以后，心灰意冷，不想再与男人争短长，只想找一个靠谱的男人，把自己嫁出去。偏偏，沈佩贞碰上了很不靠谱的男人魏肇文。

魏肇文天生叛逆，他爸魏光焘是前清重臣，曾官拜两江总督、南洋大臣，挣得了万贯家财。爱新觉罗家于老魏家真可谓皇恩浩荡，可魏肇文全不知感恩戴德，在日本留学期间，居然加入志在"驱除鞑虏"的同盟会，一心要革朝廷和他爸的老命。革命成功后，魏肇文成了第一届国会议员。

1918 年，春暖花开时节，叛逆的魏肇文在广州碰上叛逆的沈佩贞，一见钟情。都是不怎么循规蹈矩的人，对上了眼自然也不怎么讲规矩，没领证，没摆酒，两个有情人就自成眷属，住到了一起。

二人相处几个月，魏肇文突然发觉，两个趣味相投的人，天长地久地生活在一起，其实很是没趣，就不免三心二意，萌生去意。沈佩贞为争取"男女平权"，出生入死，忍辱负重，到头来，连自己的一片痴心和女儿身都没能保住，白白便宜了一个纨绔子弟，不由得悲从中来，把魏肇文告上法庭，告他"赖婚"。

1918 年 11 月 27 日，站在广州地方法院原告席上痛斥无耻男人的沈佩

贞，又一次成为轰动全国的新闻人物。

法庭辩论中，沈佩贞受尽被告辩护律师的侮辱："原告，你知道被告为什么在书信中称你为'先生'吗？在上海，那是嫖客对妓女的称呼。你和被告既无婚姻文书，又无媒妁之言，其实就和嫖客妓女的关系差不多，何来'赖婚'之说？"

沈佩贞气得发抖，面对全场哄笑的男人，却又无可奈何，只能号啕大哭。边哭边说，自己要是得不到公正的判决，就抬着棺材来，死在法庭上。

貌似公正的法律，又一次扇了沈佩贞一个耳光。法官判决：魏、沈二人属于姘居关系，不受法律保护，被告有自由结婚之权利，"赖婚"无罪。驳回原告诉求，本案诉讼费用由原告承担。

沈佩贞很不服气，女人就像一颗桃子，哪有咬了一口而不买的道理！她不顾法律的警告，守候在魏肇文上班的路上，揪住他讨说法。二人纠缠至警局，警察却全无怜香惜玉之心，把沈佩贞狠狠训斥一顿，限三日离境，否则严惩。

从此，沈佩贞在中国历史上消失得无影无踪。

2012年12月8日，网上有人拍卖"沈佩贞离异魏肇文致全国通电"手迹原稿，书法利索，词句悲愤，拍卖底价为八千元。是否拍卖成功，未见报道，也没人关心。

◇ ◇ ◇

沈佩贞，生卒年月不详，近代女权活动家，民主革命家。早年加入中国同盟会，武昌起义爆发后参加上海女子北伐队，后加入女子参政同盟会。女权运动失败后，曾出任袁世凯的总统府顾问。

施剑翘：十年铸就复仇剑

人间没人和你讲道理，
你下地狱和鬼讲道理去吧

文人墨客爱秋天，秋高气爽时节，就搔首弄姿，玩弄"停车坐爱枫林晚，霜叶红于二月花"之类的醋溜诗句。浙、闽、苏、皖、赣五省联军总司令孙传芳也爱秋天，爱的是另外一种境界，他说："秋高马肥，正好作战消遣。"

20 世纪 20 年代，各路豪杰作战消遣，把中国消遣得心惊肉跳。

1925 年秋天，孙传芳再起消遣之心，向奉系军阀张宗昌开战，打垮了张的第二军，俘虏军长施从滨。施军长是见过大风大浪的人，成了阶下囚也不怯场，他不慌不忙给孙传芳敬了个军礼，说："孙将军用兵，神出鬼没，老朽心服口服。"

孙传芳人称笑虎将军，他笑了一笑，吟出两句诗来："天生万物以养人，人无一德以报天。"

施从滨一惊，孙传芳念的是杀人魔王张献忠"七杀碑"上的话，接下来是杀气腾腾的"杀杀杀杀杀杀杀"。施从滨心知不妙，说："胜败乃兵家常事，孙将军您要讲道理。"

孙传芳一向喜欢横着走，孙中山当年提倡公务员做人民公仆，孙传芳讲的怪话流传到今：公务员必须做人民父母，因为当仆人的没一个好东西，不是拐骗主人的小老婆就是偷主人的钱财，而天下当父母的没有不爱自己孩子的。听施从滨要他讲道理，他仰天大笑一阵，说："施老，人间没人和你讲道理，你下地狱和鬼讲道理去吧！"

孙传芳说完一挥手，侍卫就把施从滨拉下去，干净利落，一刀斩首。

施从滨的头在蚌埠火车站的旗杆上悬挂了三天三夜，成了苍蝇过冬前的大餐。

有人劝孙传芳，施从滨并非十恶不赦之徒，枭首暴尸，会不会狠了点？孙传芳说："杀人乃军人本分，不狠一点，如何打胜仗？"

直到当地红十字会组织出面，说尸体腐臭影响环境卫生，还可能引发传染病什么的，孙传芳才允许施家收尸。

可以不做官太太，可以不过安逸生活，但绝不可以不报杀父之仇

施从滨有个弟弟叫施从云，是1912年牺牲的辛亥革命烈士；施从云有个女儿叫施谷兰，从小过继给施从滨。施谷兰时年二十岁，一听施从滨死于非命，哭喊道："屠夫孙传芳，我不报此仇，誓不为人！"

施从滨的义子施中诚，其时已是排长，听得施谷兰如此说，也激动起来，说："妹子，我是男人，为义父报仇是男人的事儿，就交给我吧。"

"我是男人"四个字，感动了施家老少，施从滨总算没有白疼义子施中诚。

施家老的老少的少，发誓报仇的施谷兰，只是个小脚女人，走路都摇摇摆摆，如何舞刀弄枪去报仇？军人施中诚的确是报仇雪恨最合适的人选。施谷兰激动得当即跪倒在施中诚脚下，说："哥，你要能为父亲报得此仇，施谷兰我愿为你做牛做马，肝脑涂地！"

为了给施中诚创造报仇条件，施谷兰和母亲找到施从滨的上司张宗昌，恳请张宗昌照顾施中诚。张宗昌乃"三不知将军"（不知道自己有多少姨太太，不知道自己有多少条枪，不知道自己有多少钱），也是没规没矩之人，他怜悯施从滨死得惨，就以提携施中诚来补偿，让他连升六级，由排长直接升为团长。

施谷兰甚是欣慰，排长只管几十个人，要明刀明枪干掉五省联军总司

令孙传芳，不容易；团长管着上千号人马，可以轰轰烈烈闹革命了，吼一声"孙传芳，拿命来"，都足以让孙传芳吓个半死。

施中诚自此仕途顺利，在老东家张宗昌兵败下野、横死街头之后，他又傍上蒋委员长这棵大树，继续青云直上，旅长、师长、军长一路干下去，干成了抗日名将。

施中诚官越做越大，孙传芳却在北伐大军的讨伐下，接连败北，最终沦为光杆司令，东躲西藏，要干掉他，就像城管干掉一个街头小贩一样简单。但施中诚却像终于由临时工熬成公务员的城管队员一样，不亲自动手打街头小贩了。孙传芳如同一条丧家野狗，蒋委员长都不轻易动他，我又何必找这晦气呢？

施谷兰终于看出施中诚一直在敷衍自己，愤而致书施中诚，断绝兄妹关系。

此时，离父亲遇难已经三年，自己发誓报仇，却连仇人如今在哪里都不知道！愤怒、愧疚、百般无奈，万千郁闷，一齐涌上施谷兰的心头，她忍不住关在闺房里大哭了一场。

施谷兰的哭声惊动了一位借住在家中的客人，他叫施靖公，是阎锡山手下的一个谍报股长。施靖公与施中诚是军校同学，对施谷兰早就暗生爱慕，来施家借宿，就是冲她来的。攀谈之下，施靖公得知施谷兰是因为杀父之仇未报而悲号，便说："大小姐，报仇的事儿交给我吧，哪怕孙传芳像臭虫一样藏在他外婆的屁沟里，我也能把他抠出来捏死！"

又是一个要为施谷兰报杀父之仇的男人，施谷兰依然很激动，激动得嫁给了施靖公。她想，丈夫为妻子报杀父之仇，天经地义，这个男人不会再跟她打马虎眼了吧。

施谷兰跟随施靖公在太原生活了七年，生了两个孩子。七年间，施靖公官运亨通，做到了旅长，但他像施中诚一样，并没把为施谷兰报杀父之仇的事儿放在心上。他只以为，时间会消弭一切，幸福的家庭生活，会让女人忘记所有的不堪和仇恨。施靖公没想到，施谷兰不是一般的女人，她可以不做官太太，可以不过安逸生活，但绝不可以不报杀父之仇！

当施谷兰发现施靖公所谓的报仇，也是在糊弄她，悲愤不已，牵着两个年幼的儿子，头也不回地弃施靖公而去。

一个小脚女人都能干掉杀人如麻的孙传芳，
你们还有什么干不了的

兄弟靠不住，老公也靠不住，施谷兰只有自己动手了。

施谷兰郁闷之际，写过两句诗："翘首望明月，拔剑问青天。"她从诗中拎出"剑翘"二字，做了自己的新名字，提醒自己时刻不忘报仇雪恨。

施剑翘先到医院矫正自己缠裹变形的小脚，要亲手报仇，她必须保证自己能正常走路。那是最痛苦的手术，先得把畸形的脚趾骨生生拉断，再让它慢慢愈合。拉扯脚趾骨的痛楚撕心裂肺，施剑翘哼都不哼，相对于十年的屈辱和煎熬，这根本就不算痛苦。

做完手术刚能走路，施剑翘就踏上了复仇之路。

有人说，孙传芳好像隐居在天津，施剑翘就直奔天津而去。可是，天津是个大码头，人海茫茫，到哪里去找孙传芳呢，而且，施剑翘不认识孙传芳，就算在街上擦肩而过，她也不知道呀。

1935 年农历九月十七日，是施从滨遇难十周年的忌日，报仇无门的施剑翘走进一座寺庙，跪在佛前痛哭。住持老和尚看施剑翘哭得伤心，顿生恻隐之心，劝道："施主，苦海无边，回头是岸，你要是在尘世实在无趣，不如学那孙传芳，皈依佛门，图个清静。"

老和尚说了许多，全都从施剑翘耳边一掠而过，"孙传芳"三个字却像石头一样砸在施剑翘头上砰砰响，她抬起头来，问："孙传芳他怎么来着？"

老和尚只想用孙传芳顿悟的故事来宣扬佛法，就絮絮叨叨从头道来。

孙传芳落魄之后，想起自己作孽太多，寝食难安，就开始吃斋念佛做善事，捉到来他家偷东西的贼，也不计较，打发银钱让他走，甚至还写起了"英雄到老终归佛，名将还山不言兵"之类的诗句。前两年，他还和人鼓捣了一个居士林，时常请法师讲经，像模像样很是热闹。

打听清楚居士林的具体位置，施剑翘心里说一声："孙传芳，你死定了！"她掏出一块银圆来，"当"的一声丢进功德箱。

老和尚眉开眼笑，高兴得忘了念一声"阿弥陀佛"。

怀揣勃朗宁手枪，施剑翘找到了居士林。正是讲经日，佛堂里坐着几百个拜佛之人，施剑翘没认出谁是法号智园的孙传芳，只是把居士林环境里里外外察看了一遍，还通过一个居士介绍，成了居士林会员。

施剑翘一连听了三次经，佛祖的教诲一点也没能熄灭她的复仇之火。她知道了谁是孙传芳，看着孙传芳身着海青居士服虔诚礼佛，施剑翘心里冷笑："屠夫，就算如来真的法力无边，也保不了你的狗命！"

施剑翘把击毙孙传芳的场景在心里演习了无数遍，她只有一次机会，必须保证一击得手！

农历十月十八日，又是一个讲经日。这一天飘着冷雨，居士林比平日冷清许多，施剑翘以为孙传芳不会来了，他却偏偏来了。

孙传芳，拿命来！

为了这一天，施剑翘活得不像个女人，整整煎熬了十年。她想到了种种意外，如果枪打不响，就用枪柄把孙传芳砸死；如果砸不死，就把他咬死！

准备十年的复仇，实施起来意想不到地简单。"砰、砰、砰"三枪，枪枪击中要害，孙传芳死得干干净净。

从离开太原、踏上复仇之路的那一天起，施剑翘就没想活着回来。她杀不死孙，孙必定杀死她；她杀死了孙，必定难逃法律的严惩。没想到，在全国人民的呼吁下，法律对施剑翘网开一面，施剑翘只蹲了几个月监狱，就被特赦了。施剑翘一直活到1979年，寿终正寝。

施剑翘刺杀孙传芳的传奇，常常被戴笠作为经典案例教训军统特工："一个小脚女人都能干掉杀人如麻的孙传芳，你们还有什么干不了的？"

◇◇◇

　　施剑翘（1905-1979），安徽桐城人。关于施剑翘刺杀孙传芳的动机，一直存有争议，一说为父报仇，一说系军统特务借刀杀人。郭汝瑰将军在《郭汝瑰回忆录》说："蒋（蒋介石）恐他（孙传芳）给日本人当傀儡，便由军统秘派一个叫施剑翘的女子去把他杀了。"

江冬秀：博士夫君小脚妻

三十夜大月亮，二十七老新郎

江冬秀十四岁那一年，和绩溪上庄村的胡适定了亲。听说，胡适斯文俊秀，比自己还小一岁，江冬秀羞答答满心欢喜，在心中把未来的夫君描摹了无数次，却是越描越糊涂，总也想象不出那人是如何个斯文俊秀，只盼着洞房花烛夜早日来到，好看看那人到底是骡子还是马。不想，那胡适忙于读书，花轿迟迟不来，江冬秀年满二十岁的时候，他竟然漂洋过海，跑到美国读书去了，一去就是七八年。

夫君留洋喝洋墨水，江冬秀自然面上有光，只是，据说洋人很不要脸，光天化日的大街上，也敢搂抱亲嘴，看得多了，胡适会不会生出花花肠子来？果然，过了两年，就有风言风语传回来，说胡适在美国娶了个洋妞，生了个杂交洋娃娃。江冬秀心中焦躁，雇一顶轿子，笑眯眯来到胡家，帮着胡适他妈洗衣做饭，喂鸡打狗。胡妈妈打心眼里喜欢手脚勤快嘴巴甜的江冬秀，也知道她心里想什么，就经常写信敲打儿子，切不可三心二意，辜负了人家江姑娘。胡适的确有点三心二意，和一个叫韦莲司的美国姑娘暧昧得很，只因母亲敲打，才没敢胡天胡地胡来。胡适父亲早逝，全赖寡母把他拉扯成人，对母亲他当然百依百顺，再三保证说："儿久已认江氏之婚约为不可毁，为不必毁，为不当毁。"同时，附言给江冬秀，让她放脚，读书。

得了胡适的保证，江冬秀松了一口气，当即就解了裹脚布，让父亲请了先生到家里来，教她读书、写字。

不到半年，放了脚的江冬秀就能走远路了，无需再雇轿子，她常常踮着小脚翻山越岭来到胡家，像儿媳妇一般忙活。同时，她也认得了一些字，能给胡适写信了，虽然错别字连篇，文理不通，却每个字都在向胡适表示：江冬秀我老老实实等了你胡适十多年，你可千万别乱来。

1917 年，胡适通过哥伦比亚大学的哲学博士考试之后，辞别韦莲司，回到中国，出任北京大学教授，掀起了新文化运动。成为万众瞩目的明星人物，胡适无限风光，却也不敢忘记母亲给他找的小脚姑娘。这一年冬天，胡适回到绩溪，准备迎娶江冬秀。

胡适到底是新派人物，结婚之前，想看一看自己的新娘长啥样，就去了江家。

江冬秀听得胡适来了，心中怦怦乱跳，趴在绣楼的窗户缝里朝客厅里偷看，见那胡适清秀儒雅，果然一表人才，心中顿时乐开了花。

突然，江冬秀见胡适放下酒杯，直奔绣楼而来。江冬秀急得团团转，徽州旧俗，拜堂成亲之前，两个新人不得见面，那人怎能不讲规矩？眼见那人来到了绣楼门口，江冬秀"哧溜"钻到床上，放下蚊帐。那人要是竟来撩蚊帐，江冬秀就准备钻进被子里蒙住头，总之不能让他看见。

虽然没有看到江冬秀的模样，那一双小脚竟能快速挪腾，敏捷地钻到床上，倒也让胡适会心一笑，小脚能跑就好。

1917 年 12 月 30 日，在定亲十四年之后，胡适和江冬秀结婚了。二十七岁的新郎胡适贴在新房门口的对联很好玩："三十夜大月亮，二十七老新郎。"新娘面若银盆，真的像一枚大月亮。

伴娘是胡适三嫂的妹妹曹诚英，她看着新娘洋溢着幸福的笑脸，暗暗地叹了一口气。

我没有狗屁文化，
可我不干狗屁事儿

1918 年底，江冬秀在为婆婆送终以后，跟随胡适到了北京。此时，江冬秀已怀孕五个月，她挺着大肚子，走在知识分子堆积如山的北大校园里，一点也没有因为自己认不了几个字而胆怯，小脚迈着碎步，倒显出几分非同一般的底气。

1919 年至 1921 年三年间，江冬秀马不停蹄，为胡适生了二男一女三个孩子。

胡适奉母命和江冬秀结了婚，心中的鸳鸯蝴蝶却一直在翩翩起舞。1923 年春天，胡适身体不适，要去杭州烟霞洞调养。江冬秀要在家侍候三个孩子，不能分身随行，想起胡适三嫂的妹妹曹诚英就在杭州，不轻易写信的江冬秀，硬着头皮给曹诚英写了一封充满错别字的信，拜托她方便的时候，照顾一下胡适。

在江冬秀的印象中，做过她伴娘的曹诚英长得体面，且乖巧懂事，还是亲戚，把胡适托付给她，应该不会错。生性爽直的江冬秀，忽略了曹诚英当年的那一声叹息。曹诚英早就暗恋着胡适哥哥，此时正在离婚的痛苦中郁闷，得知胡适哥哥到了杭州，曹诚英心花怒放，像一只蝴蝶一般，飞向烟霞洞。

曹诚英一到，烟霞洞顿时春光明媚春风浩荡。说不上谁先动的心思，谁先动的手，就像春季到来百花开一样，二人不知不觉，就在春天里沉醉了。

徐志摩得知胡适在烟霞洞养病，前去探望。徐志摩是与胡适一起召过妓的好友，他一眼就看出了胡适和曹诚英的不寻常，呵呵大笑："适之兄，烟霞洞里，方显男儿本色啊！"胡适讪笑道："兄弟莫要取笑，方便则个。"胡适的意思是叫徐志摩别张扬，徐志摩其时正与陆小曼黏糊，回到北京就兴高采烈告诉了她。陆小曼没想到温厚稳重的胡博士也会闹出此等事来，一起哄，京城的文化圈就都知道了胡适的风流韵事，传得纷纷扬扬。江冬秀兀自不知，在家里围着三个孩子团团转，得闲还写封信去杭州，问夫君可长胖了一点。

三个月后，胡适想瞒也瞒不住了，曹诚英怀孕了。胡适学识渊博，一生获得过三十六顶博士帽，面对曹诚英的怀孕，却一时不知所措。想起身边的风流才子纷纷离婚，徐志摩离了婚还登报宣扬，胡适鼓足勇气，要

不，咱也离了吧。

胡适支支吾吾回到北京，江冬秀看他一脸凝滞，惊叫道："哎呀，你到杭州养了三个月，脸色咋越来越难看呢！"

胡适一咬牙，放出了他此生最狠的话："我和曹诚英相爱了，我们离婚吧！"

江冬秀愣了半晌，把在院子里玩的三个孩子叫回家来，从高到低排好，拿起一把裁纸刀，高高举起，说："待我把这三个讨债鬼杀了你再离吧，也省得碍了你的好事。"

胡适的白脸顿时白得不像人样，双手乱摇，说："冬秀，我不离了不离了，你千万别乱来，千万别乱来啊！"

"我乱来？"江冬秀眼泪横飞，"你从美国乱来到中国，连自己的亲戚都不放过，你居然说我乱来！我没有狗屁文化，可我不干狗屁事儿！我是小脚，可我站得稳行得正！"江冬秀越说越愤怒，举起裁纸刀朝胡适掷过去。

裁纸刀擦着胡适的耳边飞过，插在门上。胡适落荒而逃，逃到杭州，流着泪劝曹诚英打了胎，把她送到美国读书去了。

有了野女人就嫌弃发妻的禽兽教授，都是我的敌人

江冬秀一举粉碎胡适的鸳鸯蝴蝶梦，威震北大。一干忍气吞声的原配夫人，把江冬秀视为女神，在家里受了先生的气，就来向她倾诉。

江冬秀初到北大那几年，对文化人很是敬重，虽然看不惯他们吟风弄月的花痴样儿，倒也不说什么。对胡适，江冬秀更是把他当文曲星一般供着，感冒了都不敢大声咳嗽，只怕惊扰了先生做学问。待胡适和曹诚英弄出事来以后，江冬秀才发现，男人都是那偷吃的猫，有没有学问都一样。胡适不再神圣，成了寻常男人，江冬秀终于敢大声说话大声笑了，闲暇时

还敢召集几个太太来家里打麻将。那些有了野女人就嫌弃发妻的禽兽教授，则更成了江冬秀的敌人，常常被她骂得灰头土脸。

著名教授、翻译家梁宗岱，年少时由家人包办，娶了一个有名无实的妻子。梁宗岱留洋回来，与才女沉樱爱得如火如荼，发妻闹到北大来，要求梁宗岱尽丈夫职责。江冬秀闻讯，挺身而出，怒斥梁宗岱：你要是不能回家规规矩矩做个好老公，死心塌地要离婚，就得赔偿发妻抚养费，让她的后半生有个着落！胡适一向是支持年轻人自由恋爱的，还明里暗里撮合过好几对，这一回，竟也站在江冬秀一边，让梁宗岱赔钱了事。梁宗岱不甘心，和发妻对簿公堂。不想，胡适夫妻竟双双出庭，为梁妻说话。结果，梁宗岱败诉，必须赔偿发妻七千大洋。梁宗岱怒而与胡适绝交，带着沉樱远走日本。

北大校长蒋梦麟离婚再娶，请胡适做证婚人。胡适喜欢为人证婚，人称"民国第一红娘"，一生做了一百五十多次证婚人。能为蒋校长证婚，胡适觉得很光荣，特意理了头发，买了一套新西装。江冬秀见他对着镜子左顾右盼打领带，比新郎官还高兴，冷笑道："你高兴个啥？是不是也想像那没心没肺无情无义的男人一样，再做新郎？"胡适满脸赔笑，说："我是证婚人，当然得有点喜色才好。"江冬秀板下脸来，说："这种薄情男人，不值得你为他证婚，我不准你去！"胡适抱拳恳求："夫人请宽宏大量，人家的大喜日子，咱不能扫兴呀。"江冬秀"砰"地关上大门，扣上挂锁，说："今天我就是要扫了他的兴！"说完，揣上钥匙找人打麻将去了。胡适无奈，只得翻窗而出，穿着不干不净的衣服为蒋梦麟做了证婚人。

江湖传说胡适怕老婆，胡适笑呵呵为怕老婆辩护说："一个国家，怕老婆的故事多，则容易民主；反之则否。德国文学极少怕老婆的故事，故不易民主；中国怕老婆的故事特多，故将来必能民主。"可惜，这话似乎没说对。

有一点可以确定，因为怕老婆，胡适成了中国好男人，他做过北大校长，做过驻美大使，还差一点做了中华民国总统。1949年以后，胡适流落美国，靠江冬秀打麻将赢钱度日，生病住院常常交不起医药费，他依然不慌不忙地笑着，努力装出一副很幸福的样子。

◇◇◇

江冬秀（1890-1975），安徽旌德县江村人，胡适之妻。胡适身为新文化运动的旗手，却娶了个小脚夫人，被视为民国七大奇事之一，当时有人调笑："胡适大名垂宇宙，夫人小脚亦随之。"

盛爱颐：
上海滩不老的
优雅

不清不白的人家，怎么能高攀盛家

1917 年，宋子文获得哥伦比亚大学经济学博士学位，回到上海，成了汉冶萍公司总经理盛恩颐的英文秘书。盛恩颐是已故"中国商父"盛宣怀最宠爱的四公子，上海滩著名的耍耍公子之一，白天睡觉，晚上玩耍，曾在赌场一夜之间耍掉一条街的上百间铺子。宋子文刚从美国回来，不太适应盛总经理的作息时间，每天还是早早就来到盛府，在客厅里坐着读书，等待盛总的随时召唤。

盛恩颐有个妹妹叫盛爱颐，时年十七岁，因为常常跟随她妈庄夫人出入社交场合，会说笑话，能打麻将，小小年纪已令人刮目相看，因为排行第七，上海滩人称"盛七"。这几天，盛爱颐天天看到一个帅哥大清早坐在客厅读书，得知是四哥的秘书，就有心要捉弄他一下。盛爱颐走到宋子文面前，咳嗽一声，说："嘿，美女当前，你竟然都不抬眼看一下，你可真能装哈！"

宋子文抬头见是盛爱颐，站起身来说："七小姐，对不起，不知道您来了。"

盛爱颐"哼"一声："原来知道我是七小姐，也不知道背后偷看我多少回了。"

宋子文说："七小姐美名远扬，在下在美国的时候，已略有耳闻，神往已久，如今得以亲聆教诲，不胜荣幸。"

宋子文恰到好处的马屁，拍得盛爱颐很是受用，七小姐嘻嘻一笑，说："到底是读过博士的人，真会说话。你真的在美国就听说过我？莫非你来我家是为了看我？"

宋子文说："七小姐落落大方，煞是可爱，怀春男士，莫不心向往之。"

宋子文后来做过中华民国的外交部长，口才自然十分了得，几个回合下来，伶牙俐齿的盛爱颐，不由得对宋子文刮目相看。此后，宋子文在等候盛恩颐的时候，盛爱颐总是有意无意地出现在客厅里，和宋子文谈天说地，耍嘴皮子。

后来，七小姐觉得老让宋子文白陪自己聊天也不好，就干脆请宋子文做了自己的英文老师，在四哥起床以前，就让宋子文教自己如何用英文耍嘴皮子。

那一年，宋子文二十三岁，正青春年少，天天与活泼可人的七小姐耳鬓厮磨，不知不觉就擦出了爱的火花，玩起了山盟海誓的游戏。

其时，盛爱颐她妈庄夫人是盛府的当家人，庄夫人看宋子文长得倒是秀气斯文，还是个留洋的博士，只是不知道出身什么样的人家，就派人去打探宋子文家的底细。得知宋子文是海南人，父亲宋嘉树是在教堂里弹琴的，身体虚弱，随时要断气的样子；二姐嫁了个男人叫孙中山，是个前清的反贼，如今是个什么大元帅，天天和人打仗。庄夫人一听，不行！这种不清不白的人家，怎么能高攀盛家？

庄夫人当即指示四公子盛恩颐，让那个宋秘书走人，永远不许踏进盛家大门。

庄夫人精明一世，这一回算是看走了眼。那宋嘉树虽然只是个牧师，但他生了三个影响中国历史的女儿，人称"宋氏三姐妹"。大女儿宋蔼龄，嫁给了孔子的七十五世孙孔祥熙，后来任中华民国行政院院长兼财政部长；二女儿宋庆龄，嫁的那前清反贼孙中山，乃是中华民国国父；三女儿宋美龄，嫁的那男人叫蒋介石，做了许多年的中华民国总统。宋子文兄弟三个在"宋氏三姐妹"提携下，也各有各的锦绣前程，兄弟姐妹齐心协力，终使宋家成了中国现代史上显赫的"四大家族"之一。这是后话，按下不表。

盛恩颐一听母亲不喜欢宋子文，就把他打发到汉阳分公司去了。宋子文到了汉阳，心中郁闷，不到一个星期，就递交辞职书，回到上海，出任联华商业银行总经理。宋子文要打出一片江山来给盛家看看，自己完全配得上七小姐。

可惜，时运不济，宋子文在上海滩打拼几年，依然只是一个普通小白领，只能偶尔请盛爱颐喝个咖啡，连像样的钻戒都买不起。

革命成功了，我还会回来的

1923年2月，孙中山在广州摆平陈炯明，做稳了海陆军大元帅。宋庆龄想起在上海打工的弟弟宋子文，就让孙中山给弟弟安排个工作。孙中山就给宋子文打电报，让他南下广州，共图大业。宋子文心中的"大业"仍是盛爱颐，姐夫的革命能不能成功，还不好说，盛家却是一座现成的金山，只要能娶得七小姐，革命成不成功都没关系的。当然，最好是带上盛爱颐一起南下广州，革命成功了，皆大欢喜，革命不成功，回到上海，依然是享不尽的荣华富贵。

此时，盛爱颐和妹妹正在杭州游玩，宋子文打定主意，不如把盛家姐妹一起带去广州，也好有个照应，就买了三张去广州的船票。

宋子文到杭州找到盛家姐妹，说："姐夫让我去广州，我们三个一起去吧，明天就走，我船票都买好了。"

盛爱颐很不高兴，宋子文一声不响就想把她姐妹俩一起"拐走"，也太不把盛七放在眼里了。她哼一声，说："你怎么不让你的大元帅姐夫带上兵马来，把我们姐妹俩绑走？"

宋子文说："革命乃当今潮流，热血青年，都应该积极参与的。"

盛爱颐说："对不起，我是冷血动物，不想闹什么革命。"

宋子文拿出外交部长的口才，也说服不了盛爱颐跟自己去广州，只好黯然告别。

追了自己六年的男人就要远走广州了，这一去，还不知道能不能回来，盛爱颐心中有点惆怅，抓出一把金叶子（一片金叶子约值现今人民币三千元），塞给宋子文，说："一路保重，马到成功。"

宋子文挥一挥手，说："革命成功了，我还会回来的。"

宋子文真的马到成功了，姐夫是大元帅，妹夫是大总统，他不可能不成功。

宋子文年谱显示，1927年3月29日，时任中华民国财政部长的宋子文抵达上海，筹建财政部上海办事处。衣锦荣归，宋子文却没有去看七小姐盛爱颐。

1927年6月，三十三岁的宋子文与十九岁的美女张乐怡在庐山一见钟情，于6月14日闪婚。

1927年秋天，庄夫人去世，盛爱颐想跟四哥盛恩颐要十万块钱去美国留学，遭拒绝。盛爱颐怒而将盛家男人告上法庭，要求男女平等，继承父亲遗产，这是中国第一个女权官司。1928年，盛爱颐赢得官司，获得父亲遗产50万大洋（约值现今人民币1亿元）。盛爱颐用这笔钱建起了百乐门舞厅。此后很多年，百乐门一直是上海滩最快乐的地方。

百乐门给上海滩带来了许多快乐，老板盛爱颐却并不怎么快乐。郁郁寡欢至三十二岁那一年，盛爱颐嫁给了母亲的内侄庄铸九。

直至临死，七小姐一直是个优雅的老太太

宋子文一路飞黄腾达，盛家却因儿孙辈不怎么争气，日渐衰败。

盛家兄妹知道老七与宋子文非同一般的关系，有心借助这种关系攀上宋子文这棵大树。有一天，五哥给盛爱颐打电话，让她去他家花园喝茶。盛爱颐匆匆赶到五哥家的花园，却见盛家兄妹几人拱围在宋子文身边媚笑，盛爱颐冷下脸来，一言不发，掉头就走。哥嫂赶紧把她拦住说，既然来了，就随便坐坐，叙叙旧呗。盛爱颐说："不行！我丈夫还等我回家吃饭呢！"说完，拂袖而去。

很久以后，提起此事，盛爱颐依然有气："靠姐夫妹夫做了个贪官，他得意什么呢，还好意思到我哥家喝茶。再说，他还欠着我一把金叶子没还呢。"

以盛七的脾气，她一辈子也不想和宋子文再有任何瓜葛。

没想到，抗战胜利后，盛老四的儿子盛毓度因为与日本人过从甚密，被当成汉奸抓起来了。盛毓度是日本驻华领事馆的秘书，与军统头子戴笠暗中有联系，还为营救抗日义士出过力，可此时戴笠因飞机失事死掉了，没人为他证明清白，枪毙他都是可以的。盛老四夫妻俩就来哭求盛爱颐给宋子文打电话。

事关侄儿的性命，盛爱颐不得不打电话给宋子文。

通话时间不到一分钟，大略如下：

"我是盛爱颐。"

"爱颐？好久不见，你还好吗？"

"我侄儿盛毓度被人冤枉成汉奸，你能想想办法吗？"

"没问题。你的事我一定竭尽全力！"

"我想明天和我侄儿吃午饭。"

"没问题。还有什么事儿你尽管吩咐。"

"没有了。谢谢。"

盛爱颐二话不说，挂断电话。

第二天一早，盛毓度就给放出来了。

事后有人说"七小姐好大的面子"，盛爱颐说："他还欠着我一把金叶子，能不给我面子？"

后来，宋子文去了美国。1971年，宋子文临死之前还对七小姐念念不忘，托她姐宋庆龄照顾盛爱颐。宋庆龄还真派人去上海探望过盛爱颐，问她有没有什么需要照顾的。盛爱颐说："没事，我很好。"

其实，盛爱颐很不好。新中国成立后，她的家产被没收，丈夫、子女被批斗，她自己在扫马路，一家人挤在她家从前的车库里，车库旁边是一个化粪池，臭气熏天。盛爱颐不怕臭，闲下来的时候，她就搬一把椅子，坐在化粪池盖子上，慢悠悠地抽烟，几分钱一包的劣质香烟。

有人见了盛爱颐，悄悄问："这老太太是谁？好优雅！"

被问到的人回答："当然优雅。她是当年闻名上海滩的盛七啊！"

　　1983 年，盛爱颐寿终正寝。直至临死，七小姐都从容不迫，干干净净，依旧是个优雅的老太太。

◇◇◇

　　盛爱颐（1900－1983），江苏武进县人，"中国实业之父"和"中国商父"盛宣怀之女，中国第一个涉足娱乐业的女企业家，由其一手打造的"百乐门"是上海滩繁华的标志。有诗赞曰："月明星稀，灯光如练；何处寄足，高楼广寒；非敢作遨游之梦，吾爱此天上人间。"

杨荫榆：被鲁迅拉黑的女汉子

嫁个丈夫是傻子

1901 年春天的一个清晨，一顶大花轿被热热闹闹抬进杨家大院。三小姐杨荫榆顿时心慌意乱，让红糖水给呛着了。

从与蒋家订婚的那一天开始，杨荫榆就隐隐地听说，蒋家儿子不正常。杨荫榆想悔婚，父亲不予理会，杨家蒋家都是有分量的大户人家，两家通婚，是经过再三掂量后才决定的，岂能随便反复？杨荫榆只能心中祈祷，但愿传言都是扯淡。

杨家在苏州，蒋家在无锡，苏州到无锡，一百多里，花轿要走整整一天。十七岁的新娘子没有忸怩的时间，与父母的告别仪式也省略了缠绵细节，杨荫榆几乎是迫不及待地上了花轿，迎亲队伍随即匆匆开拔，就像小偷一得手就赶紧开溜一般。

坐在花轿中，杨荫榆在告别仪式上还来不及酝酿的眼泪，才无声无息地流下来。喜庆之泪，多半是流给别人看的，以增强气氛的，花轿中的眼泪，没有观众，只默默地流了一会儿，就停住了。新郎是猫是狗，此刻杨荫榆也不在乎了，她掀开盖头，自怀中掏出早就准备好的《浮生六记》，摇摇晃晃地读起来。如果自己的丈夫注定不是风流倜傥的沈三白，在《浮生六记》中寻求几分慰藉，也好。

清早出发，一路马不停蹄，赶到无锡蒋家时，已是黄昏时分。杨荫榆正好读完《浮生六记》。

晕头转向中，拜完了天地。新娘杨荫榆被送入洞房。婚礼的喧嚣戛然而止，激动人心的洞房花烛夜即将开场，杨荫榆顶着盖头，坐在床沿上，紧张得出了一身白毛汗。

"踢踏踢踏"的脚步声向床边响过来。杨荫榆叹息一声，她最不喜欢走路拖泥带水"踢踏踢踏"拖鞋跟的人了。

新郎马上就要揭盖头了，杨荫榆准备好羞答答的表情，正犹豫盖头揭开的一瞬间，自己要不要对新郎嫣然一笑，盖头却被一把扯下！杨荫榆蒙了，站在面前的男人，显然是个傻子，眼睛黑少白多，合不拢的嘴巴流着哈喇子！

傻男人呵呵傻笑，笑出两排似红非红的牙龈，他对着杨荫榆左看右看，说："新娘子长了个牛鼻子，不漂亮。"

杨荫榆自知姿色平平，谁对她评头品足，她都可以不在意。可是，被一个傻男人评判为"不漂亮"，也太伤自尊了，杨荫榆"哇"地哭出声来。

杨荫榆一哭，傻男人慌了，扯着袖子给她擦眼泪，同时，赶紧改口："娘子，我错了，错了，是不丑，不丑。"

在花轿上，杨荫榆已做好了充分的心理准备，就算自己的丈夫不如沈三白善解风情，就算他缺胳膊少腿，她也认了，可是，这傻乎乎的男人，实在太出乎她的意料。就这样凑合一辈子，杨荫榆上对不起天，下对不起地，中间对不起自己呀。

杨荫榆正不知所措，傻男人嘟囔着"吃奶奶、吃奶奶"，伸手向她胸前探来。杨荫榆惊叫一声，双手本能地向傻男人抓去。傻男人的脸上顿时出现几道血印，跳着脚叫"妈妈"。

趴在门外听动静的婆婆推门而入，瞅一眼儿子血淋淋的脸，冷冷地说："杨家的女人，怎么如此不懂规矩！"

杨荫榆抓起床上的剪刀，对着自己的脖子，说："想要我'懂规矩'，先杀了我吧！"

婆婆一见，赶紧拉着傻儿子悻悻而去。

杨荫榆一夜没敢合眼，天刚麻麻亮，就仓皇逃出蒋家，叫了一顶轿子，返回苏州。

另一种"傻子"

杨荫榆逃离蒋家，就再也没有回去，也没有再嫁人，孤独终生。

此后多年，杨荫榆寄住在大哥家读书。1907 年，杨荫榆获得公费留学日本资格，赴东京高等师范大学学习，学成归国后受聘于江苏省立第二女子师范学校，担任教务主任，兼任生物解剖教师。1918 年，教育部首次选派教授赴欧美留学，杨荫榆入选，赴美国哥伦比亚大学学习，获教育学硕士学位。1924 年 2 月，杨荫榆被北洋政府教育部任命为国立北京女子师范大学校长，成为中国第一个女性大学校长。

那一年，杨荫榆四十岁，年富力强，意气风发。杨荫榆历尽沧桑，熬成了教育专家，当她接过北洋政府颁发的聘书，很有一种终于找到组织走上康庄大道的欣慰，像大部分春风得意的知识分子一样，杨荫榆只想鞠躬尽瘁、精忠报国。殊不知，当时的北洋政府，很不靠谱，犹如另一个意义上的"傻子"，只是，此"傻子"不像杨荫榆当年拒绝的傻子，一眼就能看穿，它看起来貌似"高富帅"级别的白马王子，当杨荫榆与之情投意合、以身相许的时候，其结果必然是悲剧。

其时，经过五四运动洗礼的中国大学生，鄙视权威，热爱造反，一个忠于政府中规中矩的校长，无论怎样呕心沥血，也难以得到学生拥戴。杨荫榆无可厚非的正常言论，都可能遭到学生嘲笑，比如，杨荫榆曾在一篇文章中说"窃念好教育为国民之母，本校则是国民之母之母"，这话没什么不妥，学生却因此给了她一个"国民之母之母之婆"的外号。

1924 年秋季开学时，南方发大水，加上江浙战乱，致使部分学生未能及时返校，"迟到"时间最长者达两个月。杨校长太生气了，好学生就应该按时到校上课，风雨无阻！为整顿校风，杨荫榆严惩三名最爱"惹是生非"的学生，要求他们退学。

杨荫榆和学生的矛盾由此激化，女师大学生自治会发表宣言，要求杨荫榆辞职。

学生自治会总干事许广平，在奋力"驱羊（杨）"的同时，还在和女师大的兼职讲师鲁迅玩师生恋。恋爱中的男女，特别有激情，鲁迅本就热爱骂人，为了声援小女友，更是骂得起劲，连写好几篇文章，大骂杨荫榆为"寡妇""拟寡妇""凶兽样的羊，羊样的凶兽"……鲁迅身边的一帮文学大师也跟着起哄，一时间，中国文坛精英一拥而上，群殴"寡妇"杨荫榆。

教育部却坚定不移地支持杨荫榆整顿校风，免去了鲁迅在教育部的职务。不巧的是，此时上海发生了五卅惨案，北京学生发起了五卅运动，女师大也组织了"沪案后援会"。教育部只怕局面不可收拾，宣布解散女师大，军警入校，驱赶学生离校。军警出面，难免动粗，混乱中，许广平等十三个学生被打伤。至此，杨荫榆的整顿校风行为，升级为镇压学生运动，身败名裂。1925年8月，杨荫榆在学生的唾骂中黯然辞职。

疯狂的"傻子"

杨荫榆回到苏州，低眉顺眼到苏州女子师范学校做了普通教师，同时在东吴大学兼授外语。同事街坊都知道杨荫榆在北京女师大闹出的动静，言语间免不了含沙射影，杨荫榆也不计较，只作听不懂。好在杨荫榆是个难得的好老师，学生们虽然知道她的"丑闻"，依然对她很尊敬。

1936年6月，杨荫榆用自己教书攒下的钱创办了二乐女子学术社，教授国学、家政、英文、日文、图画等，相当于现在遍布大街小巷的培训学校。据《苏州明报》报道，苏州、上海一百多位贤达名流，或慷慨赞助，或热烈捧场，让二乐女子学术社名噪一时。杨荫榆正慢慢回归主流社会，假以时日，很有可能东山再起。

然而，杨荫榆的二乐女子学术社正蒸蒸日上之时，日本人来了。

1937年11月19日，日军入侵苏州，一路烧杀抢掠，还要闯进二乐女子学术社搜寻"花姑娘"。杨荫榆挡住大门，以日语严词斥责。日本兵见杨荫榆会说日语，举手投足非同寻常百姓，不知她的底细，未敢造次，唯唯诺诺而退。

杨荫榆很疑惑，她在日本留学六年，回国后也常与日本人打交道，印象中，日本人彬彬有礼，怎么会干出如此禽兽不如的事儿来？杨荫榆犯了书生脾气，她要去找日军当官的说道说道，让他管管手下胡作非为的大兵。

杨荫榆打听到日军司令部所在位置，找上门去。中国人见了日军都躲着走，此老妇却主动上门，日军哨兵不知什么情况，用别扭的中国话大喝一声："你的，什么的干活？"杨荫榆不慌不忙，用流利的日语说："拜托，找你们司令官。"

哨兵一惊，赶紧通报。

杨荫榆见到日军司令官，哇啦哇啦说了一通仁义之军应该遵守的基本原则，说得日军司令官一愣一愣的，不停地"嗨咿"。按日军司令官的脾气，这种可笑的迂腐老太，应该直接拉出去喂狼狗，可当他知道老太太曾做过大学校长，是个有身份的文化人，有点利用价值，就堆出笑脸，命令士兵，把从杨荫榆邻居那儿抢来的东西送回去。

杨荫榆松了一口气，客客气气地鞠躬道谢。日军司令官趁机说："杨女士，我们也许可以合作，为大东亚共荣做点事。您考虑一下？"

杨荫榆再次鞠躬："不好意思，与你们合作，就是做汉奸，我不可以考虑的。"

日军司令官依旧满面笑容，把杨荫榆送出门去。

杨荫榆不知道，这一回，她碰到的是疯狂的"傻子"。

过了几天，1938 年元旦，两个日本兵来到二乐女子学术社，请杨荫榆到司令部去一趟。走到吴门桥，一个日本兵对杨荫榆开了一枪，另一个日本兵抓住杨荫榆，抛下河去。见杨荫榆还在河中挣扎，两个日本兵又开了几枪，直到杨荫榆一动不动，才扬长而去。

因鲁迅的文章而留下骂名到如今的杨荫榆，没有留下任何文字为自己辩解，她流在苏州河里的血，也算是沉默的回答吧。

◇◇◇

　　杨荫榆（1884-1938），江苏无锡人，中国历史上第一个女大学校长。杨荫榆是杨绛的三姑母。杨绛曾著文回忆送三姑母去美国留学时的情景："我回头看，也许是我三姑母平生最得意、最可骄傲的一天。她是出国求深造，学成归来，可以大有作为。"不料，杨荫榆学成归国后，没做几天大学校长，还来不及大有作为，就被赶下台来。

蓝妮：我是孙太太

我什么都不要，只要自由

　　蓝妮是云南苗王之后，且又生得漂亮，光耀上海滩，人称"苗王公主"。蓝妮本来叫蓝巽宜，她感觉别扭且缺少公主味儿，就自己改成了蓝妮。

　　1926 年，十五岁的蓝妮成了落难公主。那一天，蓝妮她爸蓝世勋与好友结伴出门，遭遇歹徒枪击，好友当场毙命，脑浆迸溅到蓝世勋脸上。老同盟会员、革命元勋蓝世勋吓坏了脑子，从此爱以手指比画成手枪，嘴里喊着"砰砰砰"，对人乱"开枪"。

　　蓝家遭此横祸，日渐衰败。蓝妮她妈想起蓝世勋在香港的一个把兄弟借了他们家二十万元，就让两个可靠的仆人领着蓝世勋前往讨债。把兄弟早已听说蓝世勋坏了脑子，一见蓝世勋说话前言不搭后语，就一口咬定没欠他一分钱。蓝世勋急了，又以手比画成手枪，大喊大叫："赖账不还，我一枪毙了你！"把兄弟二话不说，叫来警察，赶走了蓝世勋主仆三人。两个仆人眼看主人不行了，席卷盘缠开溜了。待蓝世勋辗转回到上海，蓝家已潦倒不堪了。

　　此时，转机出现了。离蓝家不远的一幢豪宅里，住着财政部次长李调生，李次长有个儿子叫李定国，暗恋蓝妮许多年，只因蓝妮美得耀眼，平日里都不敢正视。如今，蓝家一日不如一日，蓝妮也像见不到阳光的花朵一般，蔫巴巴黯然失色，李定国立刻有了底气，吞吞吐吐跟他爸说想娶蓝妮做老婆。李调生呵呵一笑，说："儿子，我要是你，就直接在街上拦住蓝妮说，给你家每月一百大洋，你嫁给我做老婆，怎么样？"

　　李家父子没有当面对蓝家说出上面的话，但到蓝家撮合的媒人说了。

　　蓝妮她妈出身书香门第，一直把蓝妮当公主培养，当然不愿意以每月一百大洋把女儿卖给不明不白的人家，不待媒人把话说完，她就把人往外轰。媒人走到门口，蓝妮出来把他叫住了，说："李定国这人我认识，有情有义的一个好男人，我愿意嫁给他。"

其实，蓝妮并不认识李定国，更不知道他是不是一个好男人。但她非常清楚，每月一百大洋，可以让濒临崩溃的蓝家起死回生。

蓝妮还不满十八岁，高中还没有毕业，就嫁到了李家。蓝妮收拾好公主梦的碎片，连同与公主配套的裙子，压在衣箱最底层，如今，她只想做一个贤妻良母，相夫教子，然后，多年的媳妇熬成婆。

然而，女人最后的贤妻良母梦，于蓝妮也成了奢想。李家每月付给蓝家的一百大洋，就像一百记耳光，把蓝妮的尊严扇得体无完肤，连李家的仆人和狗都不把蓝妮放在眼里。

1934年，与李定国结婚五年、生下三个孩子之后，蓝妮要求与李定国离婚。李定国并没像蓝妮期望的那样成为有情有义的好男人，他说，你要离婚，孩子，你不得带走一个，钱，你不得带走一文。蓝妮说："我什么都不要，只要自由！"

这一年，蓝妮二十三岁。还好，虽然她已是三个孩子的母亲，却还能穿得下做姑娘时穿的衣服。蓝妮穿上压在箱子底的公主裙，像公主一样昂着头，走出了李府大门。

历尽沧桑，
蓝妮如今只想找一个靠得住的男人

走出李家，蓝妮呼朋唤友，尽情玩乐。朋友们以为她从李家大捞了一笔出来，其实，她身上只有一百多块私房钱，委屈了这么些年，她只想彻底放纵几回，痛痛快快把钱花光，然后，去跳黄浦江。

无所顾忌的蓝妮，在上海滩各大娱乐场所光芒四射。

从茶叶大王唐季珊到流氓大亨杜月笙，都在蓝妮的光芒里目瞪口呆。

要知道，唐季珊当时正与中国著名美女阮玲玉热恋，杜月笙更是阅尽春色的风月老手，以他俩为首的上海滩风流男人同时为蓝妮神魂颠倒。有人要明媒正娶把蓝妮娶回家做太太，有人一掷千金只求一亲蓝妮芳泽。蓝妮原想过一把瘾就去死，却误打误撞成了上海滩大佬们的宝贝，她过了一把又一把的瘾，却再也不想死了，只想活得更精彩。

要想活得更精彩，当然不能随便和哪个男人苟且。蓝妮一一打量围着她团团转的男人，他们虽然比李定国财大气粗，但似乎都不怎么靠谱。历尽沧桑，蓝妮如今只想找一个靠得住的男人。

1935 年，那是一个春天，蓝妮等来了她的真命天子。

那一天，蓝妮应朋友之约赴家宴，座中一个中年男人很是面熟，却又想不起来他是谁。主人对蓝妮说："很面熟吧？想不起来他是谁了吧？"

蓝妮还以为对方是打过交道的熟人，惭愧道："对不起，恕我眼拙。"

中年男人憨厚地一笑，说："只怪我福浅，没能早一点遇见蓝妮公主。"

对方一笑一开口，蓝妮突然想起来了，此人太像挂在墙上的国父孙中山了，她恍然大悟："哎呀，今日得识孙院长，三生有幸啊！"

没错，中年男人是孙中山的独子孙科，时任立法院长。

孙中山平生有三爱：爱革命，爱女人，爱读书。孙科深得乃父真传，爱革命让他当了院长，当了院长又让他有资格爱女人，连不该爱的女人也敢爱。日本女间谍川岛芳子，孙科就爱过，聘为私人秘书，亲密无间，泄露了不少机密。一见蓝妮，孙科又爱上了，他在酒桌上努力展示自己爱读书的成果，天上地下无所不知，指点江山头头是道。蓝妮看不上那些急吼吼的色中饿鬼，但她敬重有本事、有学问的男人，而孙科似乎就是这样的男人，蓝妮芳心暗许，嫁人就该嫁这样的人。

聊到风生水起处，孙科充满了革命激情，说："蓝妮，你来给我做秘书吧。国家和人民需要你！"

蓝妮十分激动，毫不犹豫地答应了，跟着国父之子干革命，无上光荣哦。就算他对自己有点其他想法，那也是为革命献身，在所不惜的。

就这样，蓝妮成了孙科的"小蜜"。

1936 年 6 月，孙科宣布要与蓝妮结婚。蓝妮和立法院一干革命同志都吃了一惊，民国奉行一夫一妻制，孙科已有妻室，再娶蓝妮是犯法哦。孙科说："没办法，我实在太爱蓝妮了，不和她结婚，我无法表达我的爱。我这个立法院长只能知法犯法了。"

立法院长纳妾，毕竟不是怎么理直气壮的事儿，孙科没敢大张旗鼓，只是摆了四桌酒，请好友和立法院同事搞了个内部仪式，就算是和蓝妮结婚了。

成了"孙太太"，蓝妮才发现在她之前，孙科还有个"秘书"严蔼娟。有一天，严蔼娟抱着女儿孙穗芳上门认爸爸来了。蓝妮几乎要崩溃，连温文尔雅憨态可掬的孙科都靠不住，还有哪个男人靠得住！

在杜月笙等上海名流的调解下，孙科用钱摆平了严蔼娟。随后，孙科给蓝妮写下了保证书："我只有原配夫人陈氏与二夫人蓝氏二位太太，此外决无第三人，特此立证，交蓝巽宜二太太收执。孙科卅五、六、廿五。"

倔强一生的蓝妮，
到底还是栽进了"孙太太"的俗套

1938 年 8 月，蓝妮在上海法租界生下女儿孙穗芬，随后，把女儿托付给娘家，追随孙科避难至重庆。

不想，孙科的原配夫人也由广东翠亨村避难到了重庆，与大奶奶住在同一屋檐下，蓝妮觉得很是别扭，就又回到了孤岛上海。

在上海，蓝妮根深叶茂。无论是"苗王公主"还是"孙太太"，都是很有面子的招牌，何况，蓝妮是绝色佳人，谁愿意和一个八面玲珑的美人儿过不去呢？日本人也好，汪伪汉奸也好，军统、中统潜伏特务也好，都要给她三分面子。于是，当全国人民浴血抗战之时，蓝妮闷声不响发了财，于 1940 年在上海法租界建起了七栋三层楼的玫瑰别墅。

　　玫瑰别墅如今已成为"不可移动文物"，它让蓝妮骄傲一生，也让蓝妮郁闷一生。

　　抗战胜利后，军统查获蓝妮一批从德国进口的油漆颜料，孙科给相关领导写条子，说货物乃鄙眷所有，请求发还。军统局长戴笠一向看孙科不顺眼，偏不发还，还把蓝妮当汉奸关了三个月。孙科失败的救妻之举，为后来的孙蓝反目埋下了伏笔。

　　1948 年，孙科和李宗仁竞选副总统。关键时刻，李宗仁抖出了孙科当年写的"鄙眷"字条，说孙科"包二奶"，还在国难时期斥巨资建造玫瑰别墅金屋藏娇！一时间，舆论大哗。

　　孙科手忙脚乱，辩称：蓝妮和玫瑰别墅与我没关系！

　　孙科的辩护太无力，他最终没能当上副总统。但他的辩护却狠狠地伤害了蓝妮，孙科他怎么可以说与我蓝妮没关系！玫瑰别墅与他孙科关系的确不太大，基本上是蓝妮凭自己的智慧和心血建造的，可从孙科的口里说出来，味道就变了，他这是抹杀二夫人啊！

　　竞选事件之后，蓝妮带着女儿孙穗芬离开了孙科，连女儿的抚养费都懒得跟他要。

　　新中国成立后，蓝妮走避香港，啃萝卜干把女儿培养成了空姐。

　　1982 年，统战部邀请定居美国的蓝妮母女回国观光，邓颖超主持接待，见面就称蓝妮为"孙太太"，蓝妮立刻热泪盈眶。此后，她逢人就说："邓大姐叫我孙太太。"

　　1996 年，蓝妮在政府发还给她的玫瑰别墅里寿终正寝，享年八十五岁。临终前，蓝妮手握孙科写给她的"保证书"，口里喃喃："我是孙太太。"倔强一生的蓝妮，到底还是栽进了"孙太太"的俗套。

　　据说，孙家一直不认可蓝妮，孙家的族谱里，没有蓝妮，也没有蓝妮的女儿孙穗芬。

　　蓝妮去世多年之后，美国驻华大使骆家辉来到中国，成为新闻焦点人物。骆家辉是蓝妮的孙女婿。

◇◇◇

蓝妮(1912-1996)，祖籍云南建水，出生于澳门，与张爱玲、孔二小姐、陈璧君并称民国四大名门之女。日伪时期，头号女汉奸陈璧君曾想拉蓝妮入伙，蓝妮断然拒绝，只想自己赚的每一分钱都干干净净，走的每一步路都堂堂正正。

郑苹如：美女杀手不怕冷

盯上美女的男人，各有各的用心

大熊王汉勋又来信了：亲爱的苹，前天，我驾着教练机飞过上海时，突然想不起你的模样了，我飞到你读书的学校上空，盘旋了好几圈，还是想不起来，怎么办呢？

郑苹如读完信，美美地骂一声"臭大熊"，去照相馆拍了一张相片，要寄给大熊。取相片时，照相馆老板说："郑小姐，《良友》画报要我给他们推荐封面女郎，我可以推荐你么？"郑苹如要赶在邮局下班前把相片寄给大熊，说一声"随便"，匆匆而去。

十天后，第 130 期《良友》画报上市了，封面就是郑苹如寄给大熊王汉勋的那一张。郑苹如自己其实并不怎么喜欢那张相片，笑得有些过头了，露出了牙龈。郑苹如不知道，正是这无拘无束的笑，让无数男人怦然心动，纷纷打听这"郑女士"是谁。可提供相片的照相馆老板也不知道她是谁，只知道她姓郑。

还是八卦记者厉害，他们很快就打听清楚：郑女士叫郑苹如，上海政法大学在读学生；父亲叫郑钺，曾留学日本，现在是江苏省高等法院第二特区分院首席检察官；母亲是个日本女人，叫木村花子，嫁给郑钺以后，改了个中国名字，叫郑华君；郑苹如有个男朋友叫王汉勋，绰号大熊，正在空军服役，是个中尉。

但记者们已来不及深入挖掘了，第 130 期《良友》出版于 1937 年 7 月 1 号，几天后，北京卢沟桥打响了全面抗战的第一枪，有志之士开始为抗日救亡而热血沸腾，再宣扬风花雪月的事儿，显然不合时宜了。

但还是有许多男人盯上了郑苹如。其中一个是日本首相近卫文麿之子近卫文隆，他偶然来到中国，偶然见到郑苹如，即刻失魂落魄，像一条急于吃到肉骨头的狗，围着郑苹如摇头摆尾；另外一个男人是新生命书局的总经理陈宝骅，郑苹如买书时认识的，陈总经理与寻常好色男人似乎不太一样，谈吐儒雅，看着郑苹如的眼睛也坦坦荡荡，未见色迷迷的贼光。

盯上美女的男人，各有各的用心。郑苹如心中只有空军中尉王汉勋，对于好色男人的骚扰，她自然不屑一顾，也不把日本官二代近卫文隆放在眼里，却乐于与陈宝骅接近。慢慢的，陈宝骅掀起了郑苹如心中的波澜。

陈宝骅是中统上海特区情报区长、国民党中央党部驻沪调查专员，他接近美女郑苹如，是要发展她做情报员。郑苹如虽有一半日本血统，骨子里热爱中国，得知陈宝骅的真实身份和用意，郑苹如很是兴奋，她说："想要日本退兵，其实很简单，那近卫文麿的儿子近卫文隆天天围着我转，我们只要把他扣起来，近卫文麿爱子心切，自然也就退兵了。"近卫文隆的确是一张好牌，但绑架他能迫使日本退兵吗？重庆方面再三掂量，觉得不可能，否决了绑架方案。

1938 年底，郑苹如得到一条重要情报，遂报告重庆，讲汪精卫近期可能投敌。汪精卫其时为中国政府第二号人物，怎么可能投敌？重庆方面没怎么在意。等汪精卫逃离重庆，投向日寇的怀抱，重庆方面才惊觉，通报汪精卫要投敌的情报员是个难得的人才，堪当重任。

亲爱的大熊，对不起，我嫁给国家了

陈宝骅交给郑苹如的新任务是，以美色引诱极司菲尔路 76 号特工总部特务头子丁默邨，伺机除掉他！郑苹如早就认识丁默邨，她在明光中学读书时，丁是该校校长。丁默邨乃不堪之人，早年曾加入共产党，混得不如意，就投奔了国民党，在国民党里混得还是不如意，就投奔汪精卫做了汉奸。起起落落，造就了丁默邨心狠手辣的阴冷性格，入主 76 号之后，他前后制造三千多起血案，使 76 号成了上海最著名的魔窟。锄奸，是潜伏在上海的中统、军统特工的日常工作之一，丁默邨树大招风，自然成了重要目标。

虽然丁默邨和郑苹如有师生之谊，但他既然做了汉奸，也就成了该死之人，这个没问题，只是，郑苹如支吾道："丁默邨是好色之徒，我，有必要牺牲色相吗？"

陈宝骅说："抗日战士不惜牺牲生命，还在乎牺牲色相吗？"

郑苹如默然，想起了正在空中与日军激战的男朋友王汉勋。前不久，郑苹如还收到了大熊的来信，约她去香港结婚。要不是日军入侵，郑苹如大学一毕业，就应该与大熊结婚的，可如今国难当头，郑苹如不想过多地沉溺于儿女私情之中，而且，兵荒马乱，她也不愿意把自己草草嫁掉，就给王汉勋回信说："亲爱的大熊，我是个贪心的女人，我想得到一份最大的结婚礼物——抗战胜利！可以吗？"大熊的回信还没到呢，郑苹如却接到了这么一个任务，自己坚守了二十多年的女儿之身，难道就这样献给一个汉奸？

郑苹如知道，组织上决定了的事儿，没有讨价还价的余地，甚至不容她考虑考虑，不成功便成仁，她只能回答："好。"

领受任务出来，郑苹如知道了什么叫为国家献身。

略施小计，郑苹如便与丁默邨师生"重逢"了。当丁默邨的座车来到一个十字路口，遇红灯停下时，郑苹如娉娉婷婷过马路，走到丁默邨的座车前面时，高跟鞋一别，歪倒在地。丁默邨的保镖只怕是刺客玩的花招，拔枪，下车，四处看一看，用枪顶住郑苹如的头，喝道："你想找死是不是？"郑苹如吓得花容失色，嗫嚅道："对不起，我崴了脚。"

丁默邨见跌倒在车前的美女诚惶诚恐楚楚可怜的样子，知道不是刺客，走下车来，亲手扶起郑苹如，说："小姐，要不要送你去医院？"

郑苹如眼中掠过一丝惊喜："您是，丁校长？"

丁默邨早已从《良友》画报上知道郑苹如出落成了大美人，如今亲眼得见，亲手半抱在怀里，不由得心潮澎湃，呵呵一笑，说："郑苹如，你要是刺客，我非常乐意死在你手里。"

郑苹如一怔，长叹一声，说："丁校长，一个女孩在您车前崴了脚，您都要掂量一下她是不是刺客，您累不累呀您。您还是丁校长的时候，活得好洒脱呀。"

三言两语，连吹带拍还加点心疼，就像春风吹在丁默邨的老脸上，他即刻陶醉，心说，这等可人的尤物，就算真的死在她手里，也值。

多少风流人物，包括日本首相的公子，费尽心思要感动郑苹如，都没能如意，丁默邨三下五除二就把郑苹如弄上了床。风停雨住，丁默邨惬意地叼着一支雪茄，还以为自己真是个风月高手。

郑苹如在洗手间一遍又一遍地洗着自己，泪流满面："亲爱的大熊，对不起，我嫁给国家了。"

阴错阳差，怕老婆救了丁默邨一命

郑苹如本来以为，自己连身子都舍出去了，要干掉丁默邨非常简单。来到丁默邨身边，才发现事情远没有想象的容易。如果像下象棋一般，只以干掉对方老帅为目的，郑苹如包里藏一把小手枪，一枪就能打爆丁默邨的头。问题是，怎样才能锄了奸又神不知鬼不觉，自己跑不了牺牲事小，连累家人和上海地下抗日组织，就太得不偿失了。丁默邨是军统特务出身，对暗杀和反暗杀得心应手，郑苹如和配合她的暗杀团队策划了好几次，都功败垂成。

不知不觉过去了大半年，郑苹如把丁默邨迷得神魂颠倒，却一直没机会下手。

1939 年 12 月 21 日，郑苹如陪丁默邨去沪西应酬，返回时路过南京路一家皮货店，郑苹如突然让司机停车，说圣诞节快到了，她想买件皮大衣送给自己做圣诞礼物。丁默邨迟疑一会儿，说："这圣诞礼物应该我来送给你，我们一起去吧。"

郑苹如心中窃喜，丁默邨果然上当了，皮货店门外埋伏着两名中统枪

手，按照计划，当丁默邨陪郑苹如买完皮大衣出来，丁默邨将遭到迎面痛击。

郑苹如挽着丁默邨的胳膊走进皮货店，丁默邨突然甩开郑苹如的手，掏出一把钱塞在郑苹如手中，轻轻说一声"你自己挑吧"，掉头走出皮货店。守在门口的两名中统枪手没想到丁默邨转眼间就出来了，措手不及，看到丁默邨要上车，才知道他要溜，慌忙拔枪射击。子弹全打在防弹汽车上，丁默邨毫发未伤。

枪声骤起，皮货店二楼传来女人惊恐的尖叫声，那是丁默邨的老婆赵慧敏。丁默邨风流成性，却一直怕老婆，他一进皮货店，就听到赵慧敏在楼上说话，只怕老婆看到自己包二奶，赶紧开溜。阴错阳差，怕老婆救了丁默邨一命。

郑苹如感觉自己并未暴露，丁默邨也可能疑心她，但绝对没证据，自己要是心虚跑掉，反而证实了丁的疑虑，大半年的努力就前功尽弃，还将连累家人和组织。郑苹如左思右想，给丁默邨打了个电话表示关心，丁默邨反过来安慰郑苹如："宝贝对不起，让你受惊了，圣诞礼物我一定给你补上。"

就算丁默邨怀疑，看在恩爱大半年的分上，他也会手下留情吧？郑苹如心怀几分侥幸，走进76号，一进门，立刻被抓了起来。

据说，丁默邨和76号的大小特务因为郑苹如太漂亮，都舍不得杀她。但赵慧敏和76号特务的大小老婆见过郑苹如以后，都咬定她是狐狸精，非杀不可。于是，1940年2月，郑苹如被枪决。她至死都坚称，自己花钱请人杀丁默邨，只是因为不甘心被他玩弄而报复，与任何人都没有关系。

1944年8月7日，王汉勋在给衡阳保卫战中的将士运送给养时，因天气原因，飞机撞山，王汉勋为国捐躯。

1947年，汉奸丁默邨被国民政府判处死刑。

2007年，郑苹如的故事被李安拍成了电影《色戒》，该电影赚了许多钱，获了许多奖，埋没多年的郑苹如也顺便被人发掘出来，赚得了几声叹息。

◇ ◇ ◇

郑苹如（1917-1940），浙江兰溪人。中统特工。因刺杀汉奸丁默邨失败而牺牲。郑苹如的弟弟郑海澄为中国空军飞行员，1944年1月19日牺牲在保卫重庆的空战中。与其弟同为飞行员的未婚夫王汉勋也牺牲在抗日前线。其父郑英伯则多次拒绝出任伪职。郑家因此被誉为一门忠烈。

官员扯淡贻害无穷

著名的周树人有个不太著名的爷爷，唤做周介孚。

周介孚中过进士，做过三年知县，不知道什么原因，被撤了职。赋闲几年后，周介孚卖田捐官，得了个内阁中书。光绪十九年（1893），江南乡试之年，周介孚给主考官殷某写信送银子，拜托殷考官关照自己的儿子和侄子。那殷考官本来就瞧不起卖田捐官的周介孚，见他竟敢向自己行贿，感觉像是受了侮辱，当场拿下前来送信和银子的周家仆人，禀报皇上。光绪爷不敢对慈禧老太太发脾气，对周介孚这等不安分的七品小吏，还是敢耍威风的，当即判了周介孚一个斩监候（死缓）。周介孚被投入死牢，周家从此破落，周树人他爸生病都没钱抓药，悲惨地死去。

周介孚落难，罪有应得，却害苦了小脚女子朱安。

朱安她爸是个小商贩，城管不高兴，随时可以一脚踢翻他的摊子。朱家与周家，本来门不当户不对，不可能有交集，却因为周家的破败，平起平坐了。

1899 年，朱安二十一岁，虽然缠得一双精致小脚，却因为长相平平，又不想降低择偶标准，一直没有找到恰当的婆家。

周树人他妈叫鲁瑞，公公入狱，丈夫病亡，幼子夭折，一连串的灾难，让鲁瑞身心憔悴。鲁瑞只盼长子周树人快快长大，成家立业，把这个家撑起来。其时，周树人十八岁，正在南京的矿务铁路学堂（相当于现在的技校）读书。十八岁，也算是长大了，可以娶媳妇了。

鲁瑞把周围的姑娘扫了一圈，看上了大周树人三岁的朱安，就托人上门说合。以周家如今的窘境，周树人并不是朱家合适的姑爷人选，只因周家曾经阔过，也算是体面人家，周树人还很会读书，说不定将来能中个秀才。朱家再三掂量，答应了周家的求婚，约定来年成婚。

鲁瑞欢天喜地，周树人一成家，她就算熬出头了。

朱安也松了一口气，开始为未来的夫婿做鞋子。

周树人却支支吾吾，说读完书再成婚。夫死从子，鲁瑞只好再三向朱安赔笑脸，把婚期往后推一推。

鲁瑞不知道，书是读不完的，正像路是走不完的一样。1901 年年底，周树人从矿务铁路学堂毕业以后，考取留洋奖学金，又到日本读书去了。

周树人到日本之后不久，就剪掉了辫子，还写信给母亲，叮嘱朱家女子读书、放脚。

朱家姑爷能留洋，让朱家人很有面子，但周树人到日本之后，竟做出剪辫子这种大逆不道的事来，让他们心惊肉跳，只怕官府不高兴，连累他们。对周树人让朱安读书、放脚的要求，他们觉得很可笑、很不可思议，未予理会。

朱安抚摸着自己的小脚，那没有读过书的脑袋忍不住胡思乱想，那么多的男人喜欢小脚女人，周树人为什么独独喜欢大脚女人呢？听说那东洋女人，个个都是大脚，他不会娶个东洋女人回来吧？想来又想去，心里乱成了一团麻，就不敢再想，一心一意地为周树人做鞋。

春天到来不开花

一年又一年，周树人的书还是没读完。鲁瑞终于沉不住气了，儿子不急，母亲急啊，她还等着抱孙子呢！1906 年 7 月，鲁瑞给儿子拍电报："母病危，速归。"

周树人匆匆从日本赶回来，却发现母亲红光满面，正喜气洋洋地为他装修洞房。周树人一生扫了很多人的兴，却从来不扫母亲的兴。既然母亲铁了心要他成家，那就成吧。

　　苦等七年，总算等来花好月圆的这一天，小脚女子朱安兴奋得心慌意乱。站在绣楼上，远远地看见自己的新郎策马而来，小女子抱着几年来给他做的几双鞋，甜蜜地一声叹息。周树人看起来并不像传说中那么不可理喻，他没穿霸气的洋服，而穿着新郎官的长袍马褂，而且，他脑袋后面明明拖着一条肥硕的辫子，不是说剪掉了吗？——直到进了洞房，朱安才知道，那是一条假辫子。

　　花轿抬进周家，院子里挤满了要看新娘子的人。朱安不知该先出左脚还是先出右脚，犹犹豫豫伸出右脚，众人议论："脚不是很小嘛！"朱安一慌，绣花鞋"吧嗒"掉在地上，露出一只标准的三寸金莲来。原来，朱安知道夫君嫌弃小脚，特意选了一双不算小的鞋子，里面塞满棉花。众人发一声喊："哇，好一双小脚！"朱安暗暗叫苦，还没进周家的门，就先掉了鞋子，以后的路，只怕不好走了。

　　一百多年来，许多人想弄清楚，洞房花烛夜，周树人和朱安说了什么，做了什么，两人到底有没有同床共枕，却一直弄不清楚。人们只知道，第二天晚上，周树人就搬出新房，在母亲的卧室里搭了一张小床，他说："我马上就要回日本，就让我陪母亲说说话吧。"母亲知道这不是儿子的心里话，却也只能一声接一声地叹息。

　　周树人在母亲的房里睡了两晚，他没和母亲说多少话，只是闭着眼睛，想他的无边心事。

　　"回门"之后，周树人就带着二弟周作人去了日本。朱安想让夫君带上自己做的鞋子，周树人没带，也没有试一试。

　　周树人一去又是三年，常有家书回来，可朱安不识字，也不知道他信里说了些啥。朱安慢慢地后悔了，要是自己能读点书，就能隔着千山万水和夫君说话了。

　　1909 年 8 月，周树人从日本回来了。朱安欣喜不已，心中的千言万语，却不知道如何说起，而且，她到底该如何称呼夫君呢？犹豫再三，朱安怯怯地叫了一声"大先生"。大先生瞥一眼朱安，"唔"一声。夫君似乎没有不高兴，朱安就一直称他"大先生"了。

回国的大先生，一直在外奔波，很少回绍兴老家，回来了也不和朱安说话，更不同房。

1919 年，大先生在北京八道湾买了房子，把全家都搬了过去。

搬家时，大先生发现一堆爷爷周介孚写的日记，一天一记，一直写到 1903 年他死去的前一天。大先生翻一翻，说："没什么意思，烧掉吧。"就烧掉了。有人说，要是周老先生的日记不被烧掉，可能很有意思。

全家去北京，朱安最高兴，结婚十三年，她终于可以天天和大先生在一起了。在一起，就可以生个孩子，有了孩子，她那满肚子的话，就可以和孩子说了。

我也是鲁迅的遗物

朱安白高兴了。到了北京，虽然和大先生住在同一屋檐下，但大先生还是不和她说话，更不上她的床。

朱安只能在梦里和孩子说话了。

这时，大先生有了个更响亮的名字——鲁迅。大先生更忙了，整天忙着读书写字，指点江山，朱安连叹息都不敢，只怕惊扰了大先生做大事。

1923 年，大先生与二弟周作人反目，分灶而食。关于周氏兄弟的反目，兄弟俩都闭口不言，只有周作人写的绝交信，不知怎么就被人知道了。

"鲁迅先生：我昨日才知道——但过去的事不必再说了。我不是基督徒，却幸而尚能担受得起，也不想责难——大家都是可怜的人间，我以前的蔷薇的梦原来都是虚幻，现在所见的或者才是真的人生。我想订正我的思想，重新入新的生活。以后请不要再到后边院子里来，没有别的话。愿你安心，自重。七月十八日，作人。"

后人根据此信演绎出鲁迅偷看弟媳洗澡之类的狗血故事，与本文无关，且不管它。

与二弟闹翻之后，大先生带着朱安搬出另住。朱安的机会似乎又来了，无人干扰的二人世界，正好酝酿夫妻感情。搬家第一晚，朱安就像十七年前出嫁前夜一般激动，她只收拾了一张床，床上堆满夫妻恩爱的梦想。然而，大先生一言不发，抱起被子去了另外一个房间，另外一张床。

据大先生的日记透露，酒醉寂寞之时，他也去青楼召妓。"复往青莲阁饮茗，邀一妓略来坐，与以一元。"——1932年2月16日。

朱安处处顺着大先生，有一回，大先生与几位客人笑谈，盛赞某种食物如何好吃。朱安接话说，那东西的确很好吃。大先生横一眼朱安，说一声"咄"。朱安只想能和大先生搭上话，却不知道，大先生说的那食物只有日本才有，没去过日本的朱安，不可能吃过。朱安羞惭不已，此后，再不敢乱接大先生的话。

1926年，大先生携手学生妹许广平，离开北京，爱海泛舟。至此，朱安彻底绝望，她说："过去大先生和我不好，我想好好地服侍他，一切顺着他，将来总会好的。我好比一只蜗牛，从墙底一点一点往上爬，爬得虽慢，总有一天会爬到墙顶的。可是现在我没有办法了，我没有力气爬了。我待他再好，也是无用。"

鲁迅与许广平同居期间，未与朱安离婚，按现在的说法，这是典型的包二奶或曰养小三。但九十年过去，善良的中国人民因为听说鲁迅的骨头比较硬，一直把许广平尊称为鲁迅的亲密战友或革命伴侣。

1936年，大先生病逝。大先生写下了七百万个流传至今的文字，未见朱安二字。只在私人日记中提到过三次，皆以"妇"或"眷属"代替，如下：

"下午得妇来书，二十二日从丁家弄朱宅发，颇谬。"——1914年11月26日。

"下午以舟二艘奉母偕三弟及眷属携行李发绍兴，蒋玉田叔来送。"——1919年12月24日。

"下午携妇迁居砖塔胡同六十一号。"——1923年8月2日。

鲁迅逝世以后，默默地站在鲁迅身后的朱安，迅速被人遗忘。朱安一直住在鲁迅北京的旧宅中，1944年，朱安生活难以为继，欲出售鲁迅藏书。消息传出，有识之士呼吁：鲁迅遗物，必须妥为保存，岂可轻易出卖！朱安说："你们总说鲁迅遗物，要保存，要保存！我也是鲁迅遗物，你们也得保存保存我呀！"这是朱安一生说得最响亮的一句话。

1947年，六十九岁的朱安孤独地死去。临终前，她希望自己死后能葬在大先生旁边。没有人在意朱安的遗愿。鲁迅墓在上海，朱安则埋在北京的什么地方（朱安墓原在北京西直门外保福寺，今无存——责编注），连墓碑都没有。

◇◇◇

朱安（1878—1947）。鲁迅之妻朱安，胡适之妻江冬秀，都是没文化，都是小脚，但因为嫁的男人不一样，江冬秀可以活得眉飞色舞，笑傲中国女权运动史，朱安则只能低眉顺眼，终生不敢叹息。

后记

为什么我们总想让别人做英雄？

　　小时候，无书可读，我只能摸到什么读什么。九岁那一年，我在邻居的枕头底下摸到一本没头没尾的《水浒传》，读得如痴如醉。从此，我越过自己的童年时代，对小人书不屑一顾，读完了左邻右舍能借到的成人大书。读得很杂很乱，却很过瘾，最过瘾的是《三国演义》《说唐》《说岳》《东周列国志》《三侠五义》《封神演义》《斩鬼传》等，这些良莠不齐的小说，传达着同一个主题：壮哉英雄。给了我同样的感觉：热血沸腾。

　　那时候，我能按顺序数出隋唐十八条好汉，也记得梁山一百零八将的名字，常常在小伙伴中得意地炫耀，好像如此这般，我也就成了好汉一般。

　　久被英雄气概熏陶，我渴望长成响当当的汉子，现实的磨砺，却让我最终成了不尴不尬之人。偶然成功，我没有戒骄戒躁的定力；遭遇失败，我没有不卑不亢的毅力；面对窘境，我没有不屈不挠的努力；路见不平，我甚至没有大吼一声的魄力！我最多只能算是一个似是而非日渐老去的愤青。

　　更无趣的是，我慢慢明白，自己从前景仰的英雄人物，在中国历史的长河中，并不是举足轻重的角色，即使在拥有大批读者的民间，他们也没有得到足够的尊崇。中国大地上，矗立着数不清的庙宇，供奉着数不清的菩萨，以及数不清的各路神仙，却难得一见英雄留下的印记。因为，菩萨和神仙承诺能保佑国泰民安、风调雨顺、升官发财、出入平安，而英雄除了茶余饭后偶尔让人兴奋一下，好像没什么实用价值。

　　自古至今，唯一得到普遍认可的英雄应是关羽，历朝历代都对关羽甚为重视，到清朝，关羽更被可怜巴巴的光绪皇帝封为"忠义神武灵佑仁勇威显护国保民精诚绥靖翊赞宣德关圣大帝"，关帝庙遍布全国。但关羽被表彰的并不是他的英雄本色，而是他被彻底扭曲的忠义，当权者对他的追捧，只是想树立顺民的榜样而已。到建国后，关羽也不怎么受待见了，关帝庙大多被捣毁，作为文物留存至今的，香火也不怎么兴旺，关羽的故事拍成电影，连讲究仗义的黑道人物都不怎么爱看。

英雄集中体现了一个民族的优秀品质，让英雄成为寄托道德咒语的偶像，或者任由英雄默默地沉入历史的深渊，都是国家和民族的悲哀。

英雄衰落的时代，开始张扬个性，欲望无限膨胀，道德底线崩溃，女人想变成男人以享受征服的快感，男人想变成女人以逃避应有的责任。

我不甘心，我不是英雄，可我仍然喜欢读真真假假的英雄故事，更希望看到谁振臂一呼，成为英雄。

此时，我已为人之父，我的一肚子不合时宜，不知不觉间灌输给了儿子。

儿子还不会讲话只会哭的时候，我就不断地警告他：男人不可以哭！

等他长大到要听故事的时候，我就用各种英雄故事让他明白：男人必须勇敢！男人必须坚强！男人必须敢做敢当！男人必须顶天立地！

像许多父亲一样，自己完成不了的梦想，就武断地把希望寄托在下一代身上。

儿子八岁那一年，有一天吃饭时他突然对我说："爸，我们班有个黑社会。"

我吃了一惊，小学三年级，就有了黑社会，如何得了！我问："他们欺负你不？"

儿子说："没有人敢欺负我。"

班上有黑社会而不被欺负，只有一个可能，他们是同伙！我越加吃惊："你和黑社会是一伙的？"

儿子支吾一阵，说："你怎么知道？"

儿子小时候挑食，个子比同龄人矮小，在黑社会只怕没什么地位。我

说："好啊，你竟然做了黑社会小弟！"

"不是！"儿子说，"我是老大好不好。"

儿子把电视上常常出现的黑社会误作好玩的游戏了，几个男生常在一起玩闹、比武，个子矮小的儿子，凭着勇敢和坚强，击败所有男生，被推举为老大。然后，儿子就按梁山规矩与几位同学结拜成兄弟，大家把各自的零用钱凑在一起，有福同享，有难同当（好在小学生的所谓难，最常见的只是作业不会做而已）。

我松了一口气，没有勒令儿子解散他的"黑社会"，只是告诉他应该修改一下规矩，比如，谁做老大，不能单凭比武，也得比学习成绩，还有，绝对不可以欺负其他同学，尤其不能欺负女同学。

没想到，不久之后，儿子干了一件大事。

那一天下午，放学时分，两个拿不到工资的民工讨薪讨到学校来了。他们开来一辆三轮车，要绑架欠薪老板的女儿，把女孩儿掳上车，三轮车却打不着火了。那女生是我儿子的同班同学，吓哭了。掳人的民工慌了，掏出刀子挥舞，喊叫："谁也不许过来，退后，退后，找一辆小车来！"

老师、校长、保安、接孩子的家长都吓蒙了，不知所措。

这时，被绑的女生看到我儿子从教室走出来，哭喊道："罗果然，救我！"

在我的一再教训下，儿子最恨欺负女生的人。儿子本来也有点蒙，女生的求救，激活了他的男人气概。我教给儿子的好汉基本原则是，朋友有难，当拼死相救。儿子没有犹豫就冲了上去，众人还来不及反应，他已冲到绑架者面前，像江湖好汉一般吼道："欺负女生算什么本事，有种你冲我来！"

所有的人都惊呆了。

两个民工也惊呆了，扔下女孩儿夺命狂奔。

危急关头，女孩儿不向大人求救，却求救于一个八岁的孩子，很过瘾吧？很惭愧，故事后半部分是假的，我知道儿子是"黑社会"老大后，就加上"英雄救美"的桥段，编成一个励志故事，发表在我主编的《新故事》上。总希望别人当英雄，甚至不惜把八岁的儿子塑造成英雄，有几分可笑，也有几分悲凉。

虚构的英雄故事，到底底气不足。于是，从2011年开始，我一头扎进浩如烟海的历史文献中，发掘热血人物，以现代视角和语境重新打量和演绎，先后在《新故事》和《女报·故事》上连载，历时五年，终成《那些义盖云天的人儿》。

我发掘的并不全都是英雄人物，但每一个故事都必然闪耀着最原始的理想光芒。我的演绎，不怎么规范，更经不起推敲，但每一个字都经得起良心的拷问。

相对于时下流行的鸡汤美文，《那些义盖云天的人儿》可能显得粗砺，甚至有点野性，这也是我刻意追求的效果，唯愿以此刺激沉睡在我们心中的英雄梦。至少，希望《那些义盖云天的人儿》成为一记耳光，扇在自己麻木不仁的脸上。

感谢海天出版社聂雄前社长，"义盖云天"写作期间，他还是女报杂志社社长和总编辑，"义盖云天"从头到尾都凝聚着他的心血，他调任海天出版社后，又一手促成了"义盖云天"的结集出版；感谢编辑韩海彬先生，他辛勤的劳动和精湛的业务能力，保证了"义盖云天"的品质；感谢扬州市国画院院长安玉民先生，他的精美插图使"义盖云天"火热三分；感谢亲爱的读者您选择了"义盖云天"。